Michael Chinery / W. G. Teagle

Was wächst und lebt in Stadt und Dorf?

Alles über Tiere und Pflanzen in unserer Nachbarschaft

Kosmos · Gesellschaft der Naturfreunde

Aus dem Englischen übersetzt und bearbeitet von Dr. Hilde Nittinger
Titel der Originalausgabe „Wildlife in Towns and Cities", erschienen
bei Newnes Books, a Division of the Hamlyn Publishing Group Ltd.,
Feltham 1985 unter
ISBN 0-600-35674-4 und ISBN 0-600-35763-5
© 1985, Newnes Books, a Division of the Hamlyn Publishing Group
Limited, Feltham
Mit 450 Farbzeichnungen von J. M. Davis (Reptilien, Amphibien, Vögel,
Säugetiere), Ian Garrard (Bäume, Sträucher, Gräser, Wasserpflanzen,
Farne, Moose, Flechten), Roger Gorringe (Wirbellose, Fische), Ken Oliver
(Schmetterlinge, Vögel Seite 183, 185, 187, 193) und Cynthia Pow
(Blütenpflanzen), 34 Schwarzweißzeichnungen von Roger Gorringe (24)
und aus dem Archiv (10) und 39 Farbfotos

Umschlag von Edgar Dambacher unter Verwendung einer Farbzeichnung von Marianne Golte-Bechtle

CIP-Kurztitelaufnahme der Deutschen Bibliothek

Chinery, Michael:
Was wächst und lebt in Stadt und Dorf? : Alles
über Tiere u. Pflanzen in unserer Nachbarschaft /
Michael Chinery ; W. G. Teagle. [Aus d. Engl.
übers. u. bearb. von Hilde Nittinger]. – Stuttgart : Franckh, 1986.
  (Kosmos-Naturführer)
  Einheitssacht.: Wildlife in towns and cities
  ⟨dt.⟩
  ISBN 3-440-05616-3
NE: Teagle, W. G.:; Nittinger, Hilde [Bearb.]

Franckh'sche Verlagshandlung, W. Keller & Co., Stuttgart / 1986
Alle Rechte an der deutschsprachigen Ausgabe, insbesondere das Recht
der Vervielfältigung und Verbreitung, vorbehalten. Kein Teil des Werkes
darf in irgendeiner Form (durch Fotokopie, Mikrofilm oder ein anderes
Verfahren) ohne schriftliche Genehmigung des Verlages reproduziert
oder unter Verwendung elektronischer Systeme verarbeitet, vervielfältigt
oder verbreitet werden.
Für die deutschsprachige Ausgabe:
© 1986, Franckh'sche Verlagshandlung, W. Keller & Co., Stuttgart
Printed in Italy / Imprimé en Italie
LH 14 Ste / ISBN 3-440-05616-3
Satz: G. Müller, Heilbronn
Herstellung: Interlitho, Mailand

Was wächst und lebt in Stadt und Dorf?

Was wächst und lebt in Stadt und Dorf?	4
Die Stadt als Lebensraum	4
Zukunftsaussichten	8
Wozu dieses Buch geschrieben wurde	8
Naturnahe Biotope – auch in der Großstadt?	9
Straßen und Gebäude	9
Ödland	11
Weiher und Anlagenseen	12
Gärten und Parkanlagen	12
Auffüllplätze, Schutthalden, Müllkippen, Kläranlagen	14
Umweltbewußtsein	15
Vögel in der Stadt	16
Echte „Stadtvögel"	18
Vögel in Park und Garten	19
Greifvögel in der Stadt?	21
Säugetiere in der Stadt	23
Pflanzliche Einwanderer	32
Schutt- und Ödland	32
Wegränder, Eisenbahndämme, Straßenböschungen	34
Fabrikgelände und Güterbahnhöfe	35
Flußufer	36
Gewächshäuser – neue Biotope	38
Eingeschleppte Insekten	38
Ungebetene Gäste – Haus- und Vorratsschädlinge	45
Insekten aus Vogelnestern	46
Insekten, die Lebensmittel befallen	48
Insekten, die im Holz leben	50
Vorbeugen ist besser als Heilen	51
Industriemelanismus	52
Der Birkenspanner – deutliches Beispiel für Industriemelanismus	53
Andere Insekten, die Industriemelanismus zeigen	58
Flechten – Anzeiger für Luftverschmutzung	59
Was sind eigentlich Flechten?	59
Der Rückgang der Flechten	60
Neuere Untersuchungen	63
Naturnahe Gärten	65
Vögel im Garten	67
Nisthilfen für Fledermäuse	76
Schmetterlinge im Garten	77
Wespen und Bienen	80
Der Gartenteich	80
Bestimmungsteil	82
Adressen von Organisationen und Verbänden	205
Weiterführende Literatur	210
Bücher zum praktischen Natur- und Umweltschutz	210
Bestimmungsbücher	211
Register	214

Michael Chinery

Was wächst und lebt in Stadt und Dorf?

Die Städte sind vergleichsweise junge Lebensräume im Haushalt der Natur. Sie entstanden, als der Mensch sich vor 10 000 Jahren anschickte, sein Jäger- und Sammlerdasein aufzugeben und zum seßhaften Ackerbauern wurde. Die ersten Gemeinschaften waren sicherlich nicht mehr als Familienverbände, doch sowie sich die Anbaumethoden verbesserten und Nahrungsmittel im Überschuß erzeugt werden konnten, waren Einzelne in der Lage, Güter für den Tauschhandel herzustellen – ein Umstand, der rasch zur Arbeitsteilung führte, die die Grundlage aller höher organisierten Gemeinschaften ist.

Mit dem Wachstum der Siedlungen begannen auch Pflanzen und Tiere die neu geschaffenen Lebensräume zu erobern, und heute lebt eine Vielzahl von Arten mit dem Menschen zusammen in seiner Beton- und Asphaltlandschaft, wo sie jede Nische mit der gleichen Vitalität besetzt halten wie in natürlichen Ökosystemen.

Die Stadt als Lebensraum

Das Zentrum einer modernen Großstadt ist zweifelsohne von der offenen Landschaft weiter weg als das einer Stadt mittlerer Größe und könnte daher anderen Umwelteinflüssen ausgesetzt sein. Doch die große Vielfalt und die mannigfachen Möglichkeiten der Stadtplanung und -entwicklung machen es unsinnig, zwischen der Natur in Mittelstädten und der in Großstädten zu differenzieren. Ein dicht bebauter Kern, durchsetzt von einzelnen Parkanlagen und Friedhöfen und die darum ausgebreiteten Vorstädte mit ihrem Gartenland und anderen offenen Räumen sind typisch für unsere Städte.

Die relativ sterilen Innenstädte mit ihren Bank- und Versicherungspalästen, Straßen und Brückenbauten gleichen sich in allen europäischen Großstädten sehr; größere Unterschiede weisen da schon die Anteile der Parkanlagen und Alleebäume auf, und am unterschiedlichsten fallen wohl die Trabantenstädte und Wohnsiedlungen aus, denn nicht bei allen Nationen sind Ziergärten am Haus und bepflanzte Balkone und Terrassen so beliebt wie bei uns in Deutschland.

Die Zivilisationslandschaft ist ohne Zweifel vom Menschen gemacht, doch viele Komponenten sind einem natürlichen Lebensraum gar nicht allzu unähnlich. Selbst kleine Areale wie Kirchhöfe

Diese ausrangierten und in Vergessenheit geratenen Maschinenteile werden bald „begrünt" sein. Das ungestörte Eckchen bot dem Samen von Kratzdistel und Kamille ein willkommenes Biotop.

oder Flußufer können zu Überbleibseln natürlicher Biotope werden, in denen auch die ursprünglichen Tier- und Pflanzenarten weiter existieren.
Parkanlagen und Friedhöfe sind mit ihrem Baumbestand den Waldrändern gar nicht so unähnlich und beherbergen oftmals eine reiche Vogel- und Insektenwelt. Grabsteine und Mauern bilden senkrechte Steinflächen, die natürlichen Felsen oder Kliffen nicht unähnlich sind und dementsprechend von Pflanzen und Tiergesellschaften besiedelt werden, die normalerweise an Felsen und Kliffen leben.
Sogar im dicht bebauten Zentrum einer Großstadt dienen die hohen Gebäude als Nistplätze für Tauben und Turmfalken – ein Ersatz für hohe alte Bäume.
Verantwortlich für die Natur in der Stadt sind jedoch in erster Linie die Gärten der Vorstädte mit ihrer erstaunlichen Vielfalt an Biotopen. Der Wert eines Gartens vergrößert sich mit zunehmendem Bewuchs, mit der Ausbreitung von Sträuchern und Hecken, dem Wachstum von Bäumen und nicht zuletzt der Anwendung von Dünge- und Spritzmitteln. Besondere Anziehungskraft wird den Gärten im Winter verliehen, wenn ihre Besitzer Futter für Vögel und andere Wildtiere ausstreuen. So konnte man ermitteln, daß Amseln in Stadtgebieten z. B. im Durchschnitt um 10% schwerer sind als Amseln aus ländlichen Gegenden – was sicher auf das reichliche und leicht zu findende Futterangebot zurückzuführen ist.

Oben: Obwohl dieser See einen recht verwahrlosten Eindruck macht, scheint das Wasser noch klar und sauber zu sein, denn sonst würden nicht die Schwäne hier brüten.

Rechts: Meist leben Industrie und Natur noch recht einträchtig nebeneinander, vielerorts ist die Verschmutzung und Vergiftung von Luft und Wasser jedoch schon so groß geworden, daß die Natur nicht mehr überleben kann!

Nicht jedes Futter wird jedoch absichtlich bereitgestellt, viele Leute sind ganz einfach verschwenderisch und unordentlich und werfen viel Eßbares weg.

Auf Marktstraßen und -plätzen z. B. finden Straßentauben und Spatzen genügend Nahrung für ihren Unterhalt, und in England haben die Füchse längst bemerkt, daß es sich lohnt, Mülltonnen auf ein Abendessen zu durchsuchen, während die Eichhörnchen des Stadtparks ihren Nahrungsbedarf aus den Abfallkörben decken.

Auch von unserem Verkehrsnetz kann die Natur in der Stadt profi-

tieren, zumindest was das Nahrungsangebot betrifft, denn Straßenränder und Bahnkörper sind mit aller Art von eßbaren Abfällen gesäumt.
Und die Bahndämme sind besonders reichhaltige Biotope, weil sie – abgesehen von gelegentlichen Unkrautbekämpfungsmaßnahmen – nicht vom Menschen beeinträchtigt oder gestört werden.
Auch Flüsse und Kanäle sind wichtig und bilden zusammen mit Straßen und Eisenbahnen Korridore für die Natur ins Innere der Stadt.
Einmal dort, finden „eingewanderte" Tiere und Pflanzen einen weiteren Vorteil in der Stadt: die höhere Wärme. Unsere Wohnungen, Bürogebäude, Fahrzeuge und Maschinen geben ständig Wärme an die Umgebung ab, so daß die Temperaturen im Stadtzentrum im allgemeinen einige Grade höher liegen als an der Peripherie. Diese höheren Temperaturen begünstigen z.B. auch die Ansiedlung fremdländischer Tiere und Pflanzen, die aus dem Süden zu uns kommen.
Andere Anziehungspunkte in der Stadt sind unsere großen Lagerhäuser und -schuppen. Hier stapeln wir Unmengen Lebensmittel für alle Geschmacksrichtungen, und einheimische und fremdländische Tiere haben nicht gezögert, dieses Nahrungsangebot anzunehmen. Diese Tiere – bei uns als Vorratsschädlinge bekannt – können inmitten von Betonburgen leben, denn sie sind völlig unabhängig von ihrer äußeren Umgebung, wenn das Nahrungsangebot stimmt.
So bietet das städtische Milieu der Natur zwar manche Vorzüge, die Nachteile überwiegen jedoch bei weitem und verglichen mit der Natur auf dem Land, in unbesiedelten Gegenden, beherbergt die Stadt nur ganz wenige Arten.
Die Zerstörung des natürlichen Lebensraumes während der Stadtentstehung tötet oder vertreibt die Tiere, die nicht in der Lage sind, hinterher die künstliche Umwelt zu nutzen. Abgesehen von einigen Algen, Moosen und Flechten, kann auf Beton kein pflanzliches Leben gedeihen, obgleich viele Pflanzen erstaunliche Kräfte entwickeln, um Asphalt und andere Bodenbeläge von unten her aufzubrechen. Die ständige und intensive Benutzung von Straßen und Wegen läßt nicht einmal die kleinsten Moose und Gräser aufkommen, die auf dem Land dagegen zwischen Pflastersteinen und in Straßenkandeln hervorwachsen. Und ohne Pflanzenwuchs stellt sich auch kein tierisches Leben ein!
Ein ganz großes Problem bietet die Verschmutzung der Luft, die sicher in den letzten 100 Jahren viele Arten aus der Stadt und ihrer näheren Umgebung vertrieben hat. Auf der anderen Seite haben es aber einige Insekten verstanden, die Rußverschmutzung erfolgreich zu ihrem Vorteil zu nutzen.

Zukunftsaussichten

Die Zukunft, die die Natur in unserer Stadt hat, liegt ganz in unserer Hand. Das Anwachsen von naturnahen Gärten und naturfreundlichen, unsterilen Parkanlagen stimmt optimistisch – wenn es nicht nur eine kurzlebige „Mode" ist. Dringend notwendig ist es, den Kampf gegen die Luftverschmutzung fortzusetzen und sicherzustellen, daß freie Räume auch frei bleiben!
Freie Gelände wachsen erstaunlicherweise rasch zu, und bald siedeln sich auch Tiere – sogar bis Fuchsgröße – hier an. Die Geschwindigkeit, mit der sich z. B. zerbombte Städte nach dem Krieg begrünten, zeugt eindrucksvoll davon, wie hoch das Regenerationsvermögen der Natur ist. Noch eindrucksvoller ist diese Kraft weiter im Süden, wo z. B. tropische Regenwälder aufgelassene Siedlungen überwuchern und Gebäude zum Einsturz bringen. Die Erhaltung der Natur in der Stadt mit all ihrem Wildleben wird allerdings nur durch einen Kompromiß möglich sein, einem Kompromiß zwischen den Bedürfnissen des Menschen und denen der Natur. Wenn wir uns jedoch ernstlich bemühen und nicht nur uns Menschen in den Vordergrund stellen, wird dies nicht allzuschwer sein. Die Stadt wird dann nicht nur ein gesünderer und attraktiverer Lebensraum, der Städter wird auch bemerken, daß es nicht nur Maschinen, Hektik und Streß gibt; er kann aus der Natur lernen, wird umweltbewußter und achtet und schützt seine Umwelt mit der Zeit immer mehr.

Wozu dieses Buch geschrieben wurde

Dem Naturfreund, der in der Stadt lebt, begegnen nicht so viele Arten wie dem Naturfreund auf dem Lande. Doch die verschiedenen kleinräumigen Biotope in einer normalen Stadt beherbergen mehr als genug Pflanzen und Tiere, um ihn auf Trab zu halten. Um ihm zu helfen, die gefundenen Pflanzen und Tiere zu bestimmen und etwas mehr über ihr Leben zu erfahren, wurde dieses Buch gemacht. Im Bestimmungsteil ab Seite 82 werden die häufigsten in Stadt- und Dorfnähe wachsenden Pflanzen und lebenden Tiere vorgestellt. Das heißt jedoch nicht, daß man auf diese Arten in jeder Stadt und Großstadt trifft. Viele werden durch Handel und Verkehr zu Wasser, zu Lande und auf dem Luftweg von Ort zu Ort verschleppt und gedeihen außerhalb ihres natürlichen Verbreitungsgebietes oftmals gut, oftmals weniger gut, je nach den angetroffenen Bedingungen und den Möglichkeiten, sich weiter anzusiedeln. Manche Arten werden nur kurze Zeit zu finden sein, andere dagegen werden sich fest ansiedeln. Außer der Möglichkeit, Pflanzen und Tiere bestimmen und näher kennenlernen zu können, will dieses Buch aber auch zeigen, was man als Städter tun kann, um mehr Natur um sich herum anzusiedeln, bzw. wie man den schon vorhandenen Arten beim Überleben helfen kann.

W. G. Teagle

Naturnahe Biotope – auch in der Großstadt?

Unsere Städte und Dörfer wurden in erster Linie geschaffen, um die Bedürfnisse des Menschen zu befriedigen, ihm Unterkunft und Lebensunterhalt zu geben.
Jede Stadt, jedes Dorf und jede Ansiedlung ist ein einmaliger Komplex aus ganz verschiedenen Biotopen, und keine Stadt gleicht einer anderen, auch wenn das oft den Anschein hat.
Die Bedingungen, die zur Ansiedlung wildlebender Pflanzen und Tiere führen, sind an jedem Ort anders, denn sie werden nicht allein von der geographischen Lage und den klimatischen Bedingungen bestimmt, sondern auch von der Einstellung und dem Verhalten der jeweiligen Bevölkerung.

Straßen und Gebäude

Auf den ersten, aber nur den ersten Blick mag es erscheinen, als seien Städte, vor allem Großstädte, nichts anderes als Stein- und Betonwüsten, und in der Tat sind manche städtischen Bereiche recht trostlos. Aber obwohl Straßen, Brücken, Straßenbahn- und Eisenbahnlinien, gepflasterte Wege und Fußgängerzonen rund ein Drittel einer Stadt ausmachen und ein noch größerer Teil mit Wohn- und Geschäftsgebäuden verbaut ist, fehlt es nicht an wildlebenden Pflanzen und Tieren, man muß sie nur zu sehen wissen.
So werden die verschiedensten Samen und Sporen durch den Wind oder durch Vögel überallhin verschleppt und keimen oft an den unwirtlichsten Orten, zwischen Straßenpflaster, in Straßenkandeln, Mauerritzen, auf Dächern und Mauern, in Ecken und Winkeln. Zwischen Pflastersteinen z. B. können – unbeschadet durch Fußtritte von Passanten – niedrige, polsterförmige Pflanzen überleben, während höherwüchsige rasch zertreten und zerstört werden und nur am Fuß einer Mauer oder eines Zaunes einen schmalen Saum bilden können – sofern sie auch dort nicht von „ordnungsliebenden" Mitbürgern ausgerissen werden.
Ist die Luftverschmutzung einer Stadt nicht zu hoch, so kann man an den Mauern die verschiedensten Flechten sich ausbreiten sehen – leider sieht man sie in unseren Großstädten jedoch immer seltener, ein Zeichen für den hohen Schwefeldioxidgehalt der Luft.
Viele ursprünglich felsbewohnende Vögel haben die Gebäude der Stadt offensichtlich als „Felsen" akzeptiert. Einige nisten auf

Links: Derart verwahrloste Parkanlagen sind ein wahres Eldorado für Pflanzen und Tiere, die sich hier geschützt und ungestört ansiedeln und vermehren können. In manchen Orten werden solche Biotope sogar schon unter Naturschutz gestellt.

Unten: Bäume und Sträucher verschönern nicht nur die Stadtlandschaft und „filtern" die Luft, sie bieten auch vielen Tieren Nahrung, Schutz und Nistgelegenheiten.

Hausdächern, andere auf Simsen, wieder andere auf zierenden Mauervorsprüngen, wieder andere in Löchern und Nischen alter und oft reparaturbedürftiger Häuser.

Von Bäumen gesäumte Alleen machen nicht nur die Häuserreihen freundlicher, sondern bieten in ihrem Geäst auch vielerlei Nistmöglichkeiten, Schlaf- und Ausschauplätze, und in ihrem Laubwerk, an und unter der Rinde finden sich auch noch vielerlei Insekten und ihre Larven.

Diese Uferböschung an einem verlandenden Kanal befindet sich im Anfangsstadium der Pflanzenansiedlung. An der Böschung wachsen schon Kreuzkraut, Weidenröschen und Beifuß, das Wasser selbst ist weitgehend mit Wasserlinsen bedeckt. Bleibt dieser Platz sich selbst überlassen, so wird er mit der Zeit immer mehr verkrauten und verbuschen.

Ödland

Häuser und Fabriken werden manchmal abgebrochen, um Neubauten oder Straßenanlagen Platz zu machen. Oft liegen solche Abrißstellen eine ganze Zeitlang brach, so daß sich binnen kurzer Zeit Pflanzen und Tiere ansiedeln, die leider bei Bebauung und Abräumen des übriggebliebenen Bauschuttes wieder vertrieben oder getötet werden. Bei der Besiedlung solcher „Trümmerfelder" erscheinen zunächst die einjährigen Pflanzen, die der Wind als Samen hierher gebracht hat. Ihnen folgen blütenbesuchende Insekten und samen- und insektenfressende Vögel. Mit dem Vogelkot kommen neue, andere Pflanzensamen hinzu, so daß sich bald eine reichhaltige Schuttpflanzengesellschaft entwickelt und das kleine Biotop, würde man es ungestört lassen, bald verkrauten und verbuschen würde.

Andere Beispiele für unbebautes und ungenutztes Land sind stillgelegte Eisenbahngleise, ehemaliges Hafengelände, alte Fabrikanlagen, verwahrloste Schrebergärten, Kirchhöfe und vernachlässigte Friedhöfe. All diese Stellen sind Refugien für wildlebende Tiere und Pflanzen in der Stadt. Überläßt man derartige Areale lange genug sich selbst, so bewalden sie sich regelrecht, und je vielfältiger der Pflanzenwuchs ist, desto reichhaltiger entwickelt sich auch das Tierleben.

Weiher und Anlagenseen

In früheren Zeiten wurden vor den Toren der Städte künstliche Seen angelegt, die als Löschweiher oder zur Wasserversorgung der Stadtbewohner dienten. Damals spielte auch die Teichwirtschaft eine viel größere Rolle, weil die kirchlich festgelegten Fastentage und -wochen noch viel ernster genommen wurden und in dieser Zeit kein Fleisch, sondern nur Fisch gegessen werden durfte.
Heute liegen diese künstlich angestauten Seen oder Weiher durch das Anwachsen der Städte in ihrem Inneren – sofern sie nicht, was leider mit sehr vielen, wenn nicht sogar den meisten dieser Gewässer geschehen ist, zugeschüttet wurden und nur noch Straßenbezeichnungen oder Stadtchroniken an sie erinnern.
Für den interessierten Naturfreund sind stehende Gewässer, seien es nun ehemalige Löschwasserteiche oder Fischzuchtanlagen, tote Kanalarme, alte Schloßgräben und -weiher, Ententeiche oder neugeschaffene Anlagenseen und Gartenteiche, stets ein lohnendes Ziel für Naturbeobachtungen verschiedenster Art.
Die offenen Wasserflächen locken Wasservögel an. Verlandungszonen, Schilfgürtel und Ufergestrüpp bieten ideale Nistmöglichkeiten und Deckung für die verschiedensten kleineren Vögel, Kleinsäuger und Reptilien. Solche Gewässer bieten sich auch als Laichplätze für Frösche, Kröten und Molche an und sind der ideale Lebensraum für viele wirbellose Wassertiere.
Leider aber werden diese Gewässer nicht von allen Menschen positiv gesehen und als Lebensraum für vielerlei Pflanzen und Tiere betrachtet: Viele halten sie für unnütz und mißbrauchen sie sogar als wilden Schuttabladeplatz für allerlei Gerümpel und Abfall! So sind stehende Gewässer, in denen alte Kinderwägen, Öfen, Autoreifen, Dosen, Kisten und Kartons versenkt werden, keine Seltenheit. Derartiger Unrat und Abfall schadet zwar der Natur nicht weiter – sofern das Wasser nicht verdreckt und durch Chemikalien-, Öl- und Benzinreste vergiftet wird –, zeigt aber ganz deutlich die umwelt- und naturfeindliche Einstellung vieler unserer Mitbürger!
Schlimmer ist die Sanierung solcher alten Gewässer im Rahmen landschaftsgärtnerischer „Verschönerungs-Maßnahmen", z.B., wenn aus einem belebten Löschwasserteich ein ökologisch mehr oder minder toter, mit Goldfischen besetzter und von Steinen eingerahmter See wird, der inmitten eines kurzgeschorenen Rasens liegt!

Gärten und Parkanlagen

Private und öffentliche Gärten können mit einem der reichhaltigsten natürlichen Lebensräume verglichen werden, den wir noch haben: dem Waldrand. Voraussetzung dafür ist allerdings, daß diejenigen, die für die Anlage solcher Gärten und Parks verantwortlich sind, mit der Natur und nicht gegen sie arbeiten wollen!

Müllkippen und Auffüllplätze locken immer eine ganze Anzahl verschiedener Vögel an, die sich von den Abfällen menschlicher Zivilisation ernähren. Immer häufiger sieht man Möwen z.B. in Scharen im Müll nach Nahrung suchen, aber auch die verschiedensten Rabenvögel haben sich auf die Verwertung menschlicher Nahrungsreste verlegt – nicht zu reden von Ratten und Mäusen!

In diesen „künstlich" angelegten Biotopen können sich nämlich die verschiedensten Pflanzen und Tiere ansiedeln – so man sie läßt! Ein ganz bekanntes Beispiel für einen sogenannten Kulturfolger, der sich diese Gärten- und Parkanlagen zunutze gemacht hat, ist die Amsel, ein Vogel, der heute in allen Haus- und Vorgärten sowie öffentlichen Grünanlagen in Mengen zu sehen ist – vor 100 Jahren jedoch war die Amsel noch ein scheuer Waldvogel!
Mit der Natur arbeiten, heißt Gärten und Grünanlagen auch naturnah zu gestalten und anzulegen, bedeutet aber nicht:
Kurzgeschorener Rasen
Immergrüne Koniferen
Gepflasterte und betonierte Wege
Betonierte Abgrenzungen
Anpflanzung von exotischen oder hochgezüchteten Bäumen, Sträuchern und Blütenpflanzen, die keinen Nektar und oft auch keinen Blütenpollen mehr besitzen – für Bienen, Wespen, Hummeln und Schmetterlinge also wertlos sind
Nackter Boden zwischen den einzelnen Sträuchern und Zierstauden

Heutzutage besinnt man sich wieder mehr auf die Natur und versucht, einen Teil der Schäden wiedergutzumachen, die zur Zeit unserer Hochkonjunktur und Übertechnisierung angerichtet wurden. Viele Kommunen legen im Bereich ihrer Ansiedlungen neue Biotope an, seien es Blumenwiesen, künstliche Bäche oder Naturteiche. Hier wird das freie Areal um ein Gaswerk zu einer hügeligen Landschaft mit Teich geformt.

Übermäßiges Düngen
Übermäßige Anwendung von Insekten-, Pilz- und Unkrautbekämpfungsmitteln
Sorgfältig gestutzte und ausgeputzte Bäume und Sträucher
Das Fällen alter, eventuell zum Teil schon morscher und hohler Bäume
Sorgfältiges Entfernen aller Laubreste im Herbst
Wenn wir so vorgehen, erhalten wir zwar „ordentliche", saubere und gepflegte Gärten und Grünanlagen – jedoch keine Lebensräume für die verschiedensten wildlebenden Tiere, keine Nahrungslieferanten für Vögel, Kleinsäuger und Insekten, keine Schutz- und Nistmöglichkeiten!

Auffüllplätze, Schutthalden, Müllkippen, Kläranlagen

Es ist noch gar nicht so lange her, daß mindestens einmal wöchentlich die Müllabfuhr kommt, daß unser Abwasser nicht einfach die Straßen und Wege hinabläuft und in Flüssen und Seen endet, sondern in der Kanalisation aufgefangen und einer Kläranlage zugeleitet wird, daß der gesamte Müll auf Müllkippen gesammelt oder in

Müllverbrennungsanlagen vernichtet wird. In früheren Zeiten warf man den Haushaltsmüll, Speisereste und sonstigen Unrat einfach auf die Straße – Regengüsse, Ratten, Mäuse, Rabenvögel, Würmer, Insekten und Bakterien sorgten mit der Zeit schon für den notwendigen Ab- und Umbau. (Leider gibt es auch heute noch etliche Mitbürger, die diese Methode bevorzugen und ihren Müll im Wald, auf Wiesen, in Straßenrändern, Flüsse, Bäche und Seen ausschütten!) Müllkippen, Auffüllplätze und Schutthalden bieten zwar keine schöne Ansicht und verbreiten manchmal – besonders an warmen Sommertagen – auch einen unangenehmen „Duft", sie sind jedoch mit der Zeit zu einem neuen Lebensraum für die verschiedensten Tiere geworden. Im Müll leben unzählige wirbellose Tiere, Insekten und Würmer, die sich von den Essensresten unserer Wohlstandsgesellschaft ernähren und die wiederum Nahrung für größere Tiere bilden, z. B. Spitzmäuse, Igel und Fledermäuse. Von unseren Essensresten leben aber nicht nur die Insekten und Würmer, sondern auch Mäuse, Ratten, Füchse, Möwen, Rabenvögel. Und da sich im Haushaltsmüll auch viel Abfall aus Gärten befindet, siedeln sich auf und an den Müllhalden und Schuttplätzen die verschiedensten Pflanzen an, deren Samen wiederum Nahrung für verschiedene Tiere bilden. So kann man oft große Schwärme von Finkenvögeln, Staren und Amseln auffliegen sehen, wenn man neuen Müll ablädt. Und da solche Müllplätze durch Zersetzung des organischen Materials auch viel Wärme abstrahlen bzw. erzeugen, bietet sich dieser Lebensraum geradezu an für wärmebedürftige und wärmeliebende Pflanzen und Tiere, so daß man in diesen Gegenden auch oft auf südeuropäische Neubürger aus Tier- und Pflanzenwelt trifft.

Umweltbewußtsein

In früheren Zeiten wurde bei uns in Europa ein großer Raubbau an der Natur getrieben, und man hat Pflanzen und Tiere rücksichtslos ausgebeutet. Heutzutage wird die Natur indirekt, durch Umweltverschmutzung und Lebensraumzerstörung, bedroht. Auf der anderen Seite setzen sich jedoch immer mehr Leute für die Erhaltung der Natur ein (siehe auch Seite 205ff.), und immer mehr Menschen, auch Großstädter, betrachten die Natur um sich herum mit neuer Wertschätzung. In den stadtnahen Wäldern werden z. B. von freiwilligen Hilfsorganisationen in Zusammenarbeit mit den zuständigen Verwaltungen „Putzaktionen" vorgenommen, d. h. Waldwege, Wegränder, Gebüsche und Hecken von Konservendosen, Plastiktüten und anderem Unrat gesäubert, Bäche und Teiche von Autoreifen, Autowachs und anderen Chemikalien befreit und gereinigt. Hinterhöfe, Balkone, Terrassen und entlegene Hauswinkel werden begrünt, und zwar nicht nur mit exotischen Pflanzen und Gehölzen, sondern auch mit einheimischen Gewächsen.

J. Denis Summers-Smith

Vögel in der Stadt

Menschliche Ansiedlungen haben schon immer auf einige Vogelarten besonders anziehend gewirkt. Vor allem Körnerfresser, wie Tauben und Spatzen, fanden in der Nähe des Menschen zu allen Zeiten stets genügend Nahrung und auch Nistmöglichkeiten vor. Aber auch Insektenfresser, wie Schwalben z. B., hielten sich gerne in und an Stallungen, Bauernhöfen und Misthäufen auf. Als es noch keine Autos und Straßenbahnen gab, sondern Lasten und Personen noch durch Pferdefuhrwerke transportiert wurden, lebten sogar im „innerstädtischen" Bereich zahlreiche Vögel, die sich zum einen direkt vom Pferdefutter – sprich Hafer – ernährten, zum anderen die Pferdeäpfel besiedelten, um hier nach unverdauten Samenkörnern und auch nach Insektenlarven zu suchen. Die mittelalterlichen Städte kannten auch noch keine Müllabfuhr und keine Kläranlagen, und ihre Abfallgruben boten aasfressenden Tieren reichlich Nahrung. Erst nach Abschaffung der Pferdefuhrwerke, der Errichtung eines Abwassersystems, der Einführung von Straßenreinigung und Müllabfuhr ging das Nahrungsangebot in der Stadt drastisch zurück. Und mit der Errichtung von Müllverbrennungs- und Kompostierungsanlagen verschwanden auch die unsauberen Müllhalden am Stadtrand, die bis dahin von zahlreichen Vögeln, wie Möwen und Rabenvögeln, bevölkert wurden.
In jüngster Zeit nun hat die verstärkte Aufmerksamkeit für eine saubere Luft und für die Begrünung von Häusern und sterilen Betonwänden für eine Zunahme von Insekten und dies wiederum zur Ansiedlung bzw. Wiederansiedlung von verschiedenen Vögeln, u. a. Schwalben und Mauerseglern, geführt. Auch die veränderte Einstellung der Bevölkerung zu ihrer Umwelt und zur Natur brachte es mit sich, daß wieder mehr Vögel in der Stadt zu sehen sind – früher hätte man sie verjagt, getötet oder als Käfigvögel gehalten. Extra angelegte Nistmöglichkeiten, wie Nistkästen verschiedener Größen, vorgefertigte Schwalbennester, simsartige Anlagen unter Hausdächern und auch die neue Architekturrichtung, die sich von glatten Beton- und Glasfassaden abwendet und wieder mehr zu Nischen und Vorsprüngen tendiert, lassen immer mehr Vögel in der Stadt „Fuß fassen".
Ganz wichtig für das Vogelleben sind auch die öffentlichen Park- und Grünanlagen mit ihren Bäumen, Sträuchern und Blumenra-

Rechts: In Städten und Dörfern ersetzen alte Mauern und Gebäude mit Simsen und Nischen die natürliche Felslandschaft und werden gerne zum Nisten und Brüten angenommen. Hier haben Dreizehenmöwen die Fensternischen eines Lagerhauses „besetzt".

Oben: Tauben sind heutzutage ein ganz gewohntes Bild in den Straßen und auf den Plätzen unserer Großstädte, und man kann sich eigentlich gar nicht vorstellen, daß das nicht schon immer so war, sondern daß all unsere Stadttauben von der wilden Felsentaube abstammen, die vor über 6500 Jahren domestiziert wurde.

batten, die Spielplätze und privaten Gärten, die einen Korridor zum Umland bilden. Diese Grünbereiche bilden eine Zuflucht für die Vögel, die sich zwar dem Stadtleben nicht vollständig angepaßt haben, die aber vom reichhaltigen Futterangebot und der Wärme angelockt werden.

Echte „Stadtvögel"

Es gibt zwei Vogelarten, die fast ausschließlich in Ortschaften und Städten vorkommen, und die man heutzutage eigentlich „Stadtvögel" nennen könnte: Tauben und Spatzen (Haussperlinge). Beide Arten kamen ursprünglich in Wald und Flur vor – wie kam es dann aber dazu, daß sie jetzt fast reine Stadttiere geworden sind?
Die Stadttaube stammt von der Felsentaube ab, die an den felsigen Steilküsten der Britischen Inseln, der Bretagne, des gesamten Mittelmeerraumes, Nordafrikas und Vorderasiens beheimatet ist.
Die Haltung der Felsentaube als „Haustaube" begann vor etwa 6500 Jahren: In den Kulturen des Nahen Ostens wurde sie als heiliges Tier gehalten, im alten Rom dagegen diente sie als Nachrichtenübermittler, aber auch als Bereicherung des Speiseplanes. Heutzutage ist die Haltung und die Zucht immer ausgefallenerer Zierformen der Haustaube ein bekanntes und beliebtes Hobby. Und verwilderte Haustauben sind der Ursprung unserer Straßentauben, die auch jetzt noch immer wieder Zuwachs durch entflogene Zierformen erhalten. Empfindliche und anspruchsvolle Rassetauben allerdings haben kaum eine Chance, ihr Erbgut in die Stadttaubenschar einzubringen, denn sie fallen als erste den Witterungseinflüssen oder einem hungrigen Habicht zum Opfer.
Die wilde Felsentaube nistet in Felshöhlungen und fliegt zur Futtersuche auf die Felder. Stadttauben trifft man hauptsächlich in den Straßen und Parkanlagen, auf kleineren und größeren Plätzen mitten in der Stadt. Sie ruhen und nisten auf Dächern und Simsen, in Nischen und auf Vorsprüngen großer Häuser und haben sich auf neue Nahrungsquellen eingestellt: Brot und Kuchenkrümel, Abfall und Reste von Wochenmärkten. Die Stadttauben sind ausgesprochen seßhaft und wandern nur wenige Kilometer weit; ihre Besiedlungsdichte hängt vom Nahrungsangebot und den Nistmöglichkeiten ab.
Wegen der starken Vermehrung verwilderter Haustauben und Türkentauben ist es in einigen deutschen Großstädten untersagt, Tauben zu füttern, denn das regelmäßige Füttern fördert natürlich auch die Brutfreudigkeit.
Der Haussperling oder Spatz ist von allen wildlebenden Vögeln am engsten mit dem Menschen verbunden. Er nistet in unmittelbarer Nachbarschaft menschlicher Ansiedlungen, in und an Häusern und ernährt sich von den Körnern, die auf den Getreidefeldern anfallen. In der Stadt leben die Sperlinge von Krümeln, die unabsichtlich auf den Boden fallen oder aber absichtlich hingestreut werden, von Samen und Früchten. Haussperlinge kommen in der Stadt aber nicht

nur in öffentlichen Anlagen, auf Straßen und Wegen vor, sie leben auch in Bahnhöfen, Fabrikhallen, Großmarktanlagen und Gewächshäusern. Viele von ihnen verbringen sogar ihr ganzes Leben in geschlossenen Räumen.
Eine bemerkenswerte Eigenschaft der Haussperlinge ist ihre große Wachsamkeit! Sie kommen zwar recht nahe an den Menschen heran, wenn dieser etwas Freßbares hinlegt oder ausstreut, fliegen aber bei der geringsten ungewöhnlichen Bewegung sofort auf – um sich Minuten später wieder einzufinden. Wenn man jedoch so eng mit dem Menschen zusammenlebt, der ja immer noch ein potentieller Feind ist, muß man äußerst wachsam sein! Inzwischen gibt es aber auch schon viele Spatzen, die handzahm geworden sind, d. h. das Futter direkt aus der Handfläche aufpicken. Gelegentlich taucht in den Gärten und Anlagen der Stadtrandgebiete der nahverwandte Feldsperling auf. Er ist jedoch mehr ein Vogel des offenen Geländes, der Feldgehölze und Hecken und kommt meist nur bei Nahrungsmangel in die menschliche Nähe.

Spatzen sind aus unserer näheren Umgebung kaum mehr wegzudenken, und sie haben sich dem Menschen schon so sehr angepaßt, daß sie sich ihre Nahrung überallher holen und wenn es direkt vom Tisch im Straßencafé ist.

Vögel in Park und Garten

Außer den Tauben und Sperlingen gibt es noch eine ganze Anzahl anderer Waldvögel, die in der Stadt heimisch geworden sind. So sind z. B. die Amseln und einige andere Drosselarten aus unseren Parkanlagen und Gärten kaum mehr wegzudenken, und das nicht nur im Winter, wenn die Nahrung knapp wird und der Run auf die Futterhäuschen einsetzt. Manche Amseln und Drosseln sind sogar recht

zahm, so daß sie z. B. hinter dem Gärtner herlaufen und warten, bis er mit dem Spaten eine Erdscholle umbricht, damit sie an die freigelegten Regenwürmer gelangen können. Amseln und Drosseln mischen sich aber auch unter das Sperlingsvolk, das im Park gefüttert wird, oder sie sind an Parkseen zu finden, an denen stets viele fütternde Kinder und Erwachsene stehen, um die Enten und Gänse mit Brot und Kuchenresten zu versorgen. Hier fällt dann auch viel für die anderen Stadtvögel mit ab – man muß nur schnell genug sein.
Die Meisen sind eine weitere Gruppe ursprünglicher Waldvögel, die jetzt in Parks und Gärten ein gewohnter Anblick sind – vor allem die Kohlmeise und die Blaumeise. Sie ziehen ihre Jungen mit Unmengen von Blattläusen und Raupen groß, so daß sie als wichtige Insektenvertilger überall gern gesehen sind und man ihnen auch extra Nistkästen aufhängt, wenn keine alten Bäume als Nistmöglichkeit zur Verfügung stehen. Da es in der Stadt meist nicht genügend Insektennahrung zur Jungenaufzucht gibt, weichen die Meisen im Frühjahr meist auf die Stadtrandgebiete und das Umland aus, kommen im Sommer und Herbst aber wieder zurück und sind im Winter dann sogar in großen Scharen an den Futterstellen zu finden.
Die Finken sind eine weitere Vogelfamilie, die sich in der Stadt niedergelassen hat. Buchfink, Grünfink, Stieglitz und Gimpel sind vertraute Gartenvögel geworden, denen sich jetzt auch der Girlitz zugesellt.
Am winterlichen Futterplatz kann man meist alle Stadtvögel zusammen beobachten: die Meisen, die an den Futterbällchen und -ringen hängen und von den Grünfinken bedrängt werden, Buchfinken und Gimpel sowie Haus- und Feldsperlinge, die heruntergefallene Körner aufpicken, und Amseln und Wacholderdrosseln, die an Äpfeln und Birnen picken.
Diese Einwanderung in die Städte und Dörfer ging meist recht schnell vor sich, und das folgende Beispiel soll die Veränderungen deutlich machen:
Die Türkentaube z. B. ist eine asiatische Tauben-Art, die bis Ende des letzten Jahrhunderts nicht westlicher als Kleinasien auftrat. Zu Beginn unseres Jahrhunderts breitete sie sich jedoch zuerst über den gesamten Balkan aus, um sich dann recht schnell auch auf Europa auszudehnen. 1943 wurde sie erstmals in Wien beobachtet, und 1950 erreichte sie England und Skandinavien. Heute ist die Türkentaube ein fester Bestandteil des städtischen Vogellebens. Sie ist ein typischer Kulturfolger und daher an bebaute Gebiete gebunden, in denen sie genügend Nahrung, aber auch Nistmöglichkeiten findet.
Vögel, die in Städten leben, sind den verschiedensten Einflüssen ausgesetzt: Lärm, Schmutz, künstliche Beleuchtung. Und sie haben

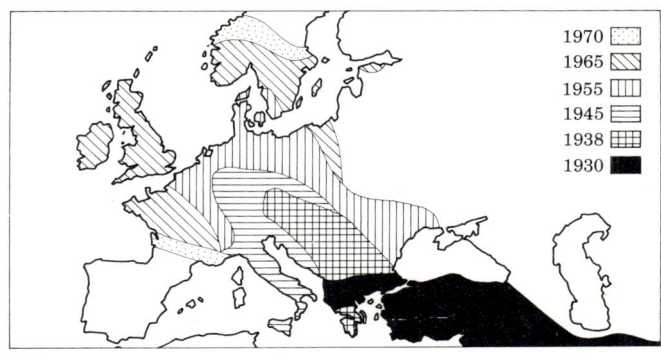

In den letzten 50 Jahren hat sich die Türkentaube überall in Europa verbreitet und ist in den Städten und Dörfern ein gewohnter Anblick geworden.

sich mittlerweile diesen Einflüssen angepaßt. So beginnen z.B. Stadt-Rotkehlchen morgens viel früher mit ihrem Gesang als ihre Vettern auf dem Land. Hausspatzen und Tauben suchen ihr Futter auch noch in den Abendstunden – sie haben ja künstliches Licht. Es wurden aber auch schon Spatzen beobachtet, die vor allem zur Brutzeit in den frühen Morgenstunden im Schein von Straßenlaternen Nachtfalter zur Aufzucht ihrer Jungen fingen.

Diese kurzen Ausführungen genügen wohl, um zu zeigen, daß auch eine Großstadt in der Lage ist, Lebensraum für wildlebende Tiere zur Verfügung zu stellen, und daß es auch immer wieder Tiere gibt, die diesen Lebensraum zu nutzen wissen.

Greifvögel in der Stadt?

Greifvögel leben in der Hauptsache von Kleinsäugern, Vögeln und größeren Insekten, auf die sie in freier Landschaft Jagd machen. Nun gibt es aber auch in der Stadt Vögel, größere Insekten und Kleinsäuger, warum sollte es da nicht auch Greifvögel in der Stadt geben? In der Tat lockt das zunehmende Nahrungsangebot an Beutetieren in jüngster Zeit immer mehr Greifvögel in Stadtnähe oder gar in die Stadtmitte, z.B. Turmfalken und Mäusebussarde, gibt es hier doch in Mengen Spatzen und andere kleinere Vögel, nicht zu vergessen die vielen überfahrenen Kleinsäuger.

Auch Waldkäuze, die in Parkanlagen mit altem Baumbestand noch Schlaf- und Nistmöglichkeiten finden, haben sich immer mehr in Stadtnähe angesiedelt, finden sie doch in den Schlafplätzen unserer Haussperlinge z.B. stets einen reich gedeckten Tisch.

Oben: Im Winter frieren stadtnahe Gewässer meist nicht zu, da sie von der umgebenden Industrie und den Wohnhäusern „aufgeheizt" werden. Diesen Umstand machen sich viele Wasservögel zunutze, die dann vom „Land" in Stadtnähe ziehen.

Rechts: Auch Greifvögel sind kein ungewohntes Bild in Stadtnähe, sie haben gelernt, daß auf unseren Straßen leichte Beute zu machen ist, man denke nur an die vielen überfahrenen Katzen und Igel.

Stephen Harris

Säugetiere in der Stadt

Seitdem der Mensch sein Nomadenleben aufgegeben hat und seßhaft wurde, haben sich auch in der Nähe und in seinen Siedlungen viele Säugetiere als Kulturfolger niedergelassen.
Schon vor mindestens 6000 Jahren vor Christus lebten z. B. Hausmäuse in einer jungsteinzeitlichen Siedlung in der heutigen Türkei, und von den alten Ägyptern weiß man, daß sie in ihren Städten häufig unter Mäuseplagen litten.
Es scheint tatsächlich auch so zu sein, daß die Entstehung von Stadtkulturen im Altertum die Ausbreitung der Hausmaus über das westliche Mittelmeer und von dort über das restliche Europa ermöglicht hat. Die Zeiten, als in Mitteleuropa noch große Mäuse- und Rattenplagen Städte und Dörfer heimsuchten und im Winter hungrige Wölfe in Bauernhöfe und Dörfer einfielen, gehören längst der Vergangenheit an, und die wildlebenden Säugetiere, die heutzutage in Dörfern und Städten gelegentlich noch zu sehen sind, werden meist mit Wohlwollen betrachtet, seien es Eichhörnchen in den Parkanlagen und Friedhöfen, Siebenschläfer in Gartenhäusern und Geräteschuppen und auch hin und wieder einmal eine Maus im Keller oder Lagerschuppen. Allerdings hat sich einer dieser städtischen Zuwanderer in letzter Zeit sehr unbeliebt gemacht: der Marder. Diese Tiere haben sich anscheinend auf Bremsschläuche an parkenden Autos spezialisiert, die sie benagen und dadurch Schaden und Ärger bei dem entsprechenden Autobesitzer verursachen!

Füchse

In fast allen englischen Städten sind Füchse recht häufig anzutreffen, bei uns jedoch wird ihr Vordringen zu menschlichen Siedlungen mit allen Mitteln verhindert, da der Fuchs bei uns in Deutschland als Überträger der gefürchteten Tollwut bekannt ist. Füchse, die sich in der Nähe menschlicher Siedlungen aufhalten, müssen daher sofort an das nächste Forstamt oder bei der Polizei gemeldet werden! Das Auftreten des Fuchses in bebauten Gegenden ist aber auch in England erst nach dem 2. Weltkrieg häufiger geworden. In London z. B. waren Füchse in den südlichen und östlichen Vorstädten in den frühen 50er Jahren häufig und hielten bis etwa 1965 den größten Teil Südlondons „besetzt". Nördlich der Themse dagegen traten kaum Füchse auf.

Die Füchse breiteten sich also nicht überallhin aus, sondern besiedelten bevorzugte Gebiete. Am zahlreichsten sind die Füchse in Wohngegenden mit Privathäusern, vor allem solchen, die in den 20er und 30er Jahren erbaut wurden, die also jetzt schon etliche Risse, Mauerlöcher und andere Verfallserscheinungen zeigen, und in deren Nähe sich auch die verschiedensten Kleinsäuger und Insekten aufhalten können. In modernen Siedlungen, Industriegegenden und Gebieten mit Wohnblöcken gibt es weit weniger Füchse. Das mag aber auch mit der Müllbeseitigung zu tun haben: Kleinere Privathäuser besitzen meist kleine Mülltonnen, an die ein Fuchs leichter gelangen kann als an bzw. in die großen Container, die für Hochhäuser und Bürogebäude verwendet werden.

Dachse
Während die Füchse relativ neue und sehr erfolgreiche Kolonisten im städtischen Bereich sind, haben sich die Dachse weniger erfolgreich durchgesetzt. Die meisten Dachse, die in Stadtnähe auftreten, sind keine Neubürger, sondern Überbleibsel, die es geschafft haben, trotz der Umklammerung durch die wachsende Stadt, zu überleben. In England z.B. kommen Dachse in Teilen von Süd- und Westlondon, in einigen Städten an der Südküste und in Essex, Edinburgh, Cheltenham und Bristol vor. Sie haben höchstwahrscheinlich hier überlebt, da in diesen Städten genügend große Areale als Ödland unbebaut blieben oder in einen Naturpark verwandelt wurden. Gegenwärtig beherbergt Bristol z.B. etwa 20 erwachsene Dachse pro Quadratkilometer, das ist eine Populationsdichte, die in den besten ländlichen Lebensräumen unerreicht bleibt.
Wie alle Dachse bekommt man auch die „städtischen Dachse" selten zu Gesicht. Die Tiere sind nachtaktiv, und die in der Stadt lebenden Dachse scheinen noch später aus ihren Unterschlupfen zu kommen als ihre Artgenossen in ländlichen Gegenden. Ihre Nahrungspalette ist viel breiter, und um satt zu werden, wandern sie oft mehrere Kilometer kreuz und quer durch ihr Revier. Dachse sind Allesfresser und leben in der Stadt vorwiegend von Abfall und Speiseresten.

Marder
In menschlichen Ansiedlungen kommt vor allem der Steinmarder häufiger vor. Steinmarder leben ursprünglich in Steinbrüchen und auf Feldern. Sie sind Kulturfolger, die vor allem in ländlichen Gebieten auch in Stallungen, Holzverschlägen und Scheunen anzutreffen sind. Wie bereits gesagt, haben sich die Marder in jüngster Zeit auch in Großstädten ausgebreitet. Durch seine nächtliche Lebensweise bekommt man das Tier selbst selten zu sehen, seine Aktivitäten dagegen recht deutlich zu spüren: Marder scheinen eine Vor-

Ein Grund, weshalb die Anzahl der Füchse in englischen Stadtgebieten so angestiegen ist, liegt darin, daß sie gelernt haben, wie man die Deckel der Mülltonnen entfernt, um an die verschiedensten Nahrungsreste zu gelangen. Die Mülltonnen ziehen aber nicht nur Füchse an, auch Ratten und Mäuse profitieren vom menschlichen Abfall, und diese Tiere dienen wiederum dem Fuchs als Nahrung.

liebe für Bremsschläuche bzw. Bremsflüssigkeit zu haben, denn sie benagen auf ihren nächtlichen Streifzügen gerne die Bremsschläuche parkender Autos. Die Vorliebe der „Automarder" scheint auf die Geschmacksstoffe in den Schläuchen oder in der Bremsflüssigkeit zurückzuführen zu sein. Das Bestreichen der Bremsschläuche mit verschiedenen Chemikalien zeigt bislang nur mäßigen Erfolg, so daß man im Augenblick den „Automardern" ziemlich machtlos gegenübersteht.

Ratten und Mäuse
Im städtischen Bereich lebt eine ganze Reihe von kleinen Säugetieren, und man sollte meinen, daß es sich vor allem um Nagetiere handelt. Es gibt aber nur drei kleine Nagetierarten, die sich besonders gut an den Stadtbereich anpassen konnten und mit dem Menschen zusammenleben. Bis vor kurzem meinte man noch, daß die Hausratte mit den heimkehrenden Kreuzfahrern im 11. und 12. Jahrhundert aus dem Vorderen Orient nach England eingeschleppt wurde. Neuere Untersuchungen zeigten jetzt aber, daß die Hausratte schon in den römischen Vorratslagern von London und York lebte, daß sie also schon etliche Jahrhunderte vor den Kreuzfahrten nach England gekommen ist. Da die Hausratte ganz sicher ein Tier wärmerer Klimagebiete ist, hat sie sich sicherlich auch nie weit von menschlichen, Schutz und Wärme bietenden Siedlungen aufgehalten.
Auf den Britischen Inseln, in Dänemark und Deutschland ist die Hausratte heute sehr selten und meist nur noch auf die Kontore und

Lagerhäuser in Hafenstädten beschränkt. Der Rückgang der Hausratte ist eng verknüpft mit der Ankunft und Verbreitung der Wanderratte, die England 1728 erreichte und das übrige Europa bis Ende des 18. Jahrhunderts besiedelte.
Wanderratten sind nicht unbedingt an den Schutz und die Wärme menschlicher Siedlungen gebunden, sie besiedeln auch andere Lebensräume. Innerhalb der Stadt trifft man Wanderratten manchmal im Kanalisationssystem und auf Schuttplätzen – ihre Zahl ist jedoch gering. Neuere Untersuchungen in einigen britischen Städten haben ergeben, daß nur 3% der städtischen Anlagen von Ratten besiedelt sind und die meisten Ratten außerhalb von Gebäuden vorkommen.
Im Gegensatz zu den Ratten bevorzugen die Hausmäuse ein Leben im Haus – sie kommen dabei sowohl in Wohn- als auch in Geschäftshäusern vor. Außerhalb von Gebäuden, z. B. in Gärten, auf Ödland und Eisenbahndämmen, sind Hausmäuse selten. Das liegt aber vor allem auch daran, daß sie in diesen Lebensräumen nicht mit den Waldmäusen konkurrieren können.
Hausmäuse leben schon seit langer Zeit mit dem Menschen zusammen und sind fast über die ganze Welt verbreitet. Im gemäßigten Klimas Europas bewohnen sie Schuppen, Terrassen, Keller und unbeheizte Lagerräume. Wenn sie ausreichend Nahrung finden, so bringen Hausmäuse 5- bis 10mal im Jahr bis zu 12 Junge zur Welt – ihre Vermehrungsrate ist also sehr hoch. Bei einer hohen Populationsdichte entwickelt sich in einer Mäusekolonie ein komplexes Sozialsystem, und jede Maus hat nur einen kleinen Eigenbezirk – oft nur wenige Quadratmeter –, der sich mit den Eigenbezirken anderer Mäuse auch noch überlappt.
Im städtischen Bereich kann man auch noch einen anderen kleinen Nager antreffen, die Waldmaus. Sie ist ein Nachttier und hält sich bevorzugt in Hecken, Feldgehölzen und am Waldrand auf, lebt aber auch in Schrebergärten, Straßenhecken und Hausgärten. Im Winter zieht sie sich dann gerne in warme Gebäude zurück.

Eichhörnchen
Das Eichhörnchen ist ein Baumtier, das vorwiegend in Wäldern vorkommt, als typischer Kulturfolger heute aber auch schon von Friedhöfen und Parkanlagen Besitz ergriffen hat.
Eichhörnchen sind schnelle und geschickte Kletterer, die sich von Eicheln, Nüssen, Bucheckern, Fichtensamen und anderen Sämereien sowie von Knospen und jungen Trieben ernähren. In unseren Parkanlagen werden sie oft so zutraulich, daß man sie aus der Hand füttern kann. Dank des zusätzlichen Futterangebotes und dem Mangel an natürlichen Feinden können sich die Eichhörnchen stark vermehren und dann durch Verbiß junger Triebe und Knospen an

Rechts: Wanderratten kamen mit dem Schiff nach Europa, und sie kommen auch heute noch in großer Anzahl in Hafenstädten vor. Diese Ratte sucht im Spülsaum am Hafen nach Freßbarem.

Rechts: Hausmäuse sind echte Kulturfolger und fast nur in der Nähe des Menschen zu finden. Sie sind praktisch Allesfresser und finden in Haushalten und Wohnungen stets etwas Freßbares. Die nachtaktiven Tiere leben tagsüber gut versteckt in Löchern und Ritzen, hinter Schränken und Wandverkleidungen und können sich deshalb auch ungestört vermehren.

den Parkbäumen auch große Schäden anrichten. Man muß ihre Vermehrungsrate also immer etwas im Auge behalten.
In Mitteleuropa kommt das Eichhörnchen in zwei Farbvarianten vor: fuchsrot und braunschwarz, wobei die fuchsroten Eichhörnchen häufiger sind. Auch in England war das fuchsrote bzw. braunschwarze Eichhörnchen einmal ein genauso häufiger Parkbewohner wie bei uns. Es wurde aber um die Jahrhundertwende vom aus Nordamerika stammenden Grauhörnchen immer mehr verdrängt. Das Grauhörnchen ist für das Leben in Parkanlagen mit Laubbäu-

men und vielen offenen Flächen besser geeignet als das Eichhörnchen, so daß die Eichhörnchen leicht von den Grauhörnchen verdrängt werden konnten und man heute in den britischen Parkanlagen und Gärten überall das Grauhörnchen antrifft. Aber die Grauhörnchen leben nicht nur in Park und Garten, sie bewohnen auch die Dachböden der Wohnhäuser, verbringen hier den Winter und ziehen im Sommer ihre Jungen groß. Die sonst sehr beliebten, netten Hörnchen machen sich allerdings im Haus recht unbeliebt, da sie – wie Mäuse und Ratten – elektrische Leitungen, Kabel und Fernsehantennen annagen und sogar die Dachlatten in ihre Nagetätigkeit mit einschließen, was nicht selten zu Einsturzgefahr geführt hat.

Igel
Für die meisten Menschen ist der Igel unser populärster wildlebender Mitbewohner im städtischen Bereich, und das sicher nicht, weil viele ihn schon umherlaufen gesehen haben, sondern weil die meisten in Stadtnähe lebenden Igel irgendwann einmal den Tod durch Überfahrenwerden erleiden und dann als Kadaver am Straßenrand liegenbleiben.
Tatsächlich sind die Igel in Gärten und städtischen Anlagen recht häufig geworden, und die Untersuchungen über die Anzahl der dem Straßenverkehr zum Opfer gefallenen Igel lassen vermuten, daß es heute in den städtischen Wohn- und Villengegenden mehr Igel gibt als draußen auf dem Land.
Unsere Gärten können Igeln wirklich gute Lebensmöglichkeiten bieten, weil es hier viele Stellen gibt, an denen die Igel sowohl ihre Wochenstuben als auch ihre Winterquartiere relativ ungestört einrichten können und zudem noch ein breites Nahrungsangebot vorfinden.
Igel ernähren sich von Asseln, Käfern, Insektenlarven, Schnecken, Regenwürmern und Tausendfüßern, aber auch von Beeren und Obst. In feuchten Nächten z. B. kann man beobachten, wie Igel auf Wiesen- und Rasenflächen auf Regenwürmersuche gehen.
Igel haben große überlappende Reviere, so daß in einem Garten nachts auch mehrere Igel bei der Nahrungssuche angetroffen werden können. Auf der anderen Seite sind die meisten Gärten viel zu klein, um einem Igel tagtäglich genügend Nahrung zu bieten; er ist also gezwungen, auch andere Gärten nach Nahrung abzusuchen. Aus diesem Grund ist es auch wichtig, daß ein Garten, in dem wir einen Igel anlocken und auch ansiedeln wollen, genügend Durchschlupfmöglichkeiten nach allen Richtungen hat, so daß der Igel auch auf Nahrungssuche in anderen Gärten gehen kann.
Ein wichtiger Faktor, der möglicherweise zum Erfolg der Igel in Stadtgebieten beiträgt, sind die höheren Temperaturen im Winter.

In der Stadt gibt es erwiesenermaßen weniger Frosttage als auf dem Land, zudem zieht der Winter auch erst viel später in der Stadt ein. Dies ermöglicht es den Jungtieren aus späten Würfen, noch genügend Fettvorräte für den Winterschlaf anzufuttern und das nächste Frühjahr zu überleben, denn nur Jungigel, die mehr als 650 g wiegen, haben eine Chance, den Winter zu überstehen. Tiere aus späten Würfen, die außerhalb der wärmenden Städte leben, erreichen in vielen Fällen nicht mehr das notwendige Gewicht und überstehen den Winter nicht.

In letzter Zeit haben sich sehr viele Vereinigungen zum Schutz der Igel gebildet, und wenn man im Herbst einen untergewichtigen Igel findet, dann sollte man sich am besten mit einer solchen Vereinigung in Verbindung setzen. Hier kann man dann erfahren, was man tun muß, um das Tierchen artgerecht über den Winter zu bringen.

Fledermäuse

Die meisten Fledermaus-Arten, die ihre Quartiere in Gebäuden anlegen, bevorzugen ländliche Gegenden. In Stadtgebieten kommen in Süddeutschland nur drei Arten häufiger vor: der Abendsegler, das Mausohr und die Zwergfledermaus.

Der Abendsegler erscheint schon sehr früh am Abend, oft schon vor Sonnenuntergang. Er ist ein guter Flieger, und man kann ihn über Parkanlagen und Gärten beobachten. Tagsüber ruht er in hohlen Bäumen oder Spechthöhlen, oft ganz nahe an belebten Parkwegen, jedoch unbemerkt von den Passanten. Im Winter halten sich die Abendsegler in Gebäuden und Dachstöcken auf.

In diesem Garten finden Igel die verschiedensten Überwinterungsmöglichkeiten: dichtbüscheliges Pampasgras, dichte Hecken, Laubhäufen, Holzstapel, Komposthaufen, einen Geräteschuppen, der durch schadhafte Stellen von außen gut zugänglich ist, und vieles mehr. Hat sich nun tatsächlich ein Igel eingenistet, so lautet das erste Gebot: Nicht stören!

Das Mausohr hat sein Tagesquartier in Dachstühlen und Kirchen. Es fliegt erst aus, wenn es schon dunkel ist, und man kann die Fledermaus dann über Straßen, Alleen und Plätze gaukelnd flattern sehen. Ins Winterquartier unternehmen sie bis zu 200 km weite Flüge, um dann in Höhlen, Stollen und Grotten zu überwintern. Mausohren sind sehr ortstreu und kommen im Sommer in ihre alten Standorte zurück (auch die Winterquartiere sind stets dieselben).
Die Zwergfledermaus ist die kleinste europäische Fledermaus. Sie fliegt nachts und im Gegensatz zu anderen Arten auch bei schlechtem Wetter und in kalten Nächten. Tagsüber ruhen die Zwergfledermäuse in Ritzen von Mauern und Balken oder unter loser Baumrinde und hinter Fensterläden.
Die Begegnung mit Fledermäusen ist heute ein seltenes Ereignis. In ganz Mitteleuropa sind sie heute vom Aussterben bedroht, und zwar nicht nur in den Städten, sondern auch in den landwirtschaftlich intensiv genutzten Gebieten. Aus diesem Grund haben sich auch zum Schutz von Fledermäusen die verschiedensten Gruppen gebildet.
Der Fledermausschutz konzentriert sich auf die Sicherung ihrer Quartiere: Baumhöhlen, Stollen, Höhlen, Bunker, Unterschlupfe in Scheunen und altem Gemäuer sowie auf Dachböden.
Zum Schutz der Fledermäuse gehört aber auch die Sicherung ihrer Ernährung, d. h. der Schutz der Lebensräume für Insekten, denn Fledermäuse sind reine Insektenfresser, und durch intensive Landwirtschaft, Trockenlegung von Wiesen und Feldern, Bekämpfung von Unkrautwuchs und Einsatz von verschiedenen Spritzmitteln ist ihre Nahrung knapp geworden.

Fledermäuse stehen alle unter Schutz, da sie heute aufgrund mangelnder Schlaf- und Nistmöglichkeiten in ihrem Bestand immer mehr zurückgehen. Die modernen Wohnhäuser und Bürogebäude sind alle dicht nach außen abgeschlossen und bieten keine Unterschlupfmöglichkeiten mehr, alte Bäume werden ungern gesehen und durch neue, weniger morsche und löchrige, ersetzt.

Gelegentliche „Stadtbesucher"
Neben den Säugetieren, die fast ständig in städtischen Bereichen leben, gibt es auch solche, die nur gelegentliche „Stippvisiten" in der Stadt machen:
Maulwürfe z. B. sind auf Wiesen und Feldern im ländlichen Bereich recht häufig, in die Rasenflächen stadtrandnaher Hausbesitzer verirren sie sich aber nur selten.
Kaninchen kommen nur bei Massenvermehrung auch in Stadtgebiete und legen hier in ungenutztem Bauerwartungsland oder ehemaligem Fabrikgelände ihre Tunnelsysteme und Wohnröhren an.
Ähnliche Lebensräume, aber auch Hausgärten, werden gelegentlich von verschiedenen Spitzmaus-Arten bewohnt. Hier sollte nochmals hervorgehoben werden, daß Spitzmäuse sehr nützlich sind, da sie sich von Insekten und deren Larven ernähren.
Der Siebenschläfer wandert bei uns ebenfalls gerne vom Wald in Hausgärten ein. Er zieht oft seine Jungen in Vogelnistkästen auf und mietet sich auch mal gerne unter einem Hausdach oder im Geräteschuppen ein. Überraschenderweise halten gelegentlich auch relativ große Wildtiere in städtischen Gebieten Einzug; die interessanteste Erscheinung ist bei uns das Reh. Rehe sind schon längst nicht mehr die scheuen Tiere der Waldlichtungen, sie leben heute schon in ziemlich deckungsarmen Geländen in unmittelbarer Stadtnähe.

Haushunde und Hauskatzen
Ungeachtet der Vielfalt an wildlebenden Säugetieren im städtischen Bereich sind doch die auffälligsten und meisten Säugetiere in unseren Städten ohne Zweifel die vielen Hunde und Katzen.
Die Auswirkungen dieser Tiere auf das städtische Ökosystem sind bislang noch nicht im Detail untersucht worden, sie dürften aber nicht zu unterschätzen sein.
In England z. B. wird vermutet, daß jedes Jahr ca. 60% aller Vögel, die in Gärten und Parkanlagen zu Hause sind, von streunenden Hauskatzen getötet werden. Wenn der Mensch sich nicht gut genug um seine Haustiere kümmert, wenn jährlich Zigtausende von Hunden und Katzen einfach ausgesetzt werden, dann bringen diese Tiere mehr Probleme mit sich als die meisten wildlebenden Säugetiere in der Stadt.
Streunende Hunde z. B. sind Verursacher zahlreicher Verkehrsunfälle und kotverschmutzter Gehwege und Kinderspielplätze, streunende Katzen Überträger und Verschlepper der verschiedensten Krankheitskeime.

John Dony

Pflanzliche Einwanderer

Zu unseren einheimischen wildlebenden Pflanzen zählen alle die Arten, die seit dem Mittelalter regelmäßig in unseren Wäldern, Wiesen, Weiden, Auen und an anderen natürlichen Lebensräumen gedeihen.
Alle seit dem Beginn der Neuzeit (also seit dem 16. Jahrhundert) bei uns eingewanderten Pflanzen werden Neubürger (Neophyten) genannt, auch wenn sie zum Teil schon seit Jahrhunderten bei uns wachsen und verbreitet sind.
Der Prozeß der Einwanderung und Einbürgerung neuer Pflanzen ist noch lange nicht abgeschlossen, auch heute noch wandern Pflanzen bei uns ein, d. h., sie werden von Mensch und Tier aus anderen Ländern mittels Samen und Sporen eingeschleppt – teils willentlich, teils ohne Wissen. Manche von ihnen sind nur vorübergehende Gäste, andere siedeln sich fest an. Pflanzen, die nur gelegentlich auftauchen, bezeichnet man als Irrgäste. Pflanzen, die immer wieder am selben Ort eingeschleppt werden, sich aber nicht halten können, sind Dauergäste. Arten, die in begrenzten Gebieten vorkommen und sich selbständig durch Samen oder Ausläufer verbreiten und vermehren, nennt man Siedler. Nur Pflanzen, die länger als 100 Jahre fest bei uns eingebürgert sind und sich selbständig vermehren und verbreiten, werden als „Neubürger" oder Neophyten bezeichnet.
Solche Neubürger findet man in der Hauptsache an sogenannten Ruderalstandorten, d. h. Schutt- und Auffüllplätzen, Wegrändern, Uferböschungen, Bahndämmen, verlassenem Fabrikgelände – Niemandsland also, auf dem sich ungestört Pflanzenwuchs ausbreiten kann. Zu den Erstbesiedlern solchen Ödlandes gehören oft so viele Neubürger, daß man sich tatsächlich fragen muß, wie denn die Begrünung dieser Plätze erfolgte, bevor es die Neubürger bei uns gab?

Schutt- und Ödland

Überall, wo Mauerwerke langsam verfallen, sammelt sich am Mauerfuß Stein- und Geröllschutt an. Dieser relativ trockene, aber an organischen Nährstoffen reiche Schutt ist bei ausreichenden Niederschlägen ein guter Nährboden für vielerlei Pflanzen, so daß diese Biotope recht schnell begrünt werden.
Zu diesen Schutt- und Ödlandpflanzen, auch Ruderalpflanzen ge-

Oben links: Das Oxford-Kreuzkraut wurde im 18. Jahrhundert aus Italien eingeschleppt und hat sich mit Hilfe seiner vom Wind verbreiteten Samen vor allem entlang des Eisenbahnnetzes verbreitet.

Oben rechts: Der ursprünglich aus China stammende Sommerflieder, ein beliebter Schmetterlingsstrauch, ist nicht nur mehr in Gärten anzutreffen, er macht sich auch überall dort breit, wo er warme, ungestörte Standorte antrifft.

Rechts: Auch das Waldweidenröschen ist längst kein „Waldrandgewächs" mehr, sondern gehört mit zu den Erstbesiedlern von Ruderalflächen.

nannt, gehören Garten- und Parkpflanzen, die zum Verwildern neigen, wie z. B. Ringelblumen, Sonnenblumenarten, Sommerflieder, Götterbaum und Stechapfel. Aber auch Wildpflanzen aus der näheren und weiteren Umgebung, die durch den Wind oder durch Vögel hierher gekommen sind, wie z. B. Huflattich, Weißer Gänsefuß, Kanadische Goldrute und Rainfarn, Weidenröschen und Holzgewächse wie Birke, Weide und Pappel, Schwarzer Holunder und Brombeere. Durch Dorf- und Stadtsanierungen gibt es heute zwar immer weniger Ödland, andererseits entstehen durch die verschiedensten Baumaßnahmen ständig neue Schutt- und Auffüllplätze – die leider aber sehr häufig dann in „pflegeleichte" Cotoneaster-Flächen verwandelt werden.
Wie bereits gesagt, kommen unsere Neubürger hauptsächlich durch direkte Einfuhr ausländischer Nutz- und Zierpflanzen, die dann bei uns verwildern, oder durch indirekte Verschleppung durch Vögel oder im Reisegepäck zu uns. Eine weitere Möglichkeit der „Einwanderung" besteht durch Einschleppung durch Vogelfutter:
Die Körnermischungen und Sämereien, die als Vogelfutter für exotische Stubenvögel bei uns importiert werden, bestehen zum größten Teil aus Hirse- und anderen Grassamen. Beim Reinigen des Vogelkäfigs gelangen mit der Einstreu auch Futterkörner in den Abfall, die unter geeigneten Bedingungen auskeimen können. Es verwundert daher nicht, daß an Müll- und Auffüllplätzen oder auf Komposthaufen immer wieder – wenn auch selten – fremdländische Graspflanzen auftauchen, wie Echte Hirse (*Panicum miliaceum*), Kanariengräser (*Phalaris canariensis, Ph. minor*), Kolbenhirse (*Setaria italica*), Borstenhirse (*Setaria glauca, S. viridis*), Hühnerhirse (*Echinochloa crus-galli, E. colonum*), Blutfingergras (*Digitaria sanguinalis*) und Taumellolch (*Lolium temulentum*). Zum Teil sind diese Gräser Dauergäste, Pflanzen also, die immer wieder von neuem an diesen Orten eingeschleppt werden, so daß es wirkt, wie wenn sie sich hier angesiedelt hätten. Zum anderen Teil sind es Neubürger, denen man auch an anderen Standorten begegnet.
Die Sämereien enthalten oft auch Verunreinigungen in Form anderer Samen, z. B. Leindotter (*Camelina sativa*), Giftbeere (*Nicandra physaloides*), Ramtillkraut (*Guizotia abyssinica*), Hanf (*Cannabis sativa*), so daß man gelegentlich auch solche Irrgäste auf unseren Mülladen sehen kann.

Wegränder, Eisenbahndämme, Straßenböschungen
Wegränder und Böschungen an neuen Straßen oder Eisenbahnlinien werden oft mit Gras besät.
Solche Grassamen bestehen aber nicht nur aus einer einzigen Grassorte, sondern aus mindestens 10 verschiedenen Grassamen, wobei das Raygras (*Lolium*) und der Schwingel (*Festuca*) den größten An-

teil haben. Die Hersteller solcher Grasmischungen garantieren meist eine über 99%ige Reinheit ihres Saatgutes, und wenn zwischen dem jungen Gras viele Unkräuter stehen, so haben sie sich hier im nachhinein durch Samenflug breitgemacht. An Straßenböschungen ist das nicht weiter schlimm, ja, hier sät man in letzter Zeit sogar „Unkraut" ganz gezielt aus, und der Autofahrer kann sich auf einmal wieder an Blütenpflanzen erfreuen, die er nur aus seiner Kindheit oder gar vom Erzählen her kennt; man denke nur an den roten Klatschmohn, die blaue Kornblume oder die weiß-gelbe Kamille. In Stadtpark- und Fußballplatzrasen sind Unkräuter aber nicht gerne gesehen, sie „verunzieren" den grünen Rasen und sind zudem nicht trittfest genug. Hier sorgt aber schon die regelmäßige Pflege, d. h. das wöchentliche bis 14tägige Mähen dafür, daß das Unkraut keine Möglichkeit zur Vermehrung und zum Ausbreiten bekommt – die Gräser ertragen das ständige Mähen sehr gut, im Gegenteil, sie verbreitern sich dadurch an der Basis und wachsen noch dichter.

Nicht in den frisch angelegten Grasflächen, sondern in schon lange bestehenden Rasen breiten sich seit ungefähr 50 Jahren der Ehrenpreis (*Veronica*) und das Gänseblümchen (*Bellis perennis*) immer mehr aus und beleben auf erfreuliche Weise das einfache Grün mit blauen und weißen „Inseln".

Fabrikgelände und Güterbahnhöfe

Fabrikgelände bieten sich oft als Biotop für die verschiedensten Pflanzen an, einheimische wie auch eingeschleppte. Sie besitzen meist ein großes, oft unüberschaubares Areal, das nicht überall zubetoniert und asphaltiert ist, sondern sehr viele Bereiche hat, die nur geschottert, festgetreten oder einfach aufgeschüttet und aufgefüllt sind. Es gibt viele Ecken und Winkel, in die kaum ein Mensch kommt, in denen z. B. altes Material gelagert und mit der Zeit vergessen wurde, Stellen in praller Sonne und Bereiche, die überdacht und schattig gelegen sind. Winkel, in denen sich Schmutz und Staub angesammelt hat, die einen fruchtbaren Nährboden für mancherlei Gewächse bieten.

Fabriken, die importierte Rohstoffe verarbeiten, besitzen meist eine ganz außergewöhnliche Pflanzengesellschaft auf ihrem Gelände, da mit diesen Rohstoffen die verschiedensten Samen eingeschleppt werden. So wird z. B. Rohwolle aus aller Herren Länder eingeführt. Diese Rohwolle muß vor der Verarbeitung zuerst von Fett und Schmutz gereinigt und in lange und kurze Fasern getrennt werden. Dies erfordert die verschiedensten Arbeitsgänge – und bei all diesen Arbeitsgängen bleiben in der Restwolle, d. h. im Abfall, Früchte und Samen übrig, die sich mit Borsten und Widerhaken in der Wolle festgesetzt hatten.

Auch Güterbahnhöfe bieten einer ganzen Anzahl von Neubürgern, aber auch einheimischen Pflanzen, einen ungestörten Standort und die Möglichkeit, sich zu verbreiten und fest anzusiedeln. Die Waggons bringen die verschiedensten Samen und Früchte aus aller Herren Länder zu uns, Samen, der mit der gelieferten Ware kommt, Samen, der am Waggon und in den Containerritzen hängengeblieben ist, Samen, der sich mit nasser Erde an die Speichen festgeklebt hat.

Flußufer

Viele der eingeschleppten Pflanzen, die aus südlichen Ländern, mit ganz anderen klimatischen Bedingungen stammen, können sich nur vorübergehend in Nord- und Mitteleuropa halten und verschwinden dann wieder, es sei denn, sie werden immer aufs neue eingeschleppt. Das gilt jedoch nicht für die meisten Pflanzen, die sich entlang von Flußufern oder untergetaucht im Wasser ansiedeln. Diese Pflanzen können in der neuen Umgebung meist auf Dauer Fuß fassen und sich auch selbständig ausbreiten und vermehren. Ein schönes Beispiel hierfür ist der aus Kleinasien stammende Kalmus (*Acorus calamus*). Er wurde vor ca. 400 Jahren als Arzneipflanze in Nord- und Mitteleuropa eingeführt. Seine lilienförmigen Blätter wurden in die Eingänge reicher Häuser und in die Kirchenschiffe gestreut, denn die Blätter geben beim Zertreten einen süßlichen Duft von sich, von dem man glaubte, daß er die Pest fernhalte. So hat sich diese Pflanze im Laufe der Zeit fest an vielen Flußufern eingebürgert, obwohl sie in ihrer neuen Heimat keine fruchtbaren Samen mehr hervorbringt, sondern sich einzig und allein durch Ausläufer vermehrt und ausbreitet. Aus dem Himalaya-Gebiet wurde das Springkraut (*Impatiens*) vor langer Zeit bei uns eingeführt und hat sich seither entlang von Flüssen und Bachläufen weit verbreitet. Ihren Namen hat die Pflanze von der merkwürdigen Art der Samenverbreitung: Springkräuter besitzen eine Kapselfrucht, die bei der Reife nach Berührung oder Erschütterung aufplatzt, ihre Fruchtblätter blitzartig einrollt und die Samen ausschleudert. Die Goldrute (*Solidago canadensis*) ist nicht nur in großer Anzahl an Eisenbahndämmen und auf Schutthalden zu finden, sondern hat sich auch in großer Zahl an den Flußufern breitgemacht. Ihre großen, gelben Blütenstände sind mittlerweile schon ein so vertrauter Anblick geworden, daß man sich unsere Flußauen kaum mehr ohne sie vorstellen kann. Den bemerkenswertesten „Neuankömmling" an unseren Gewässern findet man allerdings nicht am Ufer, sondern untergetaucht im Wasser: die Wasserpest (*Elodea canadensis*). Diese nordamerikanische Wasserpflanze brach um 1850 vermutlich aus dem Botanischen Garten Berlin aus und hat sich seither tatsächlich „wie die Pest" vermehrt und über den ganzen Kontinent ausgebreitet. Ihre Vermehrung erfolgt bei uns nicht durch Samen, sondern durch abgebrochene Sproßstücke. In der Zwischenzeit sind die Bestände allerdings wieder zurückgegangen; sicher ein Zeichen der Wasserverschmutzung, der Kanalisierung von Wasserläufen und der Eindohlung von Flüssen und Bächen. Auch unter den auf dem Wasser schwimmenden Arten gibt es Zuwanderer. Der interessanteste ist wohl der Wasserfarn (*Azolla filiculoides*). Er stammt aus Nordamerika und gelangte vor ca. 100 Jahren nach Europa. In England ist er weit verbreitet und hat sich vollkommen eingebürgert, in Deutschland kommt er jedoch nur lokal vor. Zu den Neubürgern in Flüssen, Bächen und Seen gehören aber auch viele Wasserpflanzen, die auf ganz „unnatürliche" Weise hierhin gekommen sind, und zwar durch Aquarianer, die ihr Hobby leid waren und einfach das Aquarium samt Inhalt in den nächsten besten Bach, Fluß oder See gekippt haben. Viele Pflanzen und Tiere aus Aquarien haben diesen „Wasserwechsel" nicht überlebt, einige jedoch – sowohl Pflanzen als auch Fische – haben diese Gewaltkur überstanden und sich ihren neuen Lebensbedingungen angepaßt.

Das Indische Springkraut wurde ursprünglich als Zierpflanze für den Garten aus dem Himalaja eingeführt, kommt heute aber vielerorts verwildert an Bach- und Flußufern vor.

Alan Toogood

Gewächshäuser – neue Biotope

Gewächshäuser waren ursprünglich ein Privileg von Botanischen Gärten und großen Gärtnereien, finden in letzter Zeit aber immer mehr Freunde und Liebhaber bei den Hobby-Gärtnern, Orchideen- und Kakteenfreunden. Die künstliche Umwelt eines Gewächshauses, die Steuerung von Licht und Wärme sorgen für ein gleichmäßiges, feucht-warmes Klima und ermöglichen es, bislang unbekannte exotische Pflanzen bei uns in Mitteleuropa zu kultivieren und auch im Winter stets frisches Gemüse und Obst sowie blühende Schnitt- und Topfblumen parat zu haben.
In diesem Gewächshaus-Biotop fühlen sich aber nicht nur exotische Pflanzen wohl, auch subtropische und tropische Insekten genießen diese Atmosphäre, und viele einheimische Insekten fühlen sich von dem feucht-warmen Klima angezogen, so daß sich im Gewächshaus bei mangelnder Aufsicht in kurzer Zeit eine mannigfaltige Kleinlebewelt entwickelt.

Eingeschleppte Insekten

Mit den exotischen Pflanzen wurden auch viele tropische und subtropische Tiere nach Mitteleuropa eingeschleppt, die sich unter den günstigen Bedingungen eines Gewächshauses auch noch vermehren und weiter ausbreiten konnten. Viele dieser Tiere wurden schon vor langer Zeit von Orchideen- und Kakteensammlern in die Gewächshäuser der Botanischen Gärten gebracht und haben von dort aus ihren Siegeszug angetreten. Zu diesen Tieren gehören z.B. die Schaben, Schildläuse, Schmier- und Wolläuse, Pharaoameisen, Stabschrecken und verschiedene größere und kleinere Käfer – alles Tiere, die wir zu den Schädlingen rechnen.

Schaben

Schaben sind Insekten, die hauptsächlich in den Tropen vorkommen, also an warme Klimate gebunden sind. Viele Arten sind jedoch Kulturfolger und wurden schon zur Zeit der großen Seefahrten in der ganzen Welt verbreitet. Die bei uns in Häusern und Lagerschuppen vorkommenden Schaben sind alle eingebürgerte, tropische Arten. Ursprünglich bei uns beheimatet sind nur die kleinen Freilandschaben, wie z.B. die Waldschabe (*Ectobius lapponicus*), die bei uns im Wald, auf Wiesen und Weiden vorkommt.

Die in Häusern lebenden Schaben bevorzugen dunkle, feuchtwarme Verstecke und gehen nur nachts auf Nahrungssuche, weshalb sie auch lange Zeit unbemerkt bleiben und sich in Ruhe vermehren können. Schaben sind Allesfresser, die jedoch weiche, feuchte oder faulende Lebensmittel, Textilien und Pflanzenmaterialien bevorzugen. Es verwundert daher nicht, daß sie nicht nur in Gewächshäusern, sondern auch in Haushalten, Großküchen, Krankenhäusern und ähnlichen Einrichtungen vorkommen können. Sie zerstören und verunreinigen nicht nur Lebensmittel, sondern verschleppen auch Krankheits- und Fäulniserreger – müssen daher also vernichtet und bekämpft werden.

Am häufigsten trifft man bei uns die aus Asien stammende Deutsche Schabe oder Hausschabe (*Blattella germanica*) an, die mit den verschiedensten deutschen Namen belegt wird und auch als ,,Russe", ,,Franzos", ,,Schwob" oder ,,Preuße" bekannt ist, je nach geographischer Verbreitung.

Wärmeliebender und ebenso weit verbreitet und häufig ist die Orientalische Schabe (*Blatta orientalis*), auch Küchenschabe, Kakerlake oder Bäckerschabe genannt. Sie stammt aus dem tropischen Asien und verbreitet einen süßlichen, widerlichen Geruch.

Noch wärmeliebender ist die Amerikanische Schabe (*Periplaneta americana*), die ebenfalls aus dem tropischen Asien stammt. Sie bewohnt bei uns vorwiegend Treib- und Gewächshäuser, da hier eine ständig gleichbleibende hohe Temperatur und Luftfeuchtigkeit vorhanden ist.

Wie viele andere Kleintiere, z.B. Asseln, Schnecken, Hundert- und Tausendfüßer, hält sich auch die Zebraspinne gerne im gleichmäßig klimatisierten Gewächshaus auf. Wir sollten sie auch hier lassen, denn sie ist ein nützlicher Vertilger von allerlei Schadinsekten.

Mottenschildläuse (Weiße Fliegen)
Mottenschildläuse sind mit unseren Schild- und Blattläusen verwandt und leben fast ausschließlich in Gewächshäusern, wo sie sich von Pflanzensaft ernähren und oft große Schäden an Zierpflanzen anrichten können. Zu ihren bevorzugten Wirtspflanzen gehören Pelargonien und Fuchsien. Die weißgeflügelten Alttiere sind – wie ihre schildlausähnlichen Larven – mit weißen Wachsausscheidungen überzogen und sitzen auf der Unterseite der Blätter. Auf ihren Ausscheidungen, dem sogenannten Honigtau, siedeln sich nach kurzer Zeit Rußtaupilze an, so daß die Blätter nach kurzer Zeit schwarz gefleckt sind.

Schildläuse
Schildläuse sind kleine, mit wachsartigen Schilden bedeckte Pflanzensauger, die in den Gewächshäusern zu den lästigsten Schädlingen gehören und nur recht schwer auszurotten sind. Die Weibchen sitzen bewegungslos und saftsaugend an der Wirtspflanze und sind durch ihr wachsartiges Schild gut geschützt. Unter diesem Schild findet auch die Eiablage und die erste Entwicklung der Jungtiere statt. Das Schild schützt die Laus auch relativ gut gegen Spritzmittel, so daß man das tötende Gift über den Pflanzensaft in das Tier bringen muß, d. h., die Pflanze mit dem Insektizid gießen muß, so daß über das Leitungssystem der Pflanze das Gift bis in die Blätter gelangt und dort mit dem Pflanzensaft von den Läusen aufgesaugt wird.
Die Schmier- und Wolläuse gehören ebenfalls zu den Schildläusen. Sie sind nicht von einem wachsartigen Schild bedeckt, sondern durch weiße, mehlige oder flaumartige Wachsausscheidungen geschützt. Im Gewächshaus kommen die verschiedensten Arten von Schmierläusen vor, alle recht unangenehm und stark schädigend für die Pflanzen. Recht bekannt ist z. B. die Zitrus-Schmierlaus (*Planococcus citri*), die ursprünglich in subtropischen Ländern auf Zitrusgewächsen vorkommt, oft jedoch mit Zitrusbäumchen in unsere heimischen Gewächshäuser eingeschleppt wird.

Pharaoameisen
Pharaoameisen stammen aus den Tropen und kommen, da sie sehr wärmeliebend sind, nur in gut beheizten Räumen mit ständig gleichbleibender Temperatur vor. Sie leben in großen Kolonien mit mehreren Königinnen. Wird die Kolonie zu groß, so sondern sich Königinnen mit Arbeiterinnen, Eiern und Puppen ab und bilden eine eigene Kolonie, die jedoch immer noch in loser Verbindung zur „Hauptkolonie" steht. Pharaoameisen treten außer in Gewächshäusern hin und wieder auch in Terrarien, Krankenhäusern und Großküchen in der Nähe von Wärmequellen auf.

Oben: Die Amerikanische Schabe ist kein seltener Gast in Gewächshäusern.

Unten: Die Weiße Fliege ist ein gefürchteter Gewächshausschädling. Die kleinen weißen Mottenschildläuse sitzen auf den Blattunterseiten.

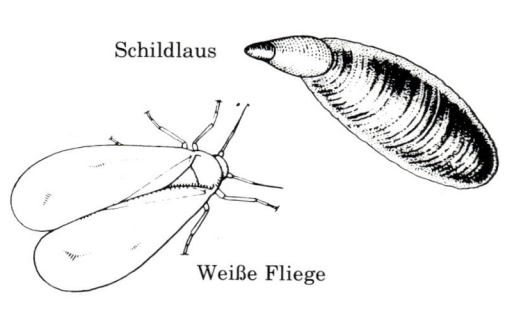

Schildlaus

Weiße Fliege

Oben: Auch die flaumig-weißen Wolläuse gehören zur Gruppe der Schildläuse und damit zu gefürchteten Schadinsekten im Gewächshaus und an Zimmerpflanzen.

Links: In Großaufnahme betrachtet sehen die Blattläuse und ihr Nachwuchs eigentlich ganz nett aus — oder?

Stabheuschrecken
Hin und wieder bekommt man mit einer Sendung tropischer Gewächse oder tropischer Tiere auch Stabheuschrecken ins Gewächshaus oder Terrarium. Das ist in kleinen Anlagen relativ selten, in botanischen und zoologischen Gärten jedoch häufiger der Fall.
Stabheuschrecken sind Bewohner tropischer Wälder, einige kommen jedoch auch in kühleren Klimaten vor. Sie leben auf Bäumen und Sträuchern und ernähren sich von Blättern. Ihre schlanke Figur, die langen Beine, die grüne Körperfarbe und ihre ruhige, fast unbewegliche Haltung am Tag tarnen sie vorzüglich im umgebenden Blattwerk.
Stabheuschrecken kommen aber nicht nur „zufällig" zu uns, sie werden von manchen Terrarianern als Futtertiere gezüchtet oder von Liebhabern exotischer Heimtiere zum Vergnügen gehalten.

Grillen
Grillen gehören zu den Insekten, die aus gemäßigten oder gar kühleren Klimagebieten in unsere Gewächshäuser und Wohnungen gelangen und sich hier recht heimisch fühlen. Am bekanntesten ist

wohl das mit den Feldgrillen verwandte Heimchen (*Acheta domestica*), auch Hausgrille genannt. Diese Grille lebt tagsüber versteckt in dunklen, feucht-warmen Schlupfwinkeln und geht nachts auf Nahrungssuche. Sie sind zwar nicht schädlich, bzw. der Schaden, den sie durch Anfressen von Blättern und Blüten im Gewächshaus anrichten, hält sich in Grenzen, können durch ihr nächtliches, pausenloses Gezirpe mit der Zeit aber entnervend sein. Nur erwachsene Männchen zirpen, aber auch schon das genügt, um den Schlaf zu rauben und sich auf die Suche nach dem Störenfried zu machen, was jedoch nicht einfach sein wird, denn sobald wir Licht machen, verschwindet der ,,Sänger" in irgendeiner Ritze oder Spalte.

Hin und wieder wird auch die Japanische Gewächshausschrecke (*Tachycines asynamorus*) ins Gewächshaus eingeschleppt. Dieses Tier hält sich tagsüber ebenfalls in dunklen, feucht-warmen Schlupfwinkeln verborgen und geht nachts auf Nahrungssuche – wobei es sich mit Vorliebe über Sämlinge hermacht, die in kürzester Zeit vollkommen aufgefressen werden.

Blattläuse

Diese pflanzensaftsaugenden Insekten treten oft in ungeheuren Mengen auf und können sich sehr schnell vermehren. Blattläuse sind wohl jedermann bekannt, und es gibt auch kaum eine Kulturpflanze, die nicht von irgendeiner Blattlausart befallen wird. Allein bei uns kommen im Freiland schon etwa 900 verschiedene Arten vor, nicht zu rechnen die ins Gewächshaus eingeschleppten Arten. So lebt z. B. auf Zierfarnen die Farnblattlaus (*Idiopterus nephrelepidius*) und richtet große Schäden an. Weit verbreitet ist auch die Gewächshausblattlaus (*Aulacorthum circumflexum*), eine grün-gelbe Blattlaus mit brauner Bänderung, die besonders gerne an Lilien, Alpenveilchen, Begonien, Azaleen, Chrysanthemen und Orchideen vorkommt.

Tausendfüßer

Der Gewächshaustausendfuß (*Oxidus gracilis*) ist eine tropische Tausendfüßer-Art, die in der Hauptsache bei uns nur in Gewächshäusern vorkommt. Wie alle Tausendfüßer liebt er es dunkel und feucht. Tagsüber hält er sich in Schlupfwinkeln verborgen, nachts geht er auf Nahrungssuche. Er frißt faulende, verrottende Pflanzenmaterialien, gelegentlich auch keimende Samen und saftige Wurzeln.

Spinnmilben

Auch die Spinnmilbe oder ,,Rote Spinne" (*Tetranychus urticae*) ist tropischer Herkunft und wurde und wird mit Gewächshauspflanzen bei uns eingeschleppt. Sie ist in der Hauptsache in Gewächshäusern zu finden, hält sich aber auch immer häufiger an Topfpflanzen in warmen, trockenen Wohnungen auf und kann in relativ kurzer Zeit die befallene Pflanze vollständig vernichten. Die Milben und ihre Larven sitzen auf der Unterseite der Blätter und in den Blattachseln junger Triebe. Sie stechen das Blattgewebe an und ernähren sich dann von den Zellen. Da das Blattgrün zerstört wird, kommt es zu einer weißlichen Sprenkelung der Blätter, die immer stärker wird, bis die Blätter schließlich vertrocknen und abfallen. Mit Hilfe von Spinnfäden verbreiten sich die Milben über größere Strecken in der Luft von Pflanze zu Pflanze. Meist entdeckt man auch zuerst die Spinnfäden an den Pflanzen und dann erst die winzigen Milben selbst.

Gewächshauswickler
Der Gewächshauswickler (*Cacoecimorpha pronuba*) ist in Südeuropa beheimatet und heute in den Gewächshäusern Südenglands, Frankreichs und Teilen Deutschlands fest etabliert. Sein „Siegeszug" nach Norden hält weiterhin an. Die Raupen dieses Schmetterlings fressen an vielen Pflanzen, bevorzugt jedoch an Akazien. Sie sind bis 20 mm lang, gelbgrün oder olivgrün und spinnen die Blätter ihrer Wirtspflanze zusammen, um im Innern der auf diese Weise gebildeten Röhre in Ruhe fressen zu können. Stört man die Larven, so lassen sie sich an einem Seidenfaden zu Boden fallen. Der erwachsene Gewächshauswickler besitzt graubraune Vorderflügel und orangefarbene Hinterflügel. Flügelspannweite 16 mm. Er fliegt in der Dämmerung und nachts und produziert zwei Generationen jährlich.

Da die meisten Insekten, die in unseren Gewächshäusern auftreten, aus fremden Ländern stammen, haben sie natürlich auch keine natürlichen Feinde in ihrer neuen Umgebung. Man wird ihrer daher nur Herr, indem man sie mit chemischen Mitteln bekämpft oder aber indem man auch ihre natürlichen Feinde ins Gewächshaus einsetzt. So hat man z. B. die Chilenische Raubmilbe (*Phystoseiulus persimilis*) eingeführt zur Bekämpfung der Spinnmilben und die Erdwespe (*Encarsia formosa*) – was aber tun, wenn sich die „Vernichter" auf einmal in Unmengen vermehren?

Michael Chinery

Ungebetene Gäste – Haus- und Vorratsschädlinge

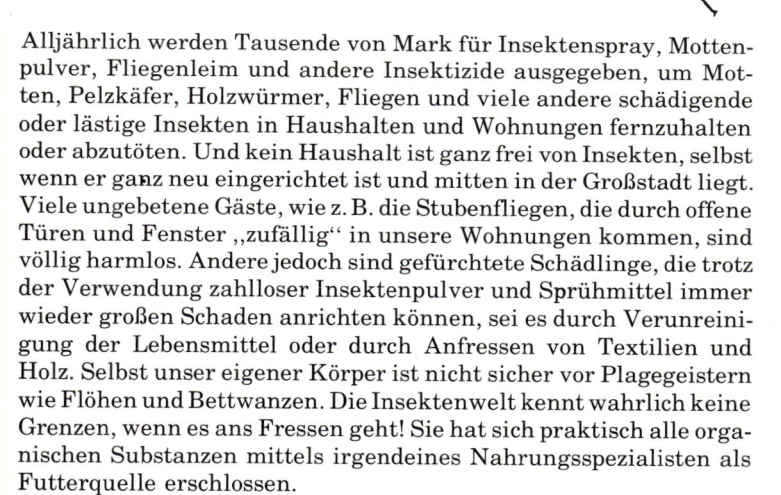

Alljährlich werden Tausende von Mark für Insektenspray, Mottenpulver, Fliegenleim und andere Insektizide ausgegeben, um Motten, Pelzkäfer, Holzwürmer, Fliegen und viele andere schädigende oder lästige Insekten in Haushalten und Wohnungen fernzuhalten oder abzutöten. Und kein Haushalt ist ganz frei von Insekten, selbst wenn er ganz neu eingerichtet ist und mitten in der Großstadt liegt. Viele ungebetene Gäste, wie z. B. die Stubenfliegen, die durch offene Türen und Fenster „zufällig" in unsere Wohnungen kommen, sind völlig harmlos. Andere jedoch sind gefürchtete Schädlinge, die trotz der Verwendung zahlloser Insektenpulver und Sprühmittel immer wieder großen Schaden anrichten können, sei es durch Verunreinigung der Lebensmittel oder durch Anfressen von Textilien und Holz. Selbst unser eigener Körper ist nicht sicher vor Plagegeistern wie Flöhen und Bettwanzen. Die Insektenwelt kennt wahrlich keine Grenzen, wenn es ans Fressen geht! Sie hat sich praktisch alle organischen Substanzen mittels irgendeines Nahrungsspezialisten als Futterquelle erschlossen.
Sicher gab es diese Heerschar von Haus- und Vorratsschädlingen schon, bevor der Mensch auftrat und sich Häuser und Wohnungen baute. Wo aber lebten diese Tiere, bevor sie sich in unsere Wohnungen einnisteten? Bienen, Wespen und Ameisen, die ihre Nester in und an unsere Häuser bauen, empfinden dies wohl als bequeme und warme und trockene Alternative zu ihren natürlichen Nestbauplätzen in Wald und Flur, ihre Lebensweise hat sich deswegen aber nicht verändert. Auch Flöhe und Wanzen haben ihren Lebensstil nicht verändert; sie haben schon menschliches Blut gesaugt, als unsere Vorfahren noch in Höhlen wohnten. Es überrascht daher nicht, daß sie uns dann in die Häuser folgten – wobei gesagt werden muß, daß dank besserer Hygiene diese „Tierchen" heute selten geworden sind. Aber wie steht es mit den Kleidermotten, den Pelz- und Teppichkäfern? Sie haben nicht immer feingewobene Kleiderstoffe oder flauschige Decken gehabt. Schauen wir uns einmal die Materialien, die sie heute „bewohnen", näher an. Kommen sie denn nicht alle in irgendeiner Form auch in freier Natur vor? Pelze z. B. oder Wolle? In Vogel- und Kleinsäugernestern z. B. gibt es ausgefallene oder ausgerissene Tierhaare zuhauf – und von diesen Stellen aus nehmen auch die meisten Schadinsekten ihren Ursprung.

So haben verschiedene Untersuchungen gezeigt, daß z. B. in Vogelnestern eine ganze Menge verschiedener Insektenarten lebt, und neben völlig harmlosen Arten wurden auch Kleidermotten und andere wohlbekannte Hausschädlinge gefunden. In den Vogel- oder Säugetiernestern sind diese Insekten natürlich nicht schädlich, da sie ja nur Abfallstoffe verwerten, indem sie die für die Nestauspolsterung zusammengetragenen oder extra ausgerissenen Tierhaare fressen. Schädlich wurden sie erst, als der Mensch sich aus den Tierhaaren Kleidung herstellte und sich in Pelze hüllte – auf einmal waren die ursprünglichen „Nahrungsmittel" kein Abfallprodukt mehr, sondern kostbarer Besitz, den es zu schützen galt.

Insekten aus Vogelnestern

Zu den häufigsten Insekten, die in Vogelnestern, aber auch in unseren Wohnungen anzutreffen sind, gehören Flöhe, Motten, verschiedene Käfer und Silberfischchen.

Flöhe

In den Nestern vieler Vogelarten leben oft massenweise Flöhe – natürlich keine Menschenflöhe; das heißt aber nicht, daß die „Vogelflöhe" nicht auch unangenehm werden können. Wenn sich die Gelegenheit bietet und nichts Besseres vorhanden ist, dann stechen sie auch uns Menschen an. Wer schon einmal Nistkästen gesäubert hat, weiß sicher ein Lied davon zu singen. Aktiv gelangen Vogelflöhe allerdings äußerst selten in unsere Wohnungen; meist werden sie mit eingesammelten Vogelnestern eingeschleppt, sind dann aber recht kurzlebig. Die Flöhe, die uns Menschen am meisten zu schaffen machen, auch wenn wir nur „Irrwirte" sind, sind die Hunde- und Katzenflöhe, die uns unsere vierbeinigen Lieblinge mitbringen.

Motten

Das häufigste Insekt in Spatzennestern ist die Raupe der Pelzmotte (*Tinea pellionella*). In einem einzigen Spatzennest leben oft Hunderte von Raupen, von denen jede einzelne in einem selbstgefertigten Sack steckt. Auch in den Nestern von Dohlen und Tauben findet man oft die Raupen der Pelzmotte. Und es ist oft nur ein ganz kurzer Flug vom Nest in unsere Wohnungen, zu unseren Mänteln, Polstern und Teppichen, in eine Umgebung, die das ganze Jahr über gleichmäßig warm ist und in der nie Nahrungsmangel herrscht. Da die Pelzmotte jedoch eine relativ hohe Luftfeuchtigkeit bevorzugt, ist ihre Ausbreitung mit der Zunahme von Zentralheizungen stark gestoppt worden.

Häufiger dagegen ist die Kleidermotte (*Tineola bisselliella*) noch in unseren Wohnungen anzutreffen. Sie benötigt mehr Wärme, aber weniger Feuchtigkeit als die Pelzmotte.

Die Raupen der Braunen Hausmotte (*Hofmannophila pseudosprettella*) sind ebenso weit verbreitet wie die der Pelzmotte und vor allem in großen Mengen in Vogelnestern an und um Häuser herum zu finden. Die Raupen sind dick und weiß und werden ca. 2,5 cm lang. Sie ernähren sich außer Haus von den verschiedensten Tier- und Pflanzenresten, in den Wohnungen machen sie sich über Lebensmittelvorräte und Textilien her. In trockenen Räumen sind sie selten, in feuchteren häufiger.
Auch die Raupen der Samenmotte (*Endrosis sarcitrella*) kommen sowohl in Vogelnestern als auch in Haushaltungen vor.

Käfer
Zu den Käfern, die häufiger in den Nestern von Vögeln vorkommen, gehört z. B. der Mehlkäfer (*Tenebrio molitor*). Seine Larven, die goldbraunen „Mehlwürmer", leben hauptsächlich in Spatzen- und Taubennestern, gut versteckt, damit sie nicht gleich dem Vogel als willkommene Beute dienen. Obwohl der Mehlkäfer und seine Larve sich in der Hauptsache von Mehl und Kleie ernähren, gilt dieser Käfer als Allesfresser, der sich z. B. auch über Tapeten und Zeitungspapier hermacht.
Der Wollkrautblütenkäfer (*Anthrenus verbasci*) tritt in den Wohnungen als Schädling von Textilien und Teppichen auf. Seine haarigen Larven leben außer Haus in den Nestern von Sperlingen und Schwalben und ernähren sich hier von Federn, Haaren und Fleischresten, auch von toten anderen Insekten. Die Käfer sind gute Flieger und kommen gerne durch geöffnete Türen und Fenster in unsere Wohnräume, um hier ihre Eier abzulegen. Die schlüpfenden Larven richten nicht unerhebliche Schäden an und scheinen sich auch gerade immer die teuersten Textilien und Teppiche auszusuchen.
Auch der Pelzkäfer (*Attagenus pellio*) gehört zu den häufigeren Bewohnern von Vogelnestern, d. h. der Käfer selbst kommt auf Blüten vor, legt seine Eier aber in Vogelnestern ab, in denen dann auch die borstigen Larven schlüpfen, die sich von Haaren, Fell, Federn und trockenem Fleisch ernähren und in den Wohnungen Pelze und Textilien befallen.

Silberfischchen
Silberfischchen findet man recht häufig in den Wohnungen, vor allem an feucht-warmen Stellen. Sie halten sich tagsüber in Ritzen und Spalten verborgen und sind nachts auf der Suche nach Freßbarem unterwegs. Sie ernähren sich von Nahrungsresten, vor allem zucker- und stärkehaltigen, woher sie auch ihren volkstümlichen Namen „Zuckergast" erhalten haben. Finden die Silberfischchen in der Wohnung nicht genügend Kuchen- oder Brotkrümel oder andere

Nahrungsreste, so machen sie sich auch über Tapetenkleister und den Leim aus Buchrücken her, fressen Papier an, und machen auch vor der Farbe von Aquarellzeichnungen keinen Halt. Briefmarkensammler sollten auf diese Tierchen ein besonders wachsames Auge halten, bzw. ihre Sammlungen gut trocken aufbewahren!
Silberfischchen, die man z. B. in Taubennestern finden kann, scheinen sich von den Ausscheidungen der Vögel zu ernähren.
Wie so viele andere Insekten, die in menschlichen Wohnungen leben, wurde auch das Silberfischchen mit Lebensmitteln fast über die ganze Welt verschleppt, und man weiß nicht, woher es eigentlich ursprünglich stammt. Der Umstand, daß es in Mittel- und Nordeuropa jedoch nicht im Freien vorkommt, spricht für eine subtropische oder tropische Herkunft, und es ist wahrscheinlicher – zumindest was die Verhältnisse bei uns in Europa betrifft –, daß die Silberfischchen aus den Häusern in die Vogelnester gelangen und nicht umgekehrt.

Insekten, die Lebensmittel befallen

Insekten, die Lebensmittel befallen und schädigen, gibt es seit der Mensch Nahrungsmittel für schlechtere Zeiten als Notvorrat lagert. Unter diesen Schädlingen gibt es viele Insekten, die sich auf ganz bestimmte Produkte spezialisiert haben, in denen sie zeitlebens vorkommen und in denen sie sich auch oft rasend schnell und in großem Umfang vermehren.
Die wichtigsten und gefährlichsten dieser Vorratsschädlinge sind wohl diejenigen, die Getreide und Getreideprodukte befallen, sich also über eines unserer Grundnahrungsmittel hermachen. Man schätzt, daß jedes Jahr ungefähr 5% der Weltgetreideproduktion von tierischen Schädlingen vernichtet werden. Einige dieser Verluste sind auf Mäuse und Ratten und andere Schädlinge zurückzuführen, die schon auf dem Feld über die Ähren herfallen, der Hauptanteil fällt jedoch auf die Insekten, die nach der Ernte in Getreidespeichern, Kornmühlen und Lagerhäusern auf ,,frische Nahrung" warten und dann in Saus und Braus im Getreide oder in Getreideprodukten ihr Unwesen treiben.
Auch in unseren Haushalten treten immer wieder einmal Vorratsschädlinge auf, die wir entweder mit unseren Einkäufen mit nach Hause gebracht haben oder die durch offene Türen und Fenster den Weg in den Vorratsschrank gefunden haben.

Kornkäfer

Der aus subtropischen Gebieten stammende Kornkäfer (*Sitophilus granarius*) ist einer der häufigsten Schädlinge in Getreidesilos und Lagerhäusern. Der Käfer bevorzugt ganze Getreidekörner – vor allem Weizen, Gerste und Mais –, von denen er lebt und in die er seine Eier ablegt, und zwar immer nur ein Ei pro Korn. Die schlüpfenden

Larven fressen dann im Laufe ihrer Entwicklung die Körner vollständig von innen auf, so daß nur noch die Schale übrigbleibt, in deren Schutz sie sich dann verpuppen.
Obwohl Kornkäfer weltweit verbreitet sind, kommen sie außerhalb von Getreidesilos und anderen Lagerräumen kaum vor, da sie zum einen für ihre Entwicklung ganz bestimmte Umweltbedingungen benötigen (z.B. recht hohe Temperaturen um 26°C), zum andern auch nicht fliegen können und deswegen selbständig keine großen Strecken zurücklegen. In privaten Haushalten sind sie hin und wieder anzutreffen, hier leben sie von Teigwaren (Nudeln, Spaghetti) oder Hundekuchen, Produkten, mit denen sie wahrscheinlich auch eingeschleppt wurden.

Diebskäfer
Der Australische Diebskäfer (*Ptinus tectus*) wurde Anfang des 20. Jahrhunderts in Europa eingeschleppt und ist seither ein häufiger „Gast" in Mühlen, Lagerhäusern und Haushalten. Er gehört zu einer Gruppe recht ähnlich aussehender Käfer mit spinnenähnlichem Körper und langen Beinen. Viele dieser Diebskäfer sind Allesfresser, die sich von Getreideprodukten, Gewürzen, Mäuse- und Rattenkot und auch Textilien ernähren. Oft findet man Diebskäfer auch in Vogelnestern, von denen aus sie dann die Haushaltungen heimsuchen.

Motten
Dörrobst, Schokolade, Nüsse und Getreideprodukte werden häufig auch von verschiedenen kleinen Schmetterlingen („Motten") befallen, die ursprünglich aus südlichen Ländern stammen, seit langem aber auch bei uns heimisch sind.
Der bekannteste dieser „Kleinschmetterlinge" ist wohl die aus Indien stammende Mehlmotte (*Ephestia kuehniella*), die in privaten Haushalten sehr viel Ärger und auch Schaden anrichten kann (ganz abgesehen von den Schäden, die in Getreidemühlen und Getreideprodukte verarbeitenden Betrieben entstehen können). Die Weibchen der kleinen, silbriggrauen Schmetterlinge legen bis zu 300 Eier, aus denen dann kleine, weiße Larven schlüpfen, die Seidenfäden spinnen, die wiederum befallenes Mehl oder Milchpulver zusammenkleben. Meist wird man auch erst durch diese Zusammenklumpungen auf den Schädling aufmerksam, da die erwachsenen Tiere nur nachts fliegen und sich tagsüber in irgendwelchen Ritzen und Ecken versteckt halten und die Larven so unscheinbar weiß sind, daß sie in dem befallenen Vorrat kaum auffallen. Erstaunlich ist auch, daß diese Larven sogar in der Lage sind, sich durch zugeschraubte Twist-Off-Gläser durchzuzwängen, um dann ganz ungestört im Innern des Glases an Milchpulver, Babynahrung, Mehl,

Oben: Silberfischchen halten sich in der Wohnung bevorzugt an warmen, feuchten Plätzen auf.

Auf die Anwesenheit von Pochkäfern wird man im Frühjahr aufmerksam, wenn die Käfer sich durch klopfende Geräusche verständigen, oder im Sommer, wenn ausgewachsene Käfer sich durchs Holz nach außen bohren und typische Fluglöcher und „Bohrspäne" hinterlassen. Eine trockene Atmosphäre trägt viel dazu bei, daß sich diese Käfer nicht in den Möbeln einnisten.

Stärkepulver und derartigen Vorräten zu „naschen". Auch hier wird den meisten Hausfrauen dann zuerst einmal das Gespinst in den Gläsern auffallen.

Insekten, die im Holz leben

Fußböden, Deckenbalken, hölzerne Wandverkleidungen und Möbel werden immer wieder von holzbohrenden Käfern und ihren Larven befallen. Die Herkunft dieser Schädlinge zu erraten ist nicht schwer, denn die Käfer leben in den Wäldern um uns herum und sorgen für den Abbau toten Holzes und alter Baumstümpfe, eine äußerst nützliche Tätigkeit also. Wenn sich so ein Käfer aber einmal „verirrt" und seine Eier nicht an einem morschen Baum, sondern an unserem Bauernschrank ablegt, wird er zu einem Schädling!

Am bekanntesten ist wohl der Holzwurmkäfer (*Anobium punctatum*), ein Vertreter der Pochkäfer, der im Volksmund unter dem Namen „Holzwurm" bekannt und berüchtigt ist. Dieser Name bezieht sich vor allem auf seine engerlingsartige Larve, die sich nach dem Schlüpfen aus dem Ei ins Holz nagt und 2–3 Jahre im befallenen Holz lebt und große Gangsysteme anlegt. Je feuchter und morscher das Holz, desto schneller entwickelt sich die Larve. Sie verpuppt sich im Holz nahe der Oberfläche, und nach einigen Wochen schlüpft der Käfer, nagt ein kreisrundes Loch ins Holz und fliegt

aus, um sich einen Partner zu suchen. Die Holzwurmkäfer sind nur wenige Millimeter lang, länglich-schmal und von brauner Farbe. Im Mai bis Juli kann man die kleinen Käferchen oft an den Fensterscheiben sehen, sie sehen im ersten Augenblick wie kleine dunkle Fliegen aus. Obwohl die kreisrunden, ca. 1,5–2 mm großen Ausflugslöcher darauf schließen lassen, daß die Käfer ausgeflogen sind, sollte man die Löchlein gleich mit einer Füllmasse ausfüllen und das Holz neu polieren, damit nicht andere Holzwurmkäfer-Weibchen auf den Gedanken kommen, in diese Löcher neue Eier abzulegen. Ein starker Befall mit Holzwürmern kann ein Möbelstück in wenigen Jahren in eine krümelige Masse verwandeln. Der Holzwurmkäfer bevorzugt zwar bearbeitetes Holz, entgegen der landläufigen Meinung muß es aber nicht alt sein, d. h. ,,Wurmstichigkeit" allein garantiert noch nicht, daß eine Schnitzerei oder ein Möbelstück auch antik sind. Unseriöse Verkäufer helfen sogar manchmal mit einem kleinen Bohrer dieser ,,Wurmstichigkeit" etwas nach.
Nahe verwandt, aber viel größer und dementsprechend größere Fluglöcher (3–5 mm im Durchmesser) verursachend ist die berüchtigte Totenuhr (*Xestobium rufovillosum*). Dieser Pochkäfer hat seinen Namen der Interpretation seiner Klopfgeräusche durch den Volksaberglauben zu verdanken. Die Klopfgeräusche entstehen, wenn die Partner sich während der Paarungszeit gegenseitig bemerkbar machen bzw. ,,rufen", indem sie mit der Vorderbrust auf das Holz klopfen. Natürlicherweise hört man diese Geräusche um so stärker, je leiser es im Zimmer ist – und bei Totenwachen ist es normalerweise immer still. Die Totenuhr befällt vor allem Eichenholz, das feucht und bereits von Pilzen befallen ist. Aus diesem Grund findet man den Schädling in der Hauptsache in historischen Gebäuden und Kirchen. Trockenes und pilzfreies Holz wird nicht befallen.

Vorbeugen ist besser als Heilen

Ehe man mit giftigen und umweltschädigenden Spritzmitteln hantiert, sollte man sich die alte Regel ,,Vorbeugen ist besser als heilen" zu Nutzen machen. Regelmäßiges Putzen und Lüften halten viele Schädlinge fern bzw. vernichten sie, solange sie sich noch nicht in Mengen ausgebreitet haben. Das Entfernen von alten Vogel-, Mäuse- und Wespennestern entzieht ihnen Unterschlupfmöglichkeiten und Reservoire. Gut verschlossene Lebensmittelvorräte und Trockenheit nehmen ihnen weitere Lebensmöglichkeiten.
Auf der anderen Seite darf man auch nicht vergessen, daß viele unserer Schädlinge Nahrung für unsere Vögel bedeuten. Und ich für meinen Teil möchte lieber Schwalben und ein paar Motten im Haus als keine Schwalben – und möglicherweise doch einige Motten!

Michael Tweedie

Industriemelanismus

Viele Schmetterlinge, vor allem die Nachtfalter, die tagsüber an Baumstämmen ruhen, sind in der Färbung und Zeichnung ihrer Flügel an den Untergrund, auf dem sie häufig ruhen, angepaßt, so daß sie meist gut getarnt sind, mit dem Untergrund „verschmelzen" und von ihren Freßfeinden, den Vögeln, häufig übersehen werden. Der Birkenspanner (*Biston betularia*), ein ziemlich großer Nachtfalter aus der Familie der Spanner, besitzt normalerweise weiße Flügel, die mit dunklen Flecken besetzt sind. Mit dieser Färbung ist er tagsüber gut getarnt, wenn er an Baumstämmen ruht, die mit hellen Flechten bedeckt sind. Mitte des 19. Jahrhunderts hörten die Schmetterlingsfreunde und -sammler jedoch mit Erstaunen von einem Birkenspanner mit vollkommen dunklen Flügeln, der in der Nähe der Industriestadt Manchester gefunden wurde. Das war keine Ausnahme, denn bereits 1864 trug die Mehrzahl der in der Umgebung von Manchester eingefangenen Birkenspanner dunkle Flügel. Und diese dunkle Form breitete sich in den folgenden Jahrzehnten über alle Industriegebiete Englands und Mitteleuropas aus und verdrängte in diesen Zonen die hellen Tiere immer mehr. Auf dem Land waren und sind aber nach wie vor die hellen Birkenspanner dominierend. Was war da geschehen?
Schon Anfang des 19. Jahrhunderts machte sich die wachsende Industrialisierung nicht nur positiv auf den Handel bemerkbar, sondern hatte auch ihre Auswirkungen auf die Natur: Das durch die Verbrennung von Kohle entstehende Schwefeldioxid, das aus zahlreichen Fabrikschloten strömte, zerstörte im Laufe der Zeit alle hellen Flechten an den umliegenden Baumstämmen, und an der hellen Rinde wurde dann so viel Ruß abgelagert, daß z.B. die hellen Birkenspanner auf einmal gar nicht mehr getarnt waren, sondern im Gegenteil mit zunehmender Verschmutzung der Rinde immer deutlicher auffielen und ihren Freßfeinden nicht mehr entgehen konnten. Mit dem Anwachsen der Industrialisierung begann aber auch das Erscheinen der dunklen Birkenspanner-Formen. Das Auftreten von dunklen Formen bei Tieren, die normalerweise heller gefärbt sind, nennt man Melanismus.
Am deutlichsten tritt dieser Melanismus bei den Nachtfaltern auf, und man kennt über 100 Arten in England und Nordeuropa, die diese Verdunklung in ihrer Färbung zeigen.

Stinkende und qualmende Fabrikschlote, die riesige Rauchschwaden in den verschiedensten Farben ausstoßen, sind längst ein Symbol unserer Industriestädte geworden. Seit einiger Zeit versucht man aber – per Gesetz –, die Giftstoffe und Abgase, die bisher aus den Fabrikschloten, aber auch aus Haushaltskaminen quollen, durch Filtereinrichtungen in Grenzen zu halten.

Der Birkenspanner – deutliches Beispiel für Industriemelanismus

Schon in der ersten Hälfte des 20. Jahrhunderts begann man, sich mit dem Zusammenhang Industrialisierung und Melanismus zu befassen, die meisten Berichte aus dieser Zeit beruhten jedoch auf reinen Spekulationen, denn es wurden noch keine Versuche angestellt, die diese Spekulationen wissenschaftlich belegen konnten.
Um 1955 begann dann DR. H. B. D. KETTLEWELL mit seinen intensiven Forschungen zur Ökologie, Verbreitung und Vererbung des Birkenspanners in England. Seine Versuche erforderten die Zucht riesiger Mengen von Birkenspannern, deren Stammväter und -mütter aus allen Teilen des Landes eingefangen wurden. DR. KETTLEWELL benützte für seine Forschungen zwei verschiedene Waldgebiete, die beide gut mit Vögeln, d. h. den Freßfeinden der Spanner, besetzt waren. Das eine Gebiet, der Sutton Park, lag in der Nähe der Industriestadt Birmingham und hatte sehr unter dem Einfluß der

Luftverschmutzung durch die Industrieanlagen zu leiden. Die Baumstämme waren fast alle flechtenlos und dunkel vom Ruß. Das andere Gebiet lag in Dorset, unbeschadet von Industrieabgasen, die Bäume noch dicht mit Flechten besetzt und behangen. In beiden Waldgebieten hielten sich schon Birkenspanner auf, und eine Auszählung ergab, daß im Sutton Park 90% aller eingefangenen Tiere schwarze Flügel besaßen, im Wald von Dorset dagegen waren 95% der Falter weiß mit dunklen Flecken und nur 5% besaßen schwarze Flügel.

Die Versuche begannen im Mai/Juni, also zu der Zeit, zu der die Birkenspanner nach der Winterruhe wieder zu fliegen beginnen. Innerhalb von 11 Tagen wurden dann im Sutton Park einige Hundert gezüchteter heller und dunkler Männchen ausgesetzt. Jeder dieser Falter war registriert und mit einem bestimmten Farbtupfer an der Unterseite seiner Flügel markiert. Danach wurden dann jede Nacht Fallen aufgestellt, mit denen man die Birkenfalter wieder einfing. Von den eingefangenen Faltern wurden wieder die markierten notiert. Bei diesem Versuch stellte sich dann heraus, daß man 27,5% der dunklen Formen wieder eingefangen hatte, jedoch nur 13% der weißgefleckten. Daraus schloß man, daß in Wäldern, die durch Luftverschmutzung flechtenlos und schwarzstämmig geworden sind, die Überlebensrate für dunkle Birkenspanner weitaus höher ist als für helle, was ja eigentlich auch zu erwarten war, da die dunklen Spanner viel besser getarnt sind als die hellen.

Das gleiche Experiment wurde dann im Wald von Dorset wiederholt, mit dem Ergebnis, daß hier die hellen Formen eine doppelt so hohe Überlebensrate zeigten wie die dunklen.

Zum Einfangen der männlichen Birkenspanner benützte man zwei verschiedene Methoden:

1. Fallen mit Quecksilberdampflampen, deren Licht die nächtlich fliegenden Birkenspanner anlockte, und die man dann einfach mit Keschern einfangen und auswerten konnte.
2. Kleine Käfige aus feinem Gewebe, in deren unzugänglichem Inneren frisch geschlüpfte Birkenspanner-Weibchen saßen. Diese Käfige wurden überall im Versuchsgebiet aufgehangen. Die Weibchen strömen einen ganz bestimmten Geruch aus (Sexuallockstoff), der eine außergewöhnlich starke Anziehungskraft auf die Männchen bewirkt. Die angelockten Männchen konnten dann wieder leicht mit dem Kescher eingefangen werden, da sie die kleinen Käfige umschwirrten, um den Eingang zu dem Weibchen zu suchen.

Gerade wegen der Anziehungskraft der Weibchen hatte man für die Versuche männliche Birkenspanner ausgewählt. Man wußte aber auch, daß die Männchen viel aktiver sind und auch leichter mit Lichtfallen einzufangen sind als die viel trägeren Weibchen.

Auf einer noch mit Flechten bewachsenen Baumrinde haben sich ein normaler Birkenspanner (oben) und die dunkle Form (unten) niedergelassen. Man sieht ganz deutlich, daß die Normalform gut getarnt ist, die dunkle Variante jedoch stark auffällt und Freßfeinde auf sich zieht.

Natürlich gingen bei diesen Versuchen auch viele wildlebende Birkenfalter ins Netz, man konnte sie aber leicht anhand der fehlenden Farbmarkierungen aussondern.
Zusammen mit Prof. N. Tinbergen untersuchte Dr. Kettlewell dann das Verhalten der Freßfeinde, d. h. insektenfressender Vögel. Zu diesem Zweck baute man einen gut getarnten Vogelbeobachtungsposten in der Nähe eines geeigneten Baumes auf. An diesem Baum setzte man dann Birkenspanner aus, und zwar genauso viel helle wie dunkle. Da die Falter ja tagsüber vollkommen inaktiv sind, bestand auch keine Gefahr, daß sie ihren „angewiesenen" Platz verlassen würden. Tagelange Beobachtungen bestätigten dann die bekannten Vermutungen: Im Sutton Park fraßen z. B. Rotschwänzchen 43 weißgefleckte Birkenspanner und nur 15 schwarze, im Wald von Dorset dagegen fraßen 5 verschiedene Vogelarten 164 schwarze Birkenfalter und nur 26 weißgefleckte.
Bei Zuchtversuchen kam etwas Neues zutage: Man stellte fest, daß es zwei verschiedene Formen von dunklen Birkenspannern gibt. Die

Erbschema beim Birkenspanner (*Biston betularia*)

1. Erbgang: Kreuzung eines reinerbigen hellen Falters mit einem reinerbigen dunklen Falter, wobei der Erbfaktor „mehr Pigment" über den Erbfaktor „weißgefleckt" dominiert.

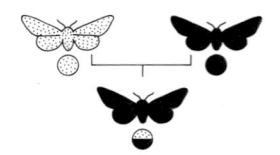

Dieser Erbgang folgt der 1. Mendelschen Regel, der Dominanzregel:
Alle Individuen, die aus einer Kreuzung hervorgehen, sind im Hinblick auf korrespondierende Merkmale (in unserem Fall also Farbe) untereinander gleich. In unserem Falle dominiert der dunkle Erbfaktor über den hellen, so daß alle Nachkommen im Aussehen dunkel sind, jedoch zwei verschiedene Erbfaktoren tragen, d. h. gemischterbig sind.

2. Erbgang: Kreuzung zweier gemischterbiger, schwarz aussehender Falter (Bastarde).

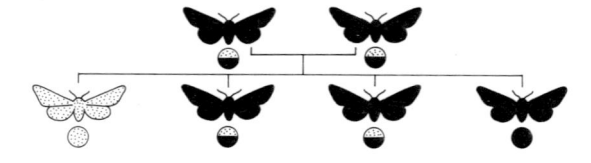

Dieser Erbgang folgt der 2. Mendelschen Regel, der Spaltungsregel:
Werden zwei Bastarde miteinander gekreuzt, so zeigen die Nachkommen eine Aufspaltung in die von ihren Großeltern überkommenen Eigenschaften. Das Verhältnis der Erscheinungstypen entspricht 3:1 (3 schwarze, 1 heller Falter), das Verhältnis der Erbanlagen jedoch 1:2:1, d. h. 1 reinerbig weißer, 2 gemischterbig schwarze, 1 reinerbig schwarzer.

(Die Kreise unter den Faltern zeigen die Erbfaktoren)

häufigere von beiden besitzt ganz schwarze Flügel und wurde *Biston betularia* f. *carbonaria* genannt, die andere besitzt schwarze Flügel, die mit schwachen hellen Flecken bedeckt sind, und wurde *Biston betularia* f. *insularia* genannt. Sie tritt weit weniger häufig auf und besitzt auch ein anderes Verbreitungsgebiet als f. *carbonaria*.
Bis 1970 konnte DR. KETTLEWELL mit Hilfe zahlreicher Schmetterlingssammler aus ganz England eine Karte erstellen, in der die Verbreitung aller drei Formen eingetragen war.
Anhand dieser Karte konnte man auch deutlich feststellen, daß *B. betularia* f. *carbonaria* nicht nur in den Industriegebieten und deren näherer Umgebung stark vertreten war, sondern daß diese Falterform auch in den weiter östlich liegenden Gebieten sehr häufig vorkam. Das liegt sicherlich daran, daß die Westwinde Rauch und Ruß aus den Industriegebieten nach Osten treiben und fallender Regen die Giftstoffe über die Landschaft verteilt. Man kann sich auch selbst davon überzeugen, daß in Ostengland die Bäume fast flechtenlos sind, obwohl in diesem Gebiet keine größeren Industrieanlagen zu finden sind.
Aus all diesen Untersuchungen ergab sich:
Wenn in Industriegebieten mit hoher Luftverschmutzung der Flechtenbewuchs der Bäume abstirbt und die Baumstämme durch Rußablagerungen schwarz werden, bietet die normale Färbung dem Birkenspanner keinerlei Schutz vor Freßfeinden mehr, und auf Dauer gesehen würde die Art wahrscheinlich aussterben.
Im Laufe der Vererbung treten jedoch immer wieder einmal Mutationen auf, d.h. Veränderungen in den erblichen Eigenschaften. Eine solche Veränderung ist z. B. das Auftreten einer dunklen Form des sonst weißgeflügelten Birkenspanners. Diese dunkle Form hätte unter normalen Umweltbedingungen, d.h. auf flechtenbewachsenen, hellen Baumrinden, keine großen Überlebenschancen und auch keine Möglichkeiten, sich weiter zu vermehren, da die auffälligen Tiere sehr bald weggefressen würden. Durch die veränderten Umweltbedingungen, d.h. rußgeschwärzte flechtenlose Baumstämme, hat sich dieser Nachteil jedoch auf einmal in einen ungeheuren Vorteil umgewandelt, und die dunklen Formen konnten sich in relativ kurzer Zeit stark vermehren und die hellen verdrängen. Diese Übermacht konnten sie allerdings nur gewinnen, weil die veränderten Erbanlagen für ,,mehr Pigment" bei der Vererbung über die Erbanlagen für ,,weißgefleckt" dominierten, d.h. aus der Kreuzung aus einem hellen und einem dunklen Falter gingen stets schwarze Falter hervor (siehe Erbschema). Eine ganz genaue Erklärung dieser ganzen Erbvorgänge und der im Erbschema des Birkenspanners angeführten Mendelschen Regeln würde den Rahmen dieses Buches sprengen, ist jedoch in jedem Schulbuch der Biologie nachzulesen.

Andere Insekten, die Industriemelanismus zeigen

Außer dem Birkenspanner gibt es noch eine ganze Anzahl von Nachtfalter-Arten, bei denen verschiedene Farbvarianten auftreten, die entweder auf einem auf Luftverschmutzung zurückzuführenden Melanismus beruhen oder aber auf einem Melanismus, der aus ganz natürlichen Gründen entstanden ist, und zwar, wenn ein Tier verschiedene Biotope bewohnt und sich verschiedenfarbigen Untergründen anpassen muß.

Zu diesen Nachtfalter-Arten gehören z. B. der Graue Wollrückenspanner (*Apocheima pilosaria*), der Doppelzahnspanner (*Gonodontis bidentata*), die Weißdorn-Plumpeule (*Allophyes oxyacanthae*) und der Eulenfalter *Diarsia mendica*.

Aber nicht nur bei den Nachtfaltern tritt Melanismus auf, auch andere Insekten können diese Erscheinung zeigen, z. B. der Zweipunkt-Marienkäfer (*Adalia bipunctata*).

Die „normale" Erscheinungsform dieses Marienkäfers ist glänzendrot mit je einem schwarzen Punkt auf den Flügeldecken. Es gibt aber auch Zweipunkt-Marienkäfer, bei denen das Rot der Flügeldecken zum Teil oder auch vollkommen durch Schwarz ersetzt wurde und nur noch kleine rote Tüpfelchen (wenn überhaupt) übriggeblieben sind. Marienkäfer schützen sich jedoch nicht durch Tarnung vor ihren Freßfeinden, ganz im Gegenteil: Die leuchtendrote Farbe in Verbindung mit Schwarz ist ein unübersehbares Warnsignal, das schon von weitem anzeigen soll: „Ich schmecke widerlich und bin vollkommen ungenießbar!".

Wozu dann also dieser Melanismus?

Die Erklärung dafür kann nicht in einem Schutz vor Freßfeinden liegen, ist aber vielleicht darin begründet, daß Marienkäferchen ausgesprochen sonnenhungrige Tierchen sind. In Industriegebieten kommen die wärmenden Sonnenstrahlen jedoch oft durch die Abgas- und Schmutzwolken nicht in voller Intensität am Boden an, und es ist erwiesen, daß schwarze Flächen mehr Wärme aufnehmen und speichern können als andersfarbige. Auch bei den Spinnen fand man bisher zwei Arten, die Melanismus zeigten: die kleine Zebra- oder Mauer-Hüpfspinne (*Salticus scenicus*) und die Wolfsspinne *Arctosa perita*.

Die Zebraspinne kommt in Normalform schwarz-weiß gestreift vor, man kann jedoch auch vollkommen schwarze Zebraspinnen in Industriegebieten finden. Da Zebraspinnen besonders quirlig und schnell sind, scheint der Melanismus ebenfalls in der Wärmeaufnahme begründet zu sein.

Die Einführung von Filteranlagen und damit die deutliche Verminderung der Abgase führte in letzter Zeit wieder zu einer Abnahme der melanistischen Formen!

Francis Rose

Flechten – Anzeiger für Luftverschmutzung

Auf der ganzen Welt gibt es ungefähr 18 000 verschiedene Flechtenarten.
Flechten kommen fast überall und oft sogar in großen Mengen vor, werden oft aber einfach übersehen – und zwar nicht, weil sie etwa unauffällig und gut getarnt im Verborgenen wachsen würden, ganz im Gegenteil: Es gibt eine ganze Anzahl von Flechten in geradezu schreienden Farben, z. B. leuchtendgelb und orangerot. Flechten sind jedoch recht kleine Pflanzen, die sich in vielen Fällen dicht an ihre Unterlage schmiegen und wahrscheinlich aus diesem Grund gar nicht als eigenständige Lebewesen betrachtet, sondern von vielen Menschen für „Verkrustungen" oder „Auskristallisierungen" gehalten werden.
Sehr viele Flechten wachsen auf Baumrinde, an Ästen und Zweigen und auf Baumstubben, andere wiederum gedeihen auf trockenem, sandigem Heideboden, auf Felswänden, an Mauerwerk und auf Dachplatten.

Was sind eigentlich Flechten?

Flechten sind Doppelwesen aus Pilzen und Algen, die nach ihrem Bau und ihrer Lebensweise eine Einheit darstellen. In den einfachsten Fällen ist die Flechte eine Kolonie von Algen, in deren Gallerte sich ein Pilzgeflecht ausbreitet, in anderen Fällen sind Algenfäden von Pilzfäden umsponnen. Meist bildet der Pilz die Hauptmasse des Flechtenkörpers, in dem nahe der Oberfläche die Algen in einer bestimmten Schicht oder in Gruppen liegen. Das gewöhnlich als Symbiose bezeichnete Verhältnis der beiden Partner, Alge und Pilz, ermöglicht es den Flechten, an Orten vorzukommen, an denen einer allein nicht leben könnte, z. B. an nackten Felsen. Hier sind die Flechten im allgemeinen die ersten Pioniere des Pflanzenreiches. Der Pilz liefert dem Doppelwesen Wasser mit Nährsalzen, die Alge steuert organische Stoffe zu dieser Verbindung bei.
Trotz ihrer unglaublichen Formenvielfalt können die Flechten drei verschiedenen Wuchsformen zugeordnet werden.
– den Strauch- und Bartflechten, die in Form aufrechter Rasen wachsen,
– den Blatt- oder Laubflechten, die meist aus laubartig flachen Körpern bestehen,

Solch schöner Flechtenbewuchs mit Parmelia und Usnea ist nur noch in Gebieten mit ganz geringer Luftverschmutzung zu sehen.

– den Krustenflechten, oft nur hauchdünnen, flächigen Gebilden, die ihre Unterlage krustenförmig überwachsen.

Obwohl die Flechten im allgemeinen recht anspruchslos sind, reagieren sie gegen gewisse Verunreinigungen der Luft sehr empfindlich, ihre Arten- und Individuenzahl nimmt rapide ab.

Der Rückgang der Flechten

Aus alten Büchern und botanischen Schriften, Zeichnungen und Gemälden weiß man, daß die Arten- und Individuenzahl unserer Flechten im 18. und 19. Jahrhundert viel größer war als heute.

Zum Rückgang der Flechtenflora haben zweifellos die veränderte intensive Forstwirtschaft und die Umweltverschmutzung durch steigende Industrialisierung beigetragen. Die für Flechten unverträglichen Schadstoffe der Luft sind vor allem Schwefeldioxid und Fluorwasserstoff. Schwefeldioxid entsteht durch Verbrennen von fossilen Kohlenwasserstoffverbindungen, die alle Schwefel enthalten. Solche Kohle wurde schon lange verbrannt, die Luftverschmutzung hielt sich aber immer in Grenzen. Selbst im späten Mittelalter, als es in England z. B. königliche Erlasse gegen das Abbrennen von überseeischer Kohle auf den Feuerstellen Londons gab – wegen der ungeheuren Rauchentwicklung, die dabei entstand –, war die Luftverschmutzung noch nicht so stark wie zur Zeit der Industriellen Revolution. Schon 1859 notierte L. H. GRINDON, daß in Lancashire die Flechten verschwinden, und W. NYLANDER stellte ähnliche Veränderungen in den Parkanlagen von Paris fest. Man führte diese Veränderungen jedoch auf die sichtbaren Rußpartikel, die die Fabrikschlote und Haushaltskamine von sich gaben, zurück.

Heute weiß man längst, daß es nicht die sichtbaren Anteile des Rauches sind, die den Flechten schaden. Der Flechtenrückgang ist

hauptsächlich auf die hohe Konzentration des unsichtbaren, aber hochgiftigen Schwefeldioxidgases (SO$_2$) zurückzuführen. Ein Grund, weshalb die Flechten viel empfindlicher auf dieses Schwefeldioxid reagieren als andere Pflanzen, liegt darin, daß die Flechten das ganze Jahr über mit ihrer ganzen Oberfläche diesem Schadstoff ausgesetzt sind – Bäume und Sträucher dagegen werfen gerade in den Wintermonaten, wenn der Gehalt an Schwefeldioxid durch die Heizungsanlagen der Haushalte noch ansteigt, ihre Blätter ab, Blütenpflanzen, Kräuter, Stauden und Gräser ziehen sogar ganz in den Boden ein und sind zu dieser Zeit der höchsten Schadstoffbelastung weniger ausgesetzt. Der andere Grund der hohen Empfindlichkeit der Luftverschmutzung gegenüber liegt bei den Flechten darin, daß sie keine wasserdichte Oberfläche besitzen mit regulierenden Spaltöffnungen wie die höheren Pflanzen, sondern das Wasser mit allen darin gelösten Stoffen rasch mit ihrer gesamten Oberfläche aufnehmen. (Daß auch Bäume inzwischen nach mehrjähriger Schwefeldioxidaufnahme langsam aber sicher absterben, zeigt das große Waldsterben, das in den 80er Jahren in den deutschen Mittelgebirgen eingesetzt hat und sich in verheerendem Ausmaß über die Nadelbäume ausbreitet.)
Jedoch nicht alle Flechten reagieren so empfindlich auf das Schwefeldioxid wie z. B. die Bartflechte (*Usnea articulata*), die bei einem Schwefeldioxidgehalt von weniger als 25 Mikrogramm pro Kubikmeter Luft innerhalb kurzer Zeit abstirbt. Die Kuchenflechte *Lecanora conizaeoides* scheint eine beträchtliche Resistenz entwickelt zu haben und gedeiht auch noch an Bäumen und Holzzäunen im Hyde Park, im Zentrum von London. Sie ist mittlerweile die häufigste Flechte in den Stadt- und Industrieregionen geworden. Sie erträgt bis zu 150 Mikrogramm Schwefeldioxid pro Kubikmeter Luft! Zwischen diesen beiden Extremformen, der empfindlichen Bartflechte *Usnea articulata* und der unempfindlichen Kuchenflechte *Lecanora conizaeoides* gibt es eine ganze Anzahl anderer Flechten mit unterschiedlicher Resistenz gegen Schwefeldioxid in der Luft, so daß unsere Städte und Industriegebiete von verschiedenen Flechtengürteln umgeben sind. Diese Zonierung der Flechten ist jedoch nicht kreisförmig um die Ballungsgebiete angeordnet, sondern in der Hauptwindrichtung elliptisch verformt.
Flechten sind damit in unserer heutigen Zivilisationslandschaft zu wichtigen Bioindikatoren geworden. Durch ihr Vorkommen bzw. Fehlen zeigen sie die Qualität der Luft an bzw. den Grad der Verunreinigung mit Schwefeldioxid. Allein dieser Eigenschaft verdanken die Doppelwesen das große Interesse, das ihnen seit einigen Jahren entgegengebracht wird!

Hier nur ein kleines Beispiel über die Resistenzeigenschaften einiger Flechtenarten gegen Schwefeldioxid in der Luft (aus FEIGE/KREMER, Flechten-Doppelwesen aus Pilz und Alge, Kosmos-Verlag, Stuttgart 1979):

Flechtenart	Schwefeldioxidgehalt ($\mu g/m^3$)
– – –	über 170
Lecanora conizaeoides	um 150
Xanthoria parietina	um 70
Anaptychia ciliaris	um 40
Lobaria amplissima	0

Entscheidend für die Giftwirkung des Schwefeldioxids ist jedoch nicht nur der Schadstoffanteil in der Luft, sondern auch das Substrat, auf dem die Flechten wachsen. Saure Substrate wie Baumrinden und saure Gesteine wie Granit und Gneis verursachen eine stärkere Schädigung der Flechte als alkalisch reagierende Unterlagen.
So findet man die resistenten Arten in den Stadtzentren stets auf alkalischem Substrat, wie z. B. Kalksteinmauern oder Mauern mit Kalkmörtelfugen, Marmorgrabsteinen und Asbestzementplatten. Das mag wohl daran liegen, daß das Kalziumcarbonat des Kalkgesteins bis zu einem gewissen Grad die giftigen Gase abpuffern kann. Untersuchungen haben festgestellt, daß in einem pH-Bereich unter 7 das Schwefeldioxid in besonders giftiger Form vorliegt, während es oberhalb von pH 7 weit weniger giftig ist. Aus diesem Grund verschwinden die Flechten in Ballungsräumen zuerst an Baumrinden, Ästen und Zweigen und erst später von Kalkmauern und Marmorsimsen.
J. R. LAUNDON hat in einer Studie zur Flechtenverbreitung in London eine erstaunliche Beobachtung gemacht·
Auf den Grabsteinen alter Friedhöfe fand er auch in luftverschmutzter Umgebung einen guten Flechtenbewuchs; die meisten gefundenen Arten kamen jedoch nur auf solchen Steinen vor, die vor dem Jahre 1820 errichtet wurden. Weiter außerhalb des Ballungszentrums wuchsen in zunehmendem Maße auch auf jüngeren Grabsteinen Flechten. Diese Untersuchung läßt vermuten, daß einige Flechten ziemlich hohe Schwefeldioxidgehalte der Luft tolerieren können, wenn sie bereits auf einem kalkhaltigen Substrat wachsen, daß sie aber nicht in der Lage sind, bei bestehender Luftverschmutzung neue Unterlagen zu besiedeln.
Asbestzement scheint für die Flechten ebenfalls ein bemerkenswertes Substrat zu sein, da dieses Material außerordentlich alkalisch ist

Oben links: Es gibt nur eine ganz geringe Anzahl von Flechten, die auch in Gebieten mit relativ hoher Luftverschmutzung noch wachsen können. Hierzu gehören z.B. die gelben Flechten der Gattung Xanthoria.

Oben rechts: Aus den Kaminen der Kohlekraftwerke quellen täglich riesige Mengen von Schwefeldioxid, die bei der Verbrennung von Kohle freiwerden. Neuartige, jedoch sehr kostspielige Filteranlagen sollen dies in Zukunft verhindern.

(seine Werte betragen bis zu pH 11). M. R. D. SEAWARD hat nachgewiesen, daß die Flechte *Lecanora muralis* auf Asbestzementziegeln bis auf 3 km in Stadtnähe von Leeds heranreicht, während sie auf Sandstein nur auf ca. 11 km weit heranreicht.
Außer Schwefeldioxid wirken selbstverständlich auch alle anderen Schadstoffe in der Luft giftig auf die Flechten; die Wirkung des Schwefeldioxids wurde bisher jedoch am besten untersucht.

Neuere Untersuchungen

In den letzten 20 bis 25 Jahren gab es in der Art und in der prozentualen Zusammensetzung der Schadstoffe in der Luft große Veränderungen. Heutzutage richtet sich das Hauptaugenmerk auf die Abgase unserer Autos, die in hohem Prozentsatz giftiges Kohlenmonoxid enthalten, und der Einsatz von bleifreiem Benzin und Katalysator-Autos ist in aller Munde, auch ein Tempolimit soll zur „reineren Luft" beitragen. Bis sich all diese Maßnahmen jedoch

durchgesetzt haben und wirksam geworden sind, werden noch viele Flechten aussterben müssen – und nicht nur Flechten.
Neue Filteranlagen und entsprechende gesetzliche Vorschriften sollen den Schadstoffgehalt der Abgase aus Fabrikschloten und Haushaltskaminen mindern; es wird sicher aber noch einige Zeit dauern, bis wir wieder reinere Luft bekommen und die Natur sich wieder durchsetzen kann. Erste Anzeichen für eine Luftverbesserung sind aber bisher schon aus vielen Ballungszentren gemeldet und registriert worden!
Auf der anderen Seite gibt es aber auch einen besorgniserregenden Aspekt der neuen Schadstoffverteilung: Die hohen Schornsteine der Kraftwerke z. B. sorgen zwar dafür, daß es in den Städten und Ballungsräumen weniger Schwefeldioxid in der Luft gibt, dafür nimmt der Schadstoffgehalt in den ländlichen Gegenden jedoch ständig zu – es ist also nur zu einer Umverteilung gekommen!
Es gibt auch Anzeichen dafür, daß in weiten Teilen Nord- und Mitteleuropas der pH-Wert von Baumrinden so weit abgesunken ist, daß Flechten, die ursprünglich auf den natürlich sauren Rinden von Nadelbäumen gediehen, nun auch auf Eichenrinde und anderen Laubbäumen wachsen und deren ursprüngliche Flechtenflora ersetzen. Was hier passiert ist, läßt sich leicht rekonstruieren:
Die Schwefeldioxide der Kraftwerke aus den Industrieregionen Europas werden von inzwischen enorm hohen Schornsteinen (einige sind über 200 m hoch) so weit in die Atmosphäre hineingetragen, daß sie nicht nur große Entfernungen zurücklegen, bis sie wieder absinken, sondern daß sie auch genügend Zeit und Möglichkeiten haben, zu Schwefelsäure zu oxidieren, um dann irgendwo weit vom Ursprung entfernt als „saurer Regen" niederzugehen.
In den letzten 150 Jahren nahm der Säuregehalt des Regenwassers ständig zu, in den letzten 20 Jahren ist er jedoch sprunghaft angestiegen. Dieser „saure Regen" scheint die Ursache für die Versäuerung der Laubbaumrinden zu sein, die wiederum die Veränderung in der Flechtenflora hervorruft. Solange hier keine Abhilfe geschaffen wird, sieht die Zukunft noch recht düster aus – für die Flechten, den Wald, den Menschen!

Michael Chinery

Naturnahe Gärten

Für denjenigen, der nur zum Arbeiten oder Einkaufen in die Stadt fährt, besteht ein „Garten" in der Stadt entweder aus unordentlichem Strauchwerk zwischen zwei Fahrbahnen oder Blumenrabatten entlang des Parkplatzes – dies jedenfalls sind für ihn auf den ersten Blick die einzigen sichtbaren Zeichen für städtisches Grün.
Doch wer schon einmal über eine Stadt geflogen ist oder auch nur von einem Kirchturm geschaut hat, der wird wissen, daß sich hinter den Häuserreihen und Ladenzeilen oft ein beträchtliches Areal an Grünanlagen, kleinen und kleinsten Gärtchen ausbreitet: Hier gibt es Bäume und Sträucher, sorgfältig gepflegte Kleinstrasen, leuchtend bunte Blumenbeete, begrünte Balkone und Häuserwinkel, Hinterhöfe, bestückt mit Kübelpflanzen, Fensterbänke, Mauervorsprünge und Treppenaufgänge mit Kästen, Trögen und Töpfen voller Blumen oder Gemüse. Jede dieser „Gartenanlagen" ist zwar nicht mehr als eine kleine, isolierte Oase zwischen Backsteinmauern und Beton, doch leben in diesen „Mini-Gärten" weit mehr Tiere als nur Amseln, Tauben und Spatzen – man muß nur etwas genauer hinsehen und beobachten können.
In den Stadtrandgebieten und Vorstädten vergrößern sich diese Gärten schlagartig: Grün vor und hinterm Haus, an Fenstern, auf Balkonen und Terrassen, oft aus wertvollen Exoten oder Zuchtformen bestehend und oft auch nur Repräsentation von Wohlstand und Reichtum.
Die gesamte Fläche der bundesdeutschen Gärten entspricht zur Zeit immerhin der Größe Schleswig-Holsteins!
Unsere Gärten könnten in hohem Maße dazu beitragen, die von überallher bedrängte Natur zu retten – wenn wir dem Griff zum Unkraut- und Insektenbekämpfungsmittel, zum Rasenmäher und zur Heckenschere mehr widerstehen würden. Wer Natur erhalten will, darf den eigenen Garten nicht aus diesen Überlegungen ausklammern. Ich behaupte sogar, daß es unsere Pflicht ist, unsere Gärten zu Orten zu machen, an denen Wildpflanzen und Wildtiere Zuflucht finden und Schutz genießen. Von wenigen Ausnahmen abgesehen, leidet darunter weder die Schönheit noch die Produktivität des Gartens – wie so oft behauptet wird. Es wird doch aber niemand leugnen wollen, daß Schmetterlinge und Vögel den Garten verschönern? Bis jetzt sprach ich vom Garten als einem einzigen Lebens-

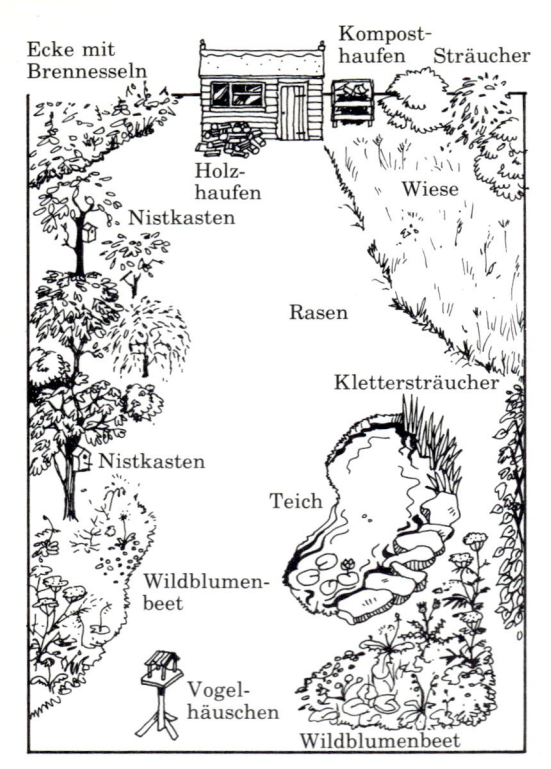

Diagram labels: Ecke mit Brennesseln, Komposthaufen, Sträucher, Holzhaufen, Wiese, Nistkasten, Rasen, Klettersträucher, Nistkasten, Teich, Wildblumenbeet, Vogelhäuschen, Wildblumenbeet

Links: Ein naturnaher Garten will gut geplant sein, nur so können wir ihn für möglichst viele Tiere zum Anziehungspunkt machen. Hier nur eine Anregung, wie ein solcher Garten aussehen könnte.

Rechts: Die unreifen Samen der Disteln bieten den Stieglitzen oder Distelfinken willkommene Nahrung, wer also diesem „Unkraut" in seinem Garten ein Plätzchen schafft, der hat vielleicht auch bald das Vergnügen, Distelfinken zu sehen, die die Samenköpfe zerpflücken, um an die jungen, weichen Samen zu gelangen.

raum, tatsächlich aber ist er ein verzahntes Mosaik ganz verschiedener Lebensräume: Mauern, Hecken, Wege, Gartenbeete, Komposthaufen, große und kleine Bäume, ein Stück Wiese vielleicht oder gar ein Teich. Vielfältigkeit ist daher ein zentrales Thema im naturnahen Garten, denn je mehr verschiedene Lebensräume vorhanden sind, und je größer die Vielfalt der angepflanzten Blumen, Sträucher und Bäume ist, desto größer wird die Mannigfaltigkeit an Wildtieren sein, die sich von unserem Garten angelockt fühlen. Wir dürfen jedoch nicht erwarten, daß alle einmal angelockten Tiere auch ständig in unserem Garten bleiben. Während wir Hecken und Zäune errichten, um uns abzugrenzen, benutzen die Tiere diese Möglichkeiten, um von einem Garten in den nächsten zu gelangen. Es sollte daher niemand enttäuscht sein, wenn er auf seinem handtuchgroßen Grundstück nicht alle wünschenswerten Lebensräume schaffen kann – vielleicht besitzt gerade sein Nachbar zur Rechten oder der zur Linken die fehlenden Lebensräume?

Viele Pflanzen und Tiere siedeln sich ohne großen Aufwand und Anlockversuche an. Insekten z. B. fliegen in fast jedem Garten ein und

aus, und selbst der eifrigste Gärtner kann nicht behaupten, daß er ein gänzlich unkrautfreies Gärtchen hätte.
Doch der Naturschützer und Naturgärtner begnügt sich nicht mit dem zufälligen Besuch, sondern ermöglicht es den wildlebenden Tieren, in seinem Garten oder Gärtchen den notwendigen Lebensraum zu finden, indem er die Voraussetzungen hierfür schafft. Ein naturnaher Garten bedarf also einiger Vorbereitungen und sorgfältiger Planung; er ist nicht – wie landläufig gemeint wird – einfach nur ein „verwilderter" Garten, den man sich selbst überläßt!
Naturbewußte Gartengestaltung bedeutet, die richtige Bepflanzung auszuwählen und sie dann auch sachgemäß zu pflegen. Ein ausgewogener Naturgarten hält sich selbst im biologischen Gleichgewicht, man braucht also nicht zu befürchten, daß Unkraut und Schädlinge unkontrolliert überhandnehmen.

Vögel im Garten

Von allen wildlebenden Tieren sind wohl die Vögel am populärsten. Das mag u. a. daher kommen, daß die meisten von ihnen tagaktiv und daher relativ leicht zu sehen und zu beobachten sind, daß sie nicht zu groß und daher vielleicht furchterregend sind, daß viele von ihnen schön singen und daß fast alle nicht schädlich, sondern nützliche Gartenbewohner sind.

Der Vogelschutz ist unzweifelhaft die am weitesten verbreitete Form von naturfreundlicher Gartengestaltung!

Haussperlinge, Stare und Tauben suchen selbst noch auf dem kahlsten Hinterhof zwischen Asphalt und Ziegelmauern nach Futter, doch wer eine große Vielfalt an Vögeln in seinen Garten locken möchte, der muß den Garten auch für die Vögel attraktiv machen. Das bedeutet in erster Linie, daß man Sträucher und Bäume pflanzt, die den Vögeln Deckungs- und Nistmöglichkeiten bieten. Wenn diese Büsche, Sträucher und Bäume dann auch noch eßbare Samen und Früchte tragen, um so besser! Bei der Anpflanzung sollte man auf jeden Fall versuchen, einheimische Sträucher und Bäume einzusetzen, denn diese Arten locken wiederum mehr Insekten an, bieten dadurch den insektenfressenden Vogelarten eine reichhaltige Auswahl an Futter. Schon ein einziger Busch auf einer Terrasse reicht aus, um eine Kohlmeise oder eine Amsel anzulocken. Wer ein dichtes, grünes Gebüsch aus verschiedenen Ziersträuchern anbieten kann, wird mit dem Einzug von Finken, Rotkehlchen und Braunellen belohnt.

Natürlich spielt auch die Lage des Gartens eine nicht unbedeutende Rolle: In den Gärten von Wohnstädten, Kleinstädten und Dörfern, die relativ offen zum Umland sind, erfolgt eine „Einwanderung" von Wildtieren leichter als in einem Terrassengarten mitten in einer Großstadt. Doch gerade die Vögel sind extrem beweglich, besonders zur Zeit der Frühjahrs- und Herbstwanderungen, und die Durchzügler nehmen gerne eine günstige Gelegenheit zum Rasten wahr.

Welche Sträucher man nun in seinen Garten, auf der Terrasse oder dem Balkon anpflanzt, hängt natürlich von dem zur Verfügung stehenden Platz und von der Art des Bodens ab. Die folgende Aufzählung enthält die wichtigsten Baum- und Straucharten, die geeignet sind, Vögel anzulocken, ihnen Nist- und Deckungsmöglichkeiten zu bieten und ihnen darüber hinaus auch noch Nahrung geben:

Berberitze, Gelber Blasenstrauch, Brombeere, Buchsbaum, Efeu, Eibe, Faulbaum, Felsenbirne, Gagelstrauch, Hainbuche, Roter und Schwarzer Hartriegel, Haselnuß, Rote Heckenkirsche, Himbeere, Roter und Schwarzer Holunder, Traubenholunder, Holzapfel, Holzbirne, Hundsrose, Kornelkirsche, Johannisbeere und Stachelbeere, Gemeiner Kreuzdorn, Liguster, Pfaffenhütchen, Rispelstrauch, Salweide, Sanddorn, Schlehe, Schneeball, Seidelbast, Traubenkirsche, Wacholder, Weißdorn und Zwergmispel. Weniger bzw. nicht geeignet sind die verschiedenen exotischen Koniferen und Ziersträucher, die zwar herrlich blühen, aber keinen Nektar besitzen, daher keine Insekten anlocken und aus diesem Grund auch keine Nahrung für Vögel bereitstellen.

Die Sträucher sollte man nie wahllos und gedankenlos in die Erde pflanzen. Man sollte sich über ihr Erscheinungsbild in einigen Jahren Gedanken machen und darüber, wie sich eine möglichst natürliche Atmosphäre verwirklichen läßt – möglicherweise z. B. die einer Waldlichtung. Wenn man Arten pflanzt, die eine unterschiedliche Höhe erreichen, läßt sich ohne weiteres ein „Wald" mit zwei Stockwerken in unseren Garten zaubern. Das heißt also, daß auch ein naturnaher, „wilder" Garten sehr wohl der Planung bedarf, wenn er attraktiv aussehen und darüber hinaus auch einen Nutzen für die Tierwelt haben soll. Ein vernachlässigter Garten ist kein naturnaher Garten!

Viele Leute lehnen es ab, Efeu anzupflanzen, in der Annahme, es handle sich bei diesem Gewächs um eine schädliche Schmarotzerpflanze. Efeu kann tatsächlich sehr üppig wachsen und andere Pflanzen überwuchern, doch wenn man in seinem Garten oder am Haus keine Platzprobleme hat, bietet das immergrüne Laub des Efeus das ganze Jahr über ein schützendes Laubwerk, in dem Vögel und andere Tiere stets Deckungs- und Nistmöglichkeiten finden und das darüber hinaus auch noch unschöne Beton- oder Ziegelbauten begrünt. Außer dem deckungsreichen Laubwerk bietet der Efeu aber auch noch nektarreiche Blüten für Insekten und im Herbst lockende, dunkle Beeren für die Vögel an.

Unter den immergrünen Sträuchern eignet sich auch die Eibe sehr gut als Heckenpflanze. Vorsicht jedoch, um einen Fruchtansatz zu bekommen, muß man auf jeden Fall zwei verschiedengeschlechtliche Pflanzen anpflanzen. Eiben sind nämlich zweihäusig, d. h., sie kommen in männlichen und in weiblichen Pflanzen vor. Die roten beerenähnlichen Früchte sind bei den Vögeln sehr beliebt und ziehen zur Fruchtreife die verschiedensten Vogelarten an. Achtung: Die dunklen Samenkerne sind giftig und dürfen auf keinen Fall gegessen werden!

Neben den robusten Nadelgehölzen sollte man aber auch die bodenständigen, laubabwerfenden Gehölze nicht vergessen, denn gerade unter ihnen gibt es eine Menge Bienen- und Schmetterlingspflanzen, Schutz- und Nährgehölze für Vögel. So sind z. B. verschiedene Ahorn-Arten äußerst robust und dekorativ, auch die Kornelkirsche und das Pfaffenhütchen. Auch die Staudenpflanzen, sowohl wilde als auch gärtnerisch veredelte, sollte man in einem naturnahen Garten nicht vergessen.

Die meisten dieser Pflanzen bekommt man in der Gärtnerei oder in der Baumschule. Es ist auf jeden Fall verboten, Pflanzen in der freien Natur auszugraben und in seinen Garten zu pflanzen. Möchte

man solche „wildwachsenden" Pflanzen haben, so gibt es auch hier verschiedene Gärtnereien, die „wilde, einheimische" Pflanzen anbieten; hier nur eine kleine Auswahl von Adressen:
Florahof Baumschulen, 7315 Weilheim/Teck
Baumschule Brenninger, 8251 Steinkirchen
Geigle Pflanzen und Bepflanzungen, 7270 Nagold
Geigle Pflanzen und Bepflanzungen, 8949 Kammlach
Hohenloher Baumschulen, 7110 Öhringen
Kneussle Baumschulen KG, 7968 Saulgau-Krumbach
Kneussle Baumschulen KG, 5427 Penzerheide/Bad Ems
„Naturwuchs" Baumschule, 4800 Bielefeld
Renz Baumschulen in
  7270 Nagold-Emmingen
  8671 Oberkotzau-Gut Haideck
  6364 Florstadt – Nieder-Mockstadt
  8061 Unterweilbach/Dachau
Scheerer Baumschule, 7967 Bad Waldsee
Schlegel KG, 7940 Riedlingen

Winterfütterung
Ein naturnaher Garten bietet den Vögeln und anderen Tieren bis in den Herbst hinein Nahrung. Will man die gefiederten Gäste jedoch auch im Winter um sich haben, so muß man ihnen zusätzliches Futter anbieten. Die Winterfütterung ist zwar bei Vogelfreunden umstritten, eine vernünftige Praxis gefährdet aber keine Vögel und bietet vielen Leuten, vor allem Kindern, die Möglichkeit, mühelos und mit Hilfe eines guten Bestimmungsbuches unsere einheimischen Vögel zu beobachten und kennenzulernen.
Je vielfältiger das Futterangebot ist, desto artenreicher werden auch die Wintergäste sein. Außer den bekannten Arten, wie Amseln und Meisen, werden sich auch bald die verschiedenen Finken-Arten, Kleiber und Buntspecht einfinden.
Wegen der Streitereien ums Futter ist es übrigens besser, mehrere kleinere Futterplätze einzurichten, damit auch kleine und scheue Tiere zum Zug kommen. Günstig ist es auch, für Körner- und Weichfutterfresser verschiedene Futterstellen anzubringen.
Aus hygienischen Gründen sollte man den abgeräumten Futtertisch immer wieder einmal gründlich säubern, damit das Risiko, daß Krankheitskeime mit dem Vogelkot verbreitet werden, herabgemindert wird.
Es ist auch nicht notwendig, Vögel schon im Spätherbst an ihre Futterstellen zu gewöhnen. Es reicht vollkommen aus, wenn wir mit der Winterfütterung beginnen, wenn der Boden friert oder hoch mit Schnee bedeckt ist. Dann sollten wir aber auf jeden Fall regelmäßig füttern. Für die Körnerfresser bieten sich die bekannten Körner-

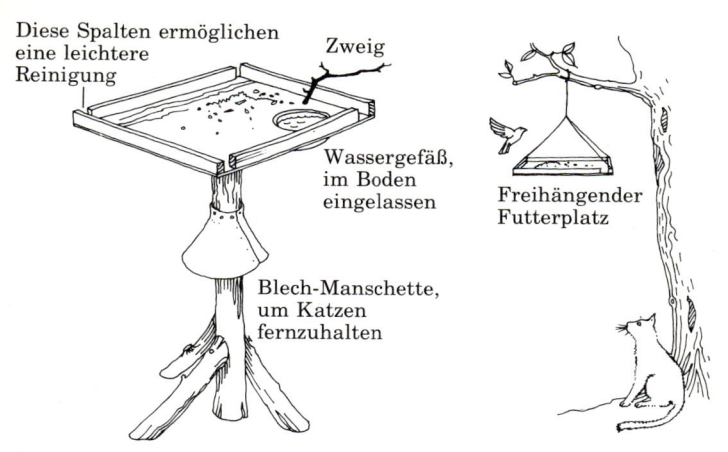

Diese Spalten ermöglichen eine leichtere Reinigung

Zweig

Wassergefäß, im Boden eingelassen

Freihängender Futterplatz

Blech-Manschette, um Katzen fernzuhalten

Ein sinnvoller Vogelfutterplatz muß keine handwerkliche Meisterleistung sein. Wichtig ist jedoch, daß er vor Wind und Wetter und streunenden Katzen geschützt ist und gute An- und Abflugmöglichkeiten bietet.

mischungen an, wobei natürlich Sonnenblumenkerne bevorzugt gefressen werden.

Für Weichfresser, wie Rotkehlchen und Drosseln, gibt es mittlerweile im Handel auch schon die verschiedensten Weichfresser-Mischungen. Wir können ein solches Gemisch aber auch leicht (und billiger) selbst herstellen, indem wir einfach kernige Haferflocken mit ausgelassenem Schweineschmalz oder Sonnenblumenöl vermengen.

Meisen bevorzugen ein noch fetthaltigeres Futter, das in Form von Meisenknödeln, -stangen und -ringen im Handel ist, das man wiederum aber auch selbst herstellen kann: Man nimmt zerlassenen Rindertalg und mischt ihm Körner bei. Dieses Gemisch kann man, allerdings nur solange das Fett flüssig ist, in Blumentöpfe oder halbierte Kokosnußschalen füllen. Nicht vergessen, zuvor eine Sitzstange in den Topf oder die Nuß stecken, sonst können die Meisen nicht oder nur schwer an das Futter gelangen! Die Meisenknödel hängt man am besten an kräftige Äste, und zwar so, daß Katzen nicht drankommen.

Was die vielen samen- und körnerfressenden Vögel betrifft, so kann man mit einer käuflichen Mischung aus verschiedenen Sämereien nichts falsch machen. Diese Mischungen enthalten große Samen, wie Sonnenblumenkerne, für die kräftigeren Schnäbel, aber auch viele kleine Samen, wie Hirse, für zartere Vogelschnäbel. Auch Erdnußbruch ist ein gutes Winterfutter, allerdings nur ungesalzene Erdnüsse!

Kokosnüsse sind ebenfalls begehrt, doch sie müssen unbedingt frisch sein. Es hat also keinen Sinn, ranzige Kokosnüsse, die man selbst nicht mehr mag, als Futter auszulegen! Die frische Kokosnuß wird in der Mitte durchgesägt und die beiden Hälften an einem starken Ast oder Zweig katzensicher aufgehangen.
Dörrobst und Sultaninen, im Herbst gesammelte Beeren und Früchte sind besondere Leckerbissen.

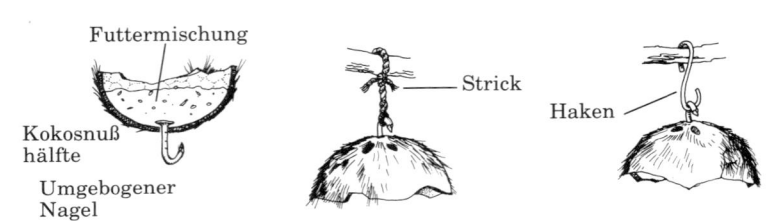

Futtermischung
Kokosnußhälfte
Umgebogener Nagel
Strick
Haken

Auf gar keinen Fall dürfen wir jedoch gesalzene Nahrung auslegen! Futterhäuschen gibt es in den verschiedensten Modellen auf dem Markt, brauchbare und weniger brauchbare. Am geeignetsten sind Futterhäuschen mit einem Futtersilo und einem gut zu erreichenden Futterteller, einem Anflug- und Sitzbrett.
Im Winter benötigen die Futterhäuschen natürlich ein Dach, unter dem das Futter vor Regen und Schnee geschützt ist. Nasses Futter ist für alle Vögel ungesund und schneebedecktes Futter schlecht zu finden! Manche Vögel, wie Amseln, Buchfinken und Heckenbraunellen, nehmen ihr Futter am liebsten vom Boden auf. Sie sitzen daher gerne unter dem Futterhäuschen und fressen das, was von oben herunterfällt. Damit diese Vögel es leichter haben und nicht warten müssen, bis etwas Freßbares von oben herabfällt, kann man auf dem Boden einen gesonderten, überdachten Futterplatz einrichten. Dieser Platz sollte am günstigsten in der Nähe eines Strauches liegen, von dem aus die Vögel die Futterstelle bequem anfliegen können, und der das Futter etwas vor der Witterung schützt. Auf der anderen Seite darf die Bodenfutterstelle nicht zu dicht eingebaut sein, damit sich keine Katze unbemerkt anschleichen kann und die Vögel ausreichend Möglichkeiten zum schnellen Entfliehen haben.
Anleitungen und Empfehlungen über Größe und Materialien zum Selbstbau von Vogelhäuschen kann man sich beim Deutschen Bund für Vogelschutz oder aber einer anderen Naturschutzorganisation holen (siehe Seite 205ff.). Man muß kein perfekter Heimwerker sein, um ein brauchbares Vogelhäuschen bauen zu können.
Das Vogelhäuschen, ob „Marke Eigenbau" oder fertig gekauft, muß auf jeden Fall außerhalb der Reich- und Kletterweite von Katzen angebracht werden! Entweder man hängt es in einen Baum, weit ab vom Stamm, oder befestigt es auf einem Pfahl, den man mit einer

Diese beiden Meisen (links Kohlmeise, rechts Blaumeise) picken an einem selbstgemachten „Vogelpudding", einer Mischung aus verschiedenen Körnern und Sämereien, die durch ausgelassenes und wieder hartgewordenes Schweineschmalz verfestigt wurde.

Blechmanschette oder Stacheldraht umgibt, so daß keine Katzen hochklettern können. Mit einer Kombination aus Futterhäuschen, Futtertisch am Boden und aufgehängten Meisenknödeln kann jeder Gartenbesitzer alle Futterwünsche seiner gefiederten Gäste befriedigen.
Wer keinen Garten hat, muß dennoch nicht auf die winterliche Freude der Vogelbeobachtung am Futterhäuschen verzichten. Man kann auch auf dem Balkon, der Terrasse oder gar am Fenstersims Vogelfutterstellen anbringen – sollte sich jedoch zuvor mit eventuellen Untermietern absprechen, damit es nachher keinen Ärger mit leeren Sonnenblumenkernen, Vogelkot und anderen Überresten der Fütterung gibt.
Ganz wichtig bei der winterlichen Vogelfütterung ist die Regelmäßigkeit, mit der wir füttern! Die Vögel gewöhnen sich ganz schnell an den Fütterungsrhythmus und warten schon in der Nähe des Futterplatzes, sollte man sich einmal verspätet haben. Bleibt das Futter einmal ganz aus, so haben die wartenden Vögel an den kurzen Wintertagen mitunter nicht mehr genügend Zeit, woanders nach Futter zu suchen! Wenn man also vorhat, im Winter längere Zeit zu verreisen, ist es besser, erst gar keine Futterstelle einzurichten – es sei denn, ein freundlicher Nachbar kümmert sich um das Füllen des Häuschens.
Außerhalb der Winterzeit ist es vollkommen unnötig, Gartenvögel

zu füttern; wir wollen ja auch unseren Garten von Blattläusen und anderen Schadinsekten freihalten – und welche von Kuchenkrümeln und anderen Leckereien sattgefressene Meise würde noch auf Insektensuche gehen? Natürlich freut sich auf der anderen Seite unser Hausrotschwänzchen, wenn wir ihm gelegentlich ein paar Mehlwürmer aus der Zoohandlung auslegen, und wird vermutlich noch zutraulicher werden – aber auch diese Art der Fütterung sollte nicht überhandnehmen.

Nistmöglichkeiten für Vögel
Viele der Vögel, die im Winter unser Futterhäuschen besuchen, wandern im Frühling wieder ab, um im Umland nach geeigneten Nistmöglichkeiten zu suchen. Mit etwas Kenntnis über die verschiedenen Brutgewohnheiten der Vögel können wir aber auch versuchen, das eine oder andere Vogelpaar dazu zu verleiten, in unserem Garten zu bleiben, hier zu brüten und die Jungen großzuziehen. Wir können im Vogelreich ganz grob drei Gruppen von Brutvögeln unterscheiden:
1. Offenbrüter, die ihre Nester in Sträuchern und Bäumen oder am Boden anlegen
2. Halbhöhlenbrüter, die in Höhlen brüten, die eine große Öffnung haben, so daß der brütende Vogel auch seine Umwelt noch beobachten kann
3. Höhlenbrüter, die in Höhlen mit kleiner Öffnung brüten, ohne ihre Umwelt zu sehen und von dieser gesehen zu werden

Für die Offenbrüter, wie Amseln, Drosseln, Rotschwänzchen und Buchfinken, muß der Garten genügend Deckungsmöglichkeiten, also Bäume, Sträucher, Hecken und begrünte Wände besitzen; das reicht diesen Vögeln schon aus, um hier ihre napfförmigen Nester anzulegen.

Die Halbhöhlenbrüter und Höhlenbrüter legen ihre Nester meist in alten Baumhöhlen an. Da es in unseren Gärten jedoch meist an altem Baumbestand mangelt, müssen wir für diese Brutvögel geeignete Nistkästen aufhängen, die allgemein unter dem Namen „Meisenkasten" bekanntgeworden sind, die aber außer den Meisen auch für Fliegenschnäpper, Kleiber, Sperlinge und sogar kleinere Säugetiere, wie Siebenschläfer und Gartenschläfer, geeignet sind.

Ähnlich wie bei den Futterhäuschen ist es auch bei den Nistkästen: Man kann sie entweder fix und fertig käuflich erwerben (am besten vom örtlichen Vogelschutzverein) oder aber sein handwerkliches Geschick ausprobieren (siehe Zeichnung).

Die Größe des Kastens ist weniger ausschlaggebend als die Größe des Einfluglochs: Für Meisen z. B. hat sich eine Fluglochgröße im Durchmesser von 2,5 cm am günstigsten erwiesen. Durch diese Größe werden z. B. auch Hausspatzen abgehalten, die Kästen für

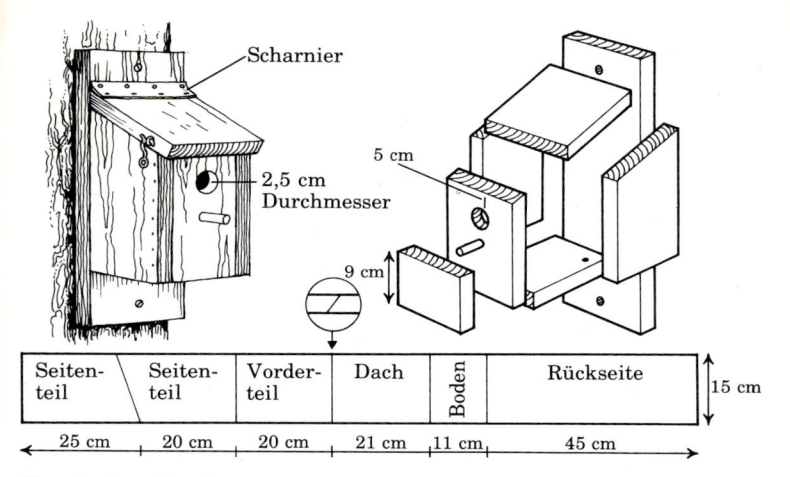

Seiten-teil	Seiten-teil	Vorder-teil	Dach	Boden	Rückseite
25 cm	20 cm	20 cm	21 cm	11 cm	45 cm

Verschiedene Vogelarten benötigen auch verschiedene Nistkästen. Der Grundbauplan ist jedoch stets derselbe, nur die Größe des Einflugloches und des Kastens variiert und ist abhängig von der Größe der Vögel und ihrer Eigenart, in halboffenen oder fast geschlossenen Kästen zu brüten.

ihre Brut zu benützen. Stare und Wiedehopfe benötigen eine Einflugslochgröße von ca. 4,5 cm. Wenn wir die Fugen nicht ganz dicht bekommen, so schadet das nichts, ein bißchen Lüftung ist gut für die Vögel; zu große Fugen sollten wir allerdings mit Dichtungsmaterial ausfugen.

Der Nistkasten sollte zum Schutz vor Katzen und gegen Störungen durch „äugende" Kinder in einer Höhe von 2 bis 3 m über dem Erdboden angebracht werden, und zwar so, daß er nicht direkt der prallen Sonne, aber auch nicht der Wetterseite ausgesetzt ist. Das Einschlupfloch sollte möglichst nach Osten, Südosten oder Süden zeigen und nach vorne leicht geneigt sein, damit bei starkem Regen kein Wasser hineinlaufen kann.

Neben den Höhlenbrütern, wie den Meisen, gibt es aber auch Vögel in unserem Garten, die in Nischen bzw. Halbhöhlen brüten, denen wir also eine etwas andere Art von Nistkasten anbieten müssen. Diese „Halbhöhlen-Nistkästen" sind nicht so hoch wie die Meisenkästen, haben ein weiter überstehendes Dach, und die Vorderfront besitzt entweder ein recht großes Einflugloch oder ist nur bis zur halben Höhe mit Holz verschalt. Diese Kästen müssen jedoch an einem besonders wind- und wettergeschützten Platz aufgehängt werden!

Am besten, man setzt sich vor dem Bau seines Nistkastens mit dem örtlichen Vogelschutzbund in Verbindung; hier bekommt man genaue Bauanleitungen und wichtige Tips.

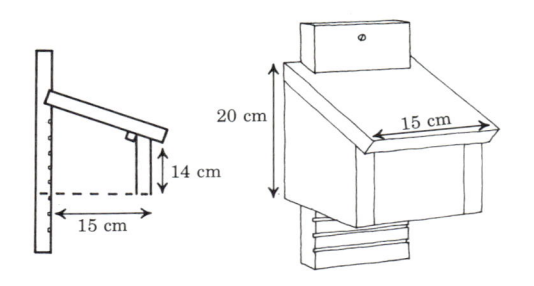

Dieser Nistkasten für Fledermäuse paßt für fast alle Fledermausarten.

Nisthilfen für Fledermäuse

Zum Schluß noch ein Wort zu Fledermausnistkästen. Die Fledermäuse haben in den vergangenen Jahren drastisch abgenommen, und alle Arten stehen bei uns unter Naturschutz. Sie sind in ihrem Bestand stark zurückgegangen, weil ihre Futtertiere mit Insektiziden vergiftet wurden und weil sie immer weniger Nist- und Schlafquartiere finden.

In Gegenden, in denen also noch Fledermäuse vorkommen, sollte man diesen Tieren jegliche Hilfe anbieten und ihnen auch artge-

Die Zier-Fetthenne (Sedum spectabile) ist eine reiche Nektarquelle für Schmetterlinge, die noch recht spät im Jahr fliegen, wie z.B. dieser C-Falter.

rechte Nistmöglichkeiten zur Verfügung stellen: Einflugsöffnungen in Scheunen und Dachböden, hohle Bäume stehenlassen oder Nistkästen aufhängen (siehe Zeichnung). Auch wenn diese Nistkästen nicht gerne angenommen werden bzw. nur im allerhöchsten Notfall, sollten wir die Geduld nicht verlieren, vielleicht klappt es doch irgendwann einmal.

Schmetterlinge im Garten

Um Schmetterlinge in unseren Garten zu locken, ist nichts weiter nötig, als die richtigen Blumen und Sträucher anzupflanzen; am besten Arten, die als ,,Schmetterlingspflanzen" aus der Natur bekannt sind, wie z. B. Klee, Brennessel, Doldenblütengewächse.

Selbstverständlich kann kaum ein Garten mit der freien Landschaft konkurrieren, denn man möchte ja nicht nur einen Garten, der Schmetterlinge anlockt, sondern auch einen Garten, der darüber hinaus auch noch attraktiv aussieht – und ein Brennesselmeer im Garten ist nicht gerade attraktiv, wenn auch gerade diese Pflanze sehr vielen Schmetterlingsraupen als Futterpflanze dient.

In einem Stadtgarten können auf jeden Fall durch die Anpflanzung von Sommerflieder und verschiedenen *Sedum*-Arten Wanderfalter angelockt werden, die zwar nicht auf Dauer bleiben, die aber dennoch jeden Naturfreund erfreuen, z. B. der Admiral, der Distelfalter, das Tagpfauenauge, der Kleine Fuchs, C-Falter, Zitronenfalter und Kohlweißlinge. (Der Kohlweißling ist im Blumengarten zwar sehr schön anzuschauen, kann beim Gemüsegärtner allerdings allerhand Schaden anrichten, denn er legt bevorzugt an verschiedenen Kohl-Arten auf den Blattunterseiten seine gelben Eier in nicht unerheblicher Anzahl ab, und die schlüpfenden gelbschwarzen Raupen sind gierige Fresser, die nur noch Stengel und dickere Blattadern stehenlassen.) Blumen, die auch nachts ihre Blüten geöffnet haben und womöglich noch einen süßen Duft ausströmen, locken in der Dämmerung die verschiedensten Nachtfalter an. Solche Pflanzen kann man auch leicht in einem Blumenkasten oder Blumentopf auf dem Fensterbrett halten – es wird nicht lange dauern, bis sich Nachtfalter hier einfinden.

Schmetterlinge werden in erster Linie vom Duft und der Blütenfarbe angelockt, ernähren sich jedoch vom Nektar. Wir sollten daher nicht nur leuchtend bunte und duftende Blütenpflanzen anbauen, sondern auch Arten, die möglichst nektarreich sind. Viele gezüchtete Blütenpflanzen z. B. besitzen gar keinen Nektar!

Die Bedeutung des Efeus als Bienenweide wurde bereits erwähnt; er ist aber auch eine wichtige Futterpflanze für den Hauhechelbläuling und verdient es, öfter an Wänden, Spalieren, Garagen und Gartenhäuschen angepflanzt zu werden (er ist ja auch eine Pflanze, die sehr gute Nistmöglichkeiten für Vögel bietet!). Und hier sind wir schon bei einem Thema, das leider häufig vergessen wird: die Futterpflanzen für die Schmetterlingsraupen. Farbenprächtige, duftende Blüten locken nicht nur verschiedene Schmetterlingsarten an, sie erfreuen auch das Auge des Menschen. Meist farblose, oft den Unkräutern zählende Futterpflanzen für die Raupen werden jedoch weniger häufig angebaut!

Der Kleine Fuchs, der Admiral und das Tagpfauenauge – drei unserer farbenprächtigsten Gartenschmetterlinge – ernähren sich als Raupe von Brennesselblättern. Wer also diese Schmetterlinge tatsächlich fördern will, der muß Brennesseln in seinem Garten wachsen lassen. Der Durchschnittsgärtner wird spätestens jetzt nicht mehr mitmachen, denn wer will schon Brennesseln, ein allbekanntes Unkraut, in seinem gepflegten Garten haben. Gibt es aber nicht doch ein uneinsehbares Eckchen, in dem man diese Pflanzen gedeihen lassen kann – zum Wohle unserer Schmetterlinge? Es wird zwar oft behauptet, daß ein kleiner Brennesselbestand wertlos sei und daß die Schmetterlinge zur Eiablage ausgedehnte Brennesselbestände brauchen, doch in unserer ,,sauberen" und gepflegten Umwelt nehmen sie auch kleine Bestände an, denn die sind besser als gar nichts. Läßt man auch noch ein bißchen Ampfer und einige Taubnesseln wachsen, dann profitieren hiervon die Raupen vieler Nachtfalter.

Schmetterlingsanlockung und -ansiedlung läuft also im groben gesagt darauf hinaus, bei der Gartenarbeit nicht zu sauber und ordentlich vorzugehen und ganz offensichtliche Unkräuter stehenzulassen! Ein Stück ungemähtes Grasland z.B. begünstigt die Ansied-

Ein lockerer Holzhaufen in irgendeiner Gartenecke bildet einen warmen und trockenen Platz für überwinternde Igel, bietet aber auch den verschiedensten Insekten Unterschlupf- und Nistmöglichkeiten.

Naturnaher Garten heißt nicht Wildnis. Dieser naturnahe Gartenteil z.B. wurde mit viel Aufwand und sicher auch größeren Kosten angelegt und mit einheimischen Wasser- und Sumpfpflanzen bestückt, die Amphibien und Insekten zum Ansiedeln verlocken sollen.

lung des Großen Ochsenauges und gibt später im Jahr Sämereien für unsere Vögel. Sie sollten auch nicht ständig darauf erpicht sein, Hecken und Sträucher in formvollendete, rechtwinklige Gestalten zu stutzen; lassen Sie doch den Raupen einige Zweige und Äste zum Fraß, und schneiden Sie dann eben später den kahlen Stengel ab. Einige der Raupen werden zwar als Vogelfutter enden – keine schlechte Sache für den Vogelschutz –, einige werden sich jedoch in Falter verwandeln und Ihren Garten beleben und interessanter machen.
Widerstehen Sie der Versuchung, Schmetterlinge beim Händler zu kaufen, um sie dann im Garten auszusetzen. Vielleicht bleiben sie sogar ein Weilchen, die meisten werden aber rasch verschwinden, wenn sie nicht die richtige Nahrung für sich und ihre Brut finden. Schmetterlinge stehen unter Naturschutz; es ist also zum einen verboten, zum anderen völlig sinnlos, sie in freier Natur zu fangen, um sie dann im Stadtgarten auszusetzen – damit haben Sie nichts für die Erhaltung der Art getan, im Gegenteil!

Wespen und Bienen

Wohl jeder, nicht nur der Gärtner, weiß über die Bedeutung der Bienen als Blütenbestäuber Bescheid, aber nur wenige wissen den Wert der Wespen zu würdigen – noch viel weniger würden erwägen, diese Insekten gar noch im Garten ansiedeln zu wollen.

Ich spreche hier auch nicht von den gewöhnlichen staatenbildenden Wespen, die vor allem im Spätherbst, wenn das Obst reif wird, in Bäckereien und Haushalten saftige, süße Kuchen stehen und die Hausfrauen sich ans Einmachen begeben, eine lästige und unangenehme Plage bilden, die auf der anderen Seite jedoch im Frühjahr und Sommer sehr nützlich sind, wenn sie für ihre gefräßige Brut auf Schadinsekten Jagd machen. Nein, hier ist die Rede von solitären Wespen – Wespenarten also, die keine Staaten bilden, sondern bei denen die Weibchen jedes ihr eigenes Nest bauen, in dem sie Fliegen, Blattläuse und andere Insekten bevorraten, die der schlüpfenden Brut dann als erste Nahrung dienen. Nach der Eiablage in diese „Vorratskammern" wird das Nest verschlossen und die schlüpfende Brut sich selbst überlassen.

Viele dieser solitären Wespen bauen ihr Nest im Boden, andere bevorzugen hohle Halme, morsches Holz oder Mauerlöcher. Alte Gartenmäuerchen mit weichem Mörtel sind ideale Nistplätze, doch wer hat das schon noch in seinem Garten? Man kann jedoch aus Holzklötzen, in die man ca. 2–10 mm tiefe Löcher bohrt, aus zusammengebundenen Strohhalmen, einigen aufeinanderliegenden Backsteinen Ersatzwohnstätten anbieten.

Spricht man von Bienen, dann denken die meisten auch nur an die Honigbiene; es gibt aber auch noch unzählige andere Bienenarten, von denen die meisten solitär leben. Bienen kann man mit einem reichen Angebot an nektarhaltigen Blütenpflanzen unterstützen, solitäre Arten zusätzlich noch mit einem Angebot an Nistplätzen, wie sie für die Wespen beschrieben wurden, obwohl die meisten solitären Bienen wie auch Hummeln ihre Brutnester in der Erde anlegen. Vielleicht kann man dafür einige trockene Stellen im Garten unbearbeitet und ungestört lassen?

Der Gartenteich

Nichts lockt so viele verschiedene Tiere in unserem Garten an wie ein Teich: Er dient Vögeln, Säugetieren und Insekten als Tränke und bietet sehr vielen Kleintieren Lebens- und Brutraum – zumal in freier Natur immer mehr Tümpel, Bäche und Weiher durch Trockenlegung oder Auffüllen verschwinden.

Die Bauart eines Gartenteiches ist eine Frage des zur Verfügung stehenden Platzes, des Geldbeutels und des eigenen Geschmacks. Ob wir nun eine Grube ausheben und mit Spezialfolie auslegen, einen Teich betonieren oder fertige Behälter aus glasfaserverstärk-

tem Polyester verwenden, ist für die Pflanzen und Tiere im Prinzip egal. Wichtig ist nur, daß der fertige Teich keine steilen Ufer hat, die ein Entkommen aus dem Wasser unmöglich machen und Todesfallen für Vögel, Mäuse und Igel darstellen, und daß er an seinem tiefsten Punkt mindestens 80–100 cm Wassertiefe besitzt, damit er im Winter nicht ganz einfriert. Ein Teich mit verschiedenen Stufen ist am besten geeignet, auch verschiedene Tiere und Pflanzen anzusiedeln. Flachwasserzonen am Ufer bieten sich als Laichplätze für Frösche und Kröten an (zumal sich hier das Wasser am schnellsten erwärmt), hier können Igel, Mäuse und Vögel auch leicht zum Trinken und Baden kommen. Bei der Ufergestaltung sollte man auch eine Sumpfzone nicht vergessen und Sträucher, die Deckung bieten. Steinhaufen und Baumstümpfe in Teichnähe eignen sich gut als Verstecke für Eidechsen und Kröten. Die nähere Umgebung eines Teiches spielt für seine Besetzung also eine nicht unerhebliche Rolle! Wasserpflanzen vermehren sich relativ rasch; wir brauchen am Anfang also nur ganz wenige von ihnen. (Wasserpflanzen sind zum größten Teil geschützt und dürfen im Freiland nicht entnommen werden; wir müssen sie beim Fachhandel kaufen oder uns von Leuten, die schon länger einen Gartenteich haben, Ableger geben lassen.) Ganz wichtig sind Unterwasserpflanzen, z. B. Wasserstern und Hornblatt, denn sie reichern das Teichwasser mit Sauerstoff an.
Kleintiere stellen sich ganz ohne unser Zutun in und am Gartenteich ein, wir müssen nur etwas Geduld haben, bis sich das neue Biotop in der Tierwelt „herumgesprochen" hat. Wasserflöhe muß man einsetzen, da sie ja weder heranfliegen noch heranlaufen können. Ist das Umland unseres Gartens noch intakt, so können sich auch Frösche und Molche einstellen. Zum Thema Frösche und Molche sei nochmals deutlich gesagt: In der Bundesrepublik sind alle Lurche vom Aussterben bedroht und stehen daher auf der Liste der besonders geschützten Tierarten. Wir dürfen daher weder Laich noch Kaulquappen aus natürlichen Gewässern entnehmen!
Fische sind einem naturnahen Gartenteich eher abträglich, weil sie Froschlaich, Wasserflöhe und Insektenlarven wegfressen würden.

Laubbäume

Im städtischen Bereich und auf dem Land fallen in erster Linie die **über 30 m hoch werdenden Bäume mit großblättrigem Laub** auf, die an Straßenrändern, Alleen, in Parkanlagen und auf Friedhöfen häufig zu sehen sind.

Gewöhnliche Platane (*Platanus* × *hybrida*)
Blätter: Glänzend dunkelgrün, 3–5lappig, wechselständig.
Blüten: Mai. Kleine, kugelige Köpfchen.
Früchte: Kugelig, stachelig, an langen Stielen hängend.
Die in großen Platten abblätternde Borke gibt dem Stamm sein charakteristisches Aussehen.
Kreuzung aus Orientalischer Platane (*P. orientalis*) und Amerikanischer Platane (*P. occidentalis*). Beliebter Park- und Alleebaum. Widerstandsfähig gegen Luftverschmutzung, Trockenheit und Wind. Wurzelt auch in festem feuchtem Boden und unter dem Straßenpflaster.

Berg-Ahorn (*Acer pseudoplatanus*)
Blätter: Dunkelgrün, derb, langgestielt, 5lappig, wechselständig.
Blüten: April. Hängende, grünlichgelbe Blütentrauben. Gute Bienenweide!
Früchte: Zweiflügelige Nußfrucht („Nasenzwicker").
Wird wegen seines tiefen Wurzelsystems gern zur Begrünung von Halden, Kippen und Lärmschutzböschungen verwendet.

Holländische Linde (*Tilia vulgaris*)
Blätter: Mattgrün, herzförmig mit scharf gesägtem Rand, wechselständig.
Blüten: Ende Juni/Anfang Juli. Gelblichweiße, hängende Blütenstände, stark duftend. Gute Bienenweide!
Früchte: Kugelige, weiß-graue, filzige Kapselfrüchte, 3–4 an einem Flügelblatt. Kreuzung aus Winterlinde (*T. cordata*) und Sommerlinde (*T. platyphyllos*).
Diese Art eignet sich auch für das ungünstige Stadtklima. Die Blätter werden gerne von Lindenblattläusen befallen, deren klebrige Ausscheidungen („Honigtau") für Gehwege und parkende Autos sehr unangenehm sind, vor allem, wenn sich auf dem Honigtau noch schwarze Rußpilze ansiedeln!

Roßkastanie (*Aesculus hippocastanum*)
Blätter: Matt dunkelgrün, langgestielt, tief handförmig geteilt, gegenständig, Einzelblätter verkehrt-eiförmig, doppelt gesägt. Blattknospen braun und sehr klebrig!
Blüten: Mai. Zahlreiche, aufrechtstehende, große weiß-rosa „Kerzen".
Früchte: Stachelige Kapsel mit 1–3 glänzend braunen Samen (Kastanien).
Wohlbekannter Parkbaum, der als einzelstehender Baum am besten zur Geltung kommt. Schnellwüchsig und feuchtigkeitsliebend. Seine Früchte, die Kastanien, werden von Kindern gerne zum Basteln oder zur Wildfütterung gesammelt.

Blutbuche (*Fagus sylvatica purpurea*)
Blätter: Dunkel rotviolett, oval, kurzgestielt, gegenständig.
Blüten: April/Mai. Unscheinbare hängende Blütenstände.
Früchte: Dreikantige, braune Nußfrucht (Buchecker), meist zu zweien in einer stacheligen Hülle. Wurden zu Kriegszeiten zur Ölherstellung gesammelt. Rinde grau und glatt.
Die Blutbuche wird gerne für Heckenpflanzungen verwendet, da ihr Laub auch den Winter über hängenbleibt. Buchen bevorzugen frische, kalkhaltige Böden. Jungbäume sind sehr empfindlich gegen Luftverschmutzung und Frost!

Gewöhnliche Platane

Berg-Ahorn

Kastanie

Roßkastanie

Holländische Linde

Blutbuche

Englische Ulme **Berg-Ulme**

Englische Ulme (*Ulmus procera*)
<u>Blätter:</u> Dunkelgrün, kurzgestielt, oval, an der Basis unsymmetrisch, doppelt gezähnt, wechselständig.
<u>Blüten:</u> Ende Februar/März, vor dem Laubaustrieb. Klein, in dichten Büscheln, grünlichrot.
<u>Früchte:</u> Rundlich, von oval-rundlichem, häutigem Flugmantel umgeben. Rinde dunkelbraun und tiefrissig bis kleingefeldert.
Die Englische Ulme ist auf den Britischen Inseln verbreitet und wird in Mitteleuropa nur vereinzelt angepflanzt. Sie besitzt kein tiefreichendes Wurzelwerk und ist daher sehr sturmanfällig. Vermehrt sich durch Wurzelbrut.

Berg-Ulme (*Ulmus glabra*)
<u>Blätter:</u> Dunkelgrün, oberseits rauh, oval, kurzgestielt, an der Basis deutlich schief, doppelt gezähnt, wechselständig.
<u>Blüten:</u> März/April, vor dem Laubaustrieb. Klein, in dichten, grünlichroten Büscheln.
<u>Früchte:</u> Rundlich, sitzen in der Mitte eines rundlich-ovalen, häutiger Flugmantels.
Berg-Ulmen sind wertvolle Park- und Straßenbäume mit breit ausladender Krone. Sie bilden keine Ausläufer, eignen sich aber dennoch zur Befestigung von trockenem Ödland und Böschungen.

Feld-Ulme (*Ulmus carpinifolia*)
<u>Blätter:</u> Frischgrün, am Stiel unsymmetrisch ansetzend, eiförmig, doppelt gezähnt, wechselständig.
<u>Blüten:</u> März/April, vor dem Laubaustrieb. Klein, dicht gebüschelt, grünlichrot.
<u>Früchte:</u> Rundlich, in der Mitte eines rundlich-ovalen, häutigen Flugman

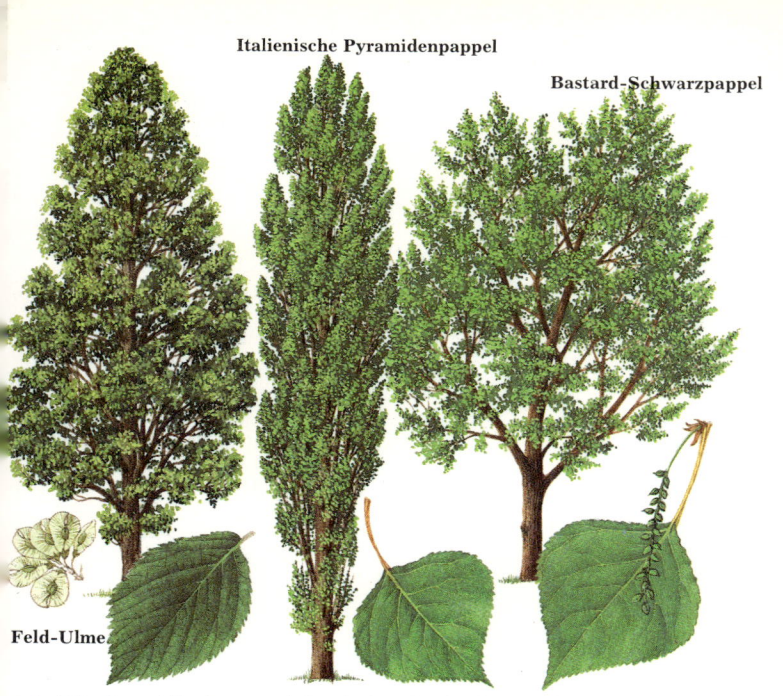

tels. Häufiger Alleebaum mit konisch zulaufender Wuchsform. Bildet viele Ausläufer und eignet sich daher gut zur Befestigung von Hanglagen und Erosionsrinnen. Erträgt auch Überschwemmungen und wird daher bevorzugt an Fließgewässern oder auf Auböden angepflanzt.
Leider sind die Ulmen durch die Ulmenkrankheit, einen Pilzbefall, der das Leitbündelsystem zerstört und den Baum langsam „verhungern" läßt, stark zurückgegangen.

Italienische Pyramidenpappel (*Populus nigra* var. *italica*)
<u>Blätter:</u> Dunkelgrün glänzend, fast dreieckig, langgestielt, wechselständig.
<u>Blüten:</u> März/April. Hängende Kätzchen. Männliche und weibliche Blüten auf zwei verschiedenen Individuen.
<u>Früchte:</u> Samen in hängenden Kätzchen.
Äußerst schlankwüchsige Pappel, die gerne entlang von Landstraßen oder Grundstücksgrenzen als Sicht- und Windschutz angepflanzt wird.

Bastard-Schwarzpappel (*Populus* × *canadensis*)
<u>Blätter:</u> Dunkelgrün, etwas glänzend, breit-eiförmig bis dreieckig, langgestielt, wechselständig.
<u>Blüten:</u> März/April. Hängende Kätzchen. Männliche und weibliche Kätzchen auf verschiedenen Individuen.
<u>Früchte:</u> Samen in hängenden Kätzchen.
Kreuzung aus der europäischen Schwarzpappel (*P. nigra*) und amerikanischen Pappel-Arten. Gleicht in allen wichtigen Merkmalen der Schwarzpappel. Die meisten Kreuzungen sind schnellwüchsig und eignen sich zur Begrünung von Schuttplätzen. Sie sind zwar industriefest, können jedoch in der Stadt nicht angepflanzt werden, da ihre Wurzeln das Straßenpflaster sprengen würden.

In Gärten, Parks und öffentlichen Anlagen werden außer den großen schattenspendenden Bäumen besonders gerne kleinere **Bäume und Sträucher** angepflanzt, **die eine auffällige Laubfärbung, dekorative Blüten oder farbenprächtige Früchte tragen,** sogenannte Ziergehölze.

Eberesche, Vogelbeere (*Sorbus aucuparia*)
Blätter: Frischgrün, unterseits heller, unpaarig gefiedert, wechselständig, Fiederblättchen länglich, gesägt.
Blüten: Mai/Juni. Cremeweiße, vielblütige Dolden.
Früchte: Dolden mit gelben, orangefarbenen, roten oder braunroten, kugeligen Früchten.
Anspruchsloses Gehölz, wird bis 15 m hoch und ist meist mehrstämmig. Erstbesiedler auf Trümmerflächen und Kahlschlägen. Die Früchte werden sehr gerne von Amseln und Drosseln gefressen.

Schwedische Mehlbeere, Oxelbeere (*Sorbus intermedia*)
Blätter: Frischgrün, unterseits graufilzig, elliptisch, einfach, in der unteren Hälfte gelappt, wechselständig.
Blüten: Mai. Kleine, lockere, weißliche Dolden.
Früchte: Scharlachrot, länglich-eiförmig, in lockeren Dolden hängend.
Bis 10 m hoher Baum, der aus Nordeuropa stammt. Industriefester, winterharter Straßenbaum, der auch als Windschutz auf trockenem Boden gepflanzt wird.

Zierapfel (*Malus × purpurea*)
Blätter: Purpurfarben, einfach, wechselständig.
Blüten: Mai, vor dem Laubaustrieb. Rosarote, 5blättrige Blüten in doldigem Blütenstand.
Früchte: Orangefarbene bis rote „Kirschäpfel".
Bis 7 m hoher, baumartiger Strauch, der aus Ostasien stammt und wegen seiner Laubfärbung gerne gepflanzt wird.

Blutpflaume (*Prunus cerasifera ‚nigra'*)
Blätter: Schwarzrot, metallisch glänzend, länglich-eiförmig, gezähnt, wechselständig.
Blüten: April/Mai, vor dem Laubaustrieb. Weiß-rosa, 5blättrig, in lockeren Dolden.
Früchte: Rötlich, kirschenförmig.
Aufrechter, dicht verzweigter, robuster, ca. 5 m hoher Zierkirschen-Strauch aus Japan. Wird wegen seiner Laubfärbung angebaut.

Japanische Kirsche (*Prunus serrulata*)
Blätter: Bräunlich-rot, länglich-eiförmig, gezähnt, wechselständig.
Blüten: April/Mai. Dunkelrosa, halbgefüllt, zu 2–4 in Büscheln stehend.
Früchte: An kultivierten Pflanzen selten.
Starkwüchsiger, winterharter, bis 7 m hoher Zierstrauch – meist angepflanzte Zierkirschen-Art.

Gemeiner Goldregen (*Laburnum anagyroides*)
Blätter: Dunkelgrün, dreiteilig, wechselständig.
Blüten: Mai/Juni. Gelbe, duftende Schmetterlingsblüten in lockeren, hängenden Trauben.
Früchte: Bohnenartige Hülse mit schwarzen Samen. Giftig!
7–10 m hoher Strauch mit schlankem Stamm und lockerer Krone. In allen Teilen stark giftig! Bei Anbau im Garten sollten vor allem Kinder vor der Giftigkeit des Strauches gewarnt werden!

Schwedische Mehlbeere

Eberesche

Zierapfel

Gemeiner Goldregen

Blutpflaume

Japanische Zierkirsche

Außer unseren einheimischen Laubgehölzen werden heutzutage immer mehr **exotische Bäume und Sträucher** in Gärten und Parkanlagen angepflanzt, zumal viele von ihnen durch neue Zuchtformen winterhart und industriefest geworden sind.

Robinie, Scheinakazie (*Robinia pseudoacacia*)
Blätter: Gelblichgrün, unpaarig, gefiedert, wechselständig, Fiederblättchen gegenständig, elliptisch. An der Ansatzstelle der Blätter stets 2 Nebenblattdornen (siehe Zeichnung).
Blüten: Juni. Weiße, süßlich duftende Schmetterlingsblüten in hängenden Trauben.
Früchte: Schlanke, bohnenförmige Hülsen mit dunklen Samen.
Bis 25 m hoher, lichtbedürftiger und locker wachsender Baum mit rauher, tiefgefurchter Borke. Bildet Ausläufer und eignet sich daher zur Befestigung von trockenen, sonnigen Dämmen und Böschungen.

Trompetenbaum (*Catalpa bignonioides*)
Blätter: Dunkelgrün, groß, herzförmig, unterseits filzig, wechselständig.
Blüten: Juni/Juli. Weiße, trompetenförmige Blüten mit gelb-gestreiftem und purpurn geflecktem Schlund in aufrechten Rispen.
Früchte: Sehr auffällige, lange, dünne „Bohnen", zuerst grün, dann braun.
Häufig gewordener Parkbaum, meist freistehend angepflanzt. Industriefest.

Götterbaum (*Ailanthus altissima*)
Blätter: Frischgrün, groß, unpaar gefiedert, wechselständig.
Blüten: Juni/Juli. Endständige, aufrechte Rispen aus kleinen, grünlich-weißen Blüten.
Früchte: Rötlich mit rötlich-braunem, häutigem Flugblatt.

Schnellwachsender, bis 25 m hoher, sparrig verzweigter, breitkroniger Baum. Winterhart auch bei uns.

Stein-Eiche (*Quercus ilex*)
Blätter: Dunkelgrün, unterseits graufilzig, einfach, länglich, ganzrandig oder gezähnt, wechselständig.
Blüten: April. Unscheinbare Kätzchen.
Früchte: In Bechern sitzende Eicheln, die gerne zum Basteln verwendet werden. Sehr formenreiche Art.

Zerr-Eiche (*Quercus cerris*)
Blätter: Dunkelgrün, unterseits flaumig behaart, einfach, wechselständig.
Blüten: April. Männliche Blüten in grünlichen, hängenden Kätzchen, weibliche Blüten noch unscheinbarer.
Früchte: Eicheln, die zu mehreren zusammen an einem Stiel in äußerst dekorativen, schmalschuppigen Bechern sitzen.
Bis 35 m hoher, kräftiger Baum mit schwärzlicher Borke. Für Anpflanzungen in trockenen, kalkreichen Lagen geeignet.

Trauer-Weide (*Salix × chrysocoma*)
Blätter: Frischgrün, unterseits graufilzig, einfach, schmal-lanzettlich, wechselständig. Triebe hellgelb.
Blüten: April/Mai. Männliche (gelblich) und weibliche (hellgrüne) Kätzchen.
Früchte: Hängende Kätzchen. Samen mit weißen Flughaaren versehen.
Sehr formenreiche Art mit hängenden Zweigen. Sehr tief wurzelnd. Häufig an Flußufern und in Auwäldern angepflanzt.

Liguster (*Ligustrum ovalifolium*)
Blätter: Sattgrün, lederartig, einfach, glattrandig, breit-oval mit spitz auslaufendem Ende, gegenständig.
Blüten: Juni/Juli. Gelblich-weiße, aufrechtstehende, süßlich duftende Blütentrauben.
Früchte: Schwarze, runde Beeren in lockeren Trauben. Giftig!
Wintergrüner, 3–5 m hoher Verwandter des Gemeinen Ligusters (*L. vulgare*), der aus Japan stammt. Kinder sollten jedoch vor den glänzenden, schwarzen Beeren gewarnt werden!

Pfaffenhütchen, Spindelstrauch (*Euonymus japonicus*)
Blätter: Dunkelgrün, einfach, verkehrt-eiförmig, fein gezähnt, gegenständig. Herbstfärbung orange-rot.
Blüten: Mai–Juni. Vielblütige, grünlich-gelbe, aufrechte Rispen.
Früchte: Rötliche, 5teilige Kapseln (Pfaffenhütchen) mit orange-gelbem Samen. Giftig!
3–5 m hoch werdender Zierstrauch aus Japan. Eignet sich gut für Heckenpflanzungen und bringt im Herbst durch sein orange-rotes Laub noch einmal Farbe in die Landschaft.

Schneebeere (*Symphoricarpos rivularis*)
Blätter: Bläulichgrün, einfach, rundlich-elliptisch, gegenständig.
Blüten: Juni–September. Endständige Trauben aus rosafarbenen, glockigen Einzelblüten.
Früchte: Erbsengroße, schneeweiße Beeren, die bis in den Winter hinein am Strauch bleiben und die beim Drauftreten laut knallen.
Anspruchsloser, frostharter und industriefester, 1–3 m hoher Strauch.

Feuerdorn (*Pyracantha coccinea*)
Blätter: Dunkelgrün glänzend, ledrig, einfach, lanzettlich, leicht gezähnt, wechselständig.
Blüten: Mai–Juni. Weiße Doldentrauben.
Früchte: Kugelige, orangerote Beeren.
Sparrig wachsender, dorniger, bis 2 m hoher Strauch, der sowohl als Einzelpflanze als auch als Hecke angepflanzt wird. Industriefest und winterhart.

Watereri-Zwergmispel (*Cotoneaster × watereri*)
Blätter: Hellgrün, schwach runzelig, einfach, breit-lanzettlich, wechselständig. Rötliche Herbstfärbung.
Blüten: Juni. Weiß, glockig, in dichten Trugdolden in den Blattachseln wachsend. Gute Bienenweide!
Früchte: Kleine, kugelige, hellrote Beeren.
Kreuzung aus verschiedenen Zwergmispel-Arten. Kräftige Sträucher mit bogig überhängenden Ästen. Benötigen einen windgeschützten Standort und sind nicht immer winterhart.

Rhododendron (*Rhododendron spp.*)
Blätter: Dunkelgrün glänzend, unterseits heller, derb ledrig, groß, einfach, wechselständig.
Blüten: Mai–August, je nach Sorte. Gefüllt oder einfach, rot, rosa, lila, weißlich oder gelb in endständigen Dolden aus trichterförmigen Einzelblüten.
Früchte: Haarige Kapseln mit sehr feinen Samen.
Die unzähligen Rhododendron-Arten und -Sorten stammen alle von der Wildform aus Westchina ab. Rhododendron benötigt einen leicht sauren Standort. Giftverdächtig!

Liguster

Pfaffenhütchen

Schneebeere

Feuerdorn

Watereri-Zwergmispel

Rhododendron

Bäume und Sträucher, die rasch Ödland, Schuttflächen, Ruinen oder Trümmer besiedeln, werden als Pionierpflanzen bezeichnet.

Weiß-Birke, Hänge-Birke (*Betula pendula*)
Blätter: Dunkelgrün, einfach, dreieckig-oval, gesägt, wechselständig.
Blüten: April/Mai. Ungestielte Kätzchen, männliche bräunlich, weibliche grün.
Früchte: Hängende Kätzchen aus dicht gedrängten braunen Nußfrüchtchen mit häutigem Flugblättchen.
Bis 30 m hoher, lichtbedürftiger Baum mit lockerer Krone und dekorativem weißschwarzem Stamm, der in der unteren Hälfte breitrissig und in rechteckige Platten zerfällt. Zweige überhängend. Schnellwüchsig.

Schwarzer Holunder (*Sambucus nigra*)
Blätter: Sattgrün, unpaar gefiedert mit 2–3 Fiederpaaren, gegenständig. Fiederblättchen länglich-oval, gezähnt.
Blüten: Mai/Juni. Flache, cremeweiße, duftende Blütenschirme, die viele Insekten anlocken.
Früchte: Schwarze, kugelige Beeren in hängenden Dolden. Gekocht eßbar und sehr gesund.
Bis 10 m hoher, industriefester Strauch. Charakteristische Pflanze unbewirtschafteter, nährstoffreicher Böden. Äste mit weißem, weichem Mark (Holundermark).

Sal-Weide (*Salix caprea*)
Blätter: Variabel. Dunkelgrün, unterseits weißfilzig, verkehrt-eiförmig, einfach, wechselständig.
Blüten: März/April, vor dem Laubaustrieb. Männliche und weibliche Kätzchen auf verschiedenen Individuen (zweihäusig). Männliche Kätzchen länglich-eiförmig mit silbrigen Haaren, weibliche länglich, bleichgrün.
Früchte: Hängende Kätzchen.
3–8 m hoher Strauch oder Baum, schnellwüchsig mit weitverzweigtem Wurzelwerk. Wird oft zur Befestigung von Böschungen und Halden verwendet.

Sommerflieder, Schmetterlingsstrauch (*Buddleja davidii*)
Blätter: Dunkelgrün, unterseits behaart, einfach, ganzrandig, lanzettlich, gegenständig.
Blüten: Juli–September. Lange endständige, aufrechte, dichte Rispen aus kleinen lila, rosa, blauen oder weißen trichterförmigen Blüten.
Früchte: Zweiklappige Kapsel mit zahlreichen sehr kleinen Samen.
1–5 m hoher Strauch aus China, der als schmetterlingsanziehende Gartenpflanze sehr in Mode gekommen ist. Verwildert leicht und faßt schnell auf Schutt und Trümmerhalden Fuß. Bei starkem Frost frieren die oberirdischen Teile ab, die Pflanze treibt aber wieder durch.

Brombeere (*Rubus fruticosus*)
Blätter: Dunkelgrün, rauhfilzig, unterseits heller, 5–7zählig gefingert, wechselständig. Einzelblättchen gesägt.
Blüten: Mai–August. 5blättrige weiß bis rosafarbene Blüten in lockeren Trauben.
Früchte: Schwarz glänzende Sammelfrucht.
Einheimischer, halbimmergrüner bis 2 m hoher dorniger Strauch. Anspruchslos und industriefest. Besiedelt vor allem schattige und halbschattige Wegränder und Ödland.

Weiß-Birke

Sal-Weide

Schwarzer Holunder

Sommerflieder

Brombeere

Wald-Kiefer   **Schwarzkiefer**   **Oregon-Zeder**

Nadelbäume
Nadelgehölze (Koniferen) sind fast alle immergrün und erfreuen sich daher großer Beliebtheit in Gärten und Parks.

Wald-Kiefer, Föhre (*Pinus sylvestris*)
Nadeln: Graugrün bis bläulichgrün mit deutlichen Längsstreifen, zu je 2 in einer gemeinsamen häutigen Scheide.
Blüten: Mai. Männliche Blüten in gelben, schlanken Ähren, weibliche Blüten unscheinbare, rötliche, kugelige Gebilde an den Triebspitzen.
Früchte: Gestielte, kurze, spitz-eiförmige Zapfen.
30–40 m hoher Charakterbaum armer Sandböden. Krone in der Jugend kegelförmig, später schirmartig verbreitert.

Schwarzkiefer (*Pinus nigra*)
Nadeln: Schwarzgrün, hart und starr, paarweise in einer gemeinsamen häutigen Scheide.
Blüten: Mai/Juni. Männliche Blüten in gelben, schlanken Ähren, weibliche unscheinbare rötliche, kugelige Gebilde an der Spitze des jüngsten Triebes.
Früchte: Ungestielte, kegelförmige Zapfen, die fast waagrecht abstehen.
30 m hoch werdend. Industriefest, anspruchslos, schnellwüchsig.

Atlas-Zeder (*Cedrus atlantica*)
Nadeln: Dunkel- bis blaugrün, in Büscheln von 30–40 zusammenstehend.
Blüten: Mai/Juni. Männliche Blüten in aufrechtstehenden, gelblichen Ähren, weibliche Blüten unscheinbare, rote, eiförmige Gebilde.
Früchte: Tönnchenförmige Zapfen, die bei der Reife zerfallen.
10–30 m hoher Zierbaum mit pyramidenförmiger Wuchsform.

Oregon-Zeder, Lawsons Scheinzypresse (*Chamaecyparis lawsoniana*)
Nadeln: Dunkelgrüne, gegenständige Schuppenblätter, unterseits heller.
Blüten: April/Mai. Männliche Blüten purpurrot, klein, relativ unauffällig, weibliche blau, noch unauffälliger.
Früchte: Kugelige, kleine Zapfen mit 4 Paar Samenschuppen mit je 3–4 beiderseits geflügelten Samen.
2–35 m hoch werdender, kegelförmig wachsender Baum mit überhängenden Zweigspitzen. In unzähligen Garten- (auch Zwergformen) gezüchtet.

Gemeine Eibe (*Taxus baccata*)
Nadeln: Oberseits dunkelgrün, unterseits graugrün, flach, weich.
Blüten: März/April. Männliche Blüten kugelig, gelblich, in Reihen an der Unterseite der Zweigspitzen, weibliche Blüten sehr klein, grünlich, einzeln an den Zweigspitzen; getrennt auf verschiedenen Individuen.
Früchte: Rote, becherförmige Scheinbeeren mit 2 giftigen Samen.
Bis 15 m hoher Baum mit abblätternder, rotbrauner Borke. Frosthart und schattenverträglich. Wildwachsende Bäume stehen unter Naturschutz!

Ginkgo, Fächertanne (*Ginkgo biloba*)
Blätter: Hellgrüne, fächerförmige, langstielige, einfache Blätter, die in Büscheln stehen.
Blüten: April. Männliche Blüten in dicken, gelblichen Kätzchen, die in Gruppen zusammenstehen, weibliche Blüten einzeln oder paarweise auf längeren Stielen, unscheinbar; getrennt auf verschiedenen Individuen.
Früchte: Kugelige bis ovale Samen mit gelblichgrünem, fleischigem Mantel.
Bis 30 m hoher, laubabwerfender Baum. Park- und Alleebaum.

Gräser

Neben den gepflegten, kurzgeschorenen Rasenflächen gibt es eine ganze Reihe von Grasflächen, auf denen die Gräser nicht geschnitten werden, und somit ihre volle Höhe erreichen und sogar zum Blühen und Aussamen gelangen können.

Englisches Raygras, Deutsches Weidelgras (*Lolium perenne*)
Mehrjähriges, 10–60 cm hohes Ährengras.
Blüten: Mai–August. Zweizeilige, wechselständige Ährchen, ohne Grannen, blaugrün, mit der Schmalseite ansitzend.
Wichtiges Weidegras. Im Stadtbereich auf Wegen und auf Ödland.

Kriechende Quecke (*Agropyron repens*)
Mehrjähriges, 30–130 cm hohes, dichtrasiges Ährengras mit kriechendem Wurzelstock. Ausläuferbildend.
Blüten: Juni–September. Blaugrüne, schmale Ährchen, zugespitzt oder kurz begrannt, wechselständig, zweizeilig, mit der Breitseite ansitzend.
Häufig in Unkrautgesellschaften an Wegrändern. Sehr lästiges Unkraut.

Wolliges Honiggras (*Holcus lanatus*)
Mehrjähriges, 20–100 cm hohes Rispengras mit weich behaarten Blättern, meist dichtrasig wachsend.
Blüten: Juni–August. Kurze, dickliche, grüne, weißliche oder rötliche Ährchen, wechselständig, ohne Grannen, in lockeren Rispen.
Häufig in feuchten Wiesen, an Waldrändern und Waldwegen.

Gemeines Knäuelgras (*Dactylis glomerata*)
Mehrjähriges, 15–140 cm hohes Rispengras mit harten Blättern.
Blüten: Mai–Juni. Rispe von dreieckigem Umriß mit stark geknäuelten, wechselständigen, graugrünen Ährchen.
Häufig in Fettwiesen, an trockenen Böschungen und Wegrändern.

Mäusegerste (*Hordeum murinum*)
Meist einjähriges, 20–50 cm hohes Ährengras in lichten Horsten.
Blüten: Juli/Juli. Hellgrüne bis gelbe dichtsitzende, gegenständige, zweizeilige Ährchen mit langen Grannen.
Häufig in Unkrautgesellschaften an Wegen und auf Schutthalden.

Glatthafer (*Arrhenatherum elatius*)
Mehrjähriges, 50–100 cm hohes Rispengras.
Blüten: Mai–Juli. Gelblichbraune, längliche Ährchen in lockeren, gegenständigen Rispen.
Häufig in nährstoffreichen Fettwiesen, aber auch an Wegrändern.

Taube Trespe (*Bromus sterilis*)
Einjähriges oder überwinterndes, 15–100 cm hohes Rispengras.
Blüten: Mai–Juli. Große, lockere, grüne oder braunviolette Rispe mit langen, unbegrannten Ährchen.
Ausgesprochenes Unkrautgras an Straßenrändern und Bahndämmen.

Einjähriges Rispengras (*Poa annua*)
Meist einjähriges, 5–30 cm hohes, büschelig wachsendes Rispengras.
Blüten: März–November. Lockere, graugrüne Rispe mit gerade abstehenden Rispenästen. Ährchen klein, ohne Grannen.
Sehr häufig, auch in der Stadt.

Wolliges Honiggras

Taube Trespe

Englisches Raygras

Kriechende Quecke

Einjähriges Rispengras

Glatthafer

Gemeines Knäuelgras

Mäusegerste

Blütenpflanzen

Regelmäßig gemähte und gepflegte Rasenflächen halten nicht nur das Gras kurz, sondern lassen auch „Unkräuter" nicht aufkommen.
Nun gibt es aber auch im städtischen Bereich zahlreiche Grünflächen, die kaum oder nur ganz selten gemäht werden und auf denen sich mit der Zeit zahlreiche Blütenpflanzen ansiedeln können. Viele Städte und Kommunen lassen heutzutage aber auch ganz gezielt Straßenränder, Böschungen und kleinere Grünflächen „verwildern", damit sich wieder mehr **Unkräuter**, die Nahrung vieler Vögel und Insekten, ansiedeln können.

Bärenklau (*Heracleum sphondylium*)
50–200 cm hohes, mehrjähriges Doldengewächs mit dunkelgrünen, 3–4fach gefiederten, rauhen Blättern und kantig gefurchtem Stengel.
Blüten: Juni–September. Große, weiße Dolden aus 5blättrigen Blüten.
Der Saft dieser Pflanze kann in Verbindung mit Sonnenlicht auf der Haut Entzündungen hervorrufen. Gutes Kaninchenfutter!

Margerite (*Leucanthemum vulgare*)
20–70 cm hohes, mehrjähriges Korbblütengewächs mit dunkelgrünen, ansitzenden Blättern.
Blüten: Mai–September. Korbblüte mit zahlreichen äußeren weißen Zungenblüten und inneren gelben Röhrenblüten. Riechen unangenehm.

Schwarze Flockenblume (*Centaurea nigra*)
15–90 cm hohes, mehrjähriges Korbblütengewächs mit kantigem Stengel und dunkel- bis graugrünen, ungeteilten, haarigen, ansitzenden Blättern.
Blüten: Juni–Oktober. Lilafarbene Röhrenblüten in einem dunkelschuppigen, fast schwarzen Körbchen sitzend.

Spitzwegerich (*Plantago lanceolata*)
Bis 60 cm hohes, mehrjähriges Wegerichgewächs mit rosettig angeordneten, schmal-lanzettlichen, deutlich parallelnervigen Blättern.
Blüten: April–September. Zapfenartige Blütenstände auf langen, unverzweigten Stengeln, zuerst grünlich-schwärzlich, später braun.
Wiesenpflanze, die erst nach dem Mähen ihre Blattrosetten zeigt. Junge, getrocknete Blätter ergeben einen guten Hustentee.

Roter Wiesenklee (*Trifolium pratense*)
Bis 60 cm hohes, mehrjähriges Schmetterlingsblütengewächs mit 3teiligen, grünweißen Blättern.
Blüten: Mai–Oktober. Meist zwei rote, kugelige Blütenköpfe aus vielen Schmetterlingsblüten an einem Stengel sitzend.
Sehr eiweißreiche Futterpflanze, häufig in Wildblumenmischungen.

Sauerampfer (*Rumex acetosa*)
Bis 100 cm hohes, mehrjähriges Knöterichgewächs mit hellgrünen, pfeilförmigen Blättern, die herb säuerlich schmecken.
Blüten: Mai–Juni. Rötlichgrüne, lockere Blütenrispe.
Die jungen Blätter werden gerne als Salat verwendet, sollten jedoch wegen ihres hohen Gehaltes an Oxalsäure nicht zu häufig genossen werden!

Wiesenschaumkraut (*Cardamine pratensis*)
15–50 cm hohes, mehrjähriges Kreuzblütengewächs mit glänzenden, graugrünen, glasig-spröden, gefiederten Blättern und runden Stengeln.
Blüten: April–Juni. 4blättrige, lilaweiße Kreuzblüten in lockeren Trauben. Riechen unangenehm.

Margerite

Bärenklau

Spitzwegerich

Sauerampfer

Roter Wiesenklee

Wiesenschaumkraut

Schwarze Flockenblume

Auf Rasen- und Wiesenflächen, die nicht alle 8–14 Tage gemäht werden, sondern nur 2–3mal im Jahr, werden sich im Laufe der Zeit die verschiedensten relativ niedrigwachsenden Blütenpflanzen ansiedeln oder vermehren. Zu den **Pflanzen wenig gemähter Grünflächen gehören:**

Gänseblümchen *(Bellis perennis)*
Ca. 12 cm hohes, mehrjähriges Korbblütengewächs mit spatelförmigen Blättern in einer grundständigen Rosette.
<u>Blüten:</u> März–Oktober. Körbchenblüten, außen rötlich-weiße Zungenblüten, innen gelbe Röhrenblüten. Allgemein bekannt!
Die Blütenköpfchen öffnen sich nur tagsüber bei schönem, trockenem Wetter.

Schafgarbe *(Achillea millefolium)*
Bis 80 cm hohes, mehrjähriges Korbblütengewächs mit mehrfach gefiederten, dunkelgrünen Blättern und zähen Stengeln.
<u>Blüten:</u> Juni–Oktober. Weiße oder rosaweiße Trugdolden aus vielen kleinen Körbchenblüten mit außen weißen oder rosafarbenen Zungenblüten, innen gelben Röhrenblüten.
Meist findet man nur die zarten Blätter dieser Wiesenpflanze, da sie doch recht hoch wird, bevor sie zu blühen beginnt und dem Rasenmäher zum Opfer fällt.

Hornklee *(Lotus corniculatus)*
Bis 30 cm hohes, mehrjähriges Schmetterlingsblütengewächs mit 5teiligen, bläulichgrünen Blättern.
<u>Blüten:</u> Mai–September. 3–6 gelbe Schmetterlingsblüten mit rot gestreifter Fahne in doldigen Köpfchen.
Pflanze der Halbtrockenwiesen mit sehr tiefreichenden Wurzeln.

Weißklee *(Trifolium repens)*
Bis 50 cm hohes, mehrjähriges, kriechendes Schmetterlingsblütengewächs mit typischen dreiteiligen, grünweißen Kleeblättern.
<u>Blüten:</u> Mai–September. Weiße, kugelige Blütenköpfe aus vielen Schmetterlingsblüten. Gute Bienenweide!
Trittunempfindlich und sich rasch verbreitend. Häufig Grassamenmischungen beigemengt.

Kleine Braunelle *(Prunella vulgaris)*
Bis 20 cm hohes, mehrjähriges Lippenblütengewächs mit kantigem Stengel und gekreuzt-gegenständigen, lanzettlichen Blättern.
<u>Blüten:</u> Mai–Oktober. Violette bis blaue Lippenblüten in dichten „Ähren".
Häufig auf feuchten Wald- und Feldwegen. Bildet kriechende Ausläufer.

Kriechender Hahnenfuß *(Ranunculus repens)*
Bis 50 cm hohes, mehrjähriges Hahnenfußgewächs mit 3–5teiligen dunkelgrünen Blättern.
<u>Blüten:</u> Mai–August. 5blättrige, goldgelb glänzende Blüten.
Häufig auf lehmigen, feuchten Waldwegen und an feuchten Gräben. Breitet sich rasch durch oberirdische Ausläufer aus. Stickstoffanzeiger.

Faden-Ehrenpreis *(Veronica filiformis)*
10–30 cm hohes, einjähriges Braunwurzgewächs mit kleinen, herzförmigen Blättern und liegenden Stengeln.
<u>Blüten:</u> April–Juni. Hellblaue, zarte, 4blättrige Blütchen.
In Rasen und Parkanlagen im Frühsommer blaßblaue „Inseln" bildend.

Gänseblümchen

Schafgarbe

Kleine Braunelle

Kriechender Hahnenfuß

Hornklee

Faden-Ehrenpreis

Weißklee

Wer in seinem Hausgarten ein Blumenbeet anlegt, schafft damit nicht nur für seine Zierpflanzen geeignete Wachstumsbedingungen, sondern auch für eine Unzahl andere Pflanzen, die gemeinhin als „Acker- oder Gartenunkräuter" bezeichnet werden, z. B.:

Vogelmiere (*Stellaria media*)
5–40 cm hohes, meist kriechendes, einjähriges Nelkengewächs mit kleinen, frischgrün glänzenden, eiförmigen Blättern.
Blüten: März–Oktober. Kleine, 5blättrige, weiße Blütchen.
Keimt als erstes Grün auf Äckern und in Gärten. Sehr lästig in Frühbeetkästen. Gutes Grünfutter für Käfigvögel!

Gemeines Kreuzkraut (*Senecio vulgaris*)
Bis 30 cm hohes, einjähriges Korbblütengewächs mit fiederteiligen, sitzenden, graugrünen Blättern.
Blüten: Januar–Dezember. Löwenzahnähnliche, gelbe Röhrenblüten in grünen Körbchen, zu lockeren Rispen angeordnet.
Sehr schnellwüchsig. Vermehrt sich rasch und viel durch „Fallschirmsamen". Lästiges Unkraut. Giftig!

Hirtentäschelkraut (*Capsella bursa-pastoris*)
Bis 45 cm hohes, einjähriges Kreuzblütengewächs mit am Boden liegender Blattrosette aus löwenzahnähnlichen Blättern.
Blüten: März–Oktober. Weiße, 4blättrige, kleine Blüten in lockeren Trauben. Dreieckige, bis herzförmige Schötchenfrüchte, die auf langen Stielen fast waagrecht am Stengel sitzen. Weitverbreitetes Unkraut auf Äckern und in Gärten. Stickstoffliebend. Durch Pilzbefall häufig hell bereift.

Ackergauchheil (*Anagallis arvensis*)
Bis 15 cm hohes, einjähriges Primelgewächs, das in der Wuchsform an die Vogelmiere erinnert.
Blüten: Juli–Oktober. Ziegelrote, 5blättrige Blüten. Anhand der Blütenfarbe mit nichts zu verwechseln!
Häufiges Ackerunkraut, vor allem auf Rübenäckern.

Gartenwolfsmilch (*Euphorbia peplus*)
10–30 cm hohes, einjähriges Wolfsmilchgewächs mit aufrechten, verzweigten Stengeln und kleinen, gegenständigen, olivgrünen, ovalen Blättern.
Blüten: Juni–November. Unscheinbare, gelblichgrüne, dreistrahlige Trugdolden. Häufiges Unkraut im Garten und auf Rübenäckern. Enthält weißlichen Milchsaft. Giftig!

Rote Taubnessel (*Lamium purpureum*)
Bis 30 cm hohes, einjähriges Lippenblütengewächs mit kantigem Stengel und gestielten, kreuzgegenständigen, dunkelgrünen, leicht behaarten, brennesselartigen Blättern. Ohne Brennhaare!
Blüten: März–Oktober. Lilafarbene Lippenblüten, zu 3–5 in Quirlen in den Blattachseln stehend.
Häufiges Unkraut auf nährstoffreichen Lehmböden und in Rübenäckern.

Weiße Taubnessel (*Lamium album*)
30–60 cm hohes, einjähriges Lippenblütengewächs. Brennesselartige Wuchs- und Blattform, jedoch ohne Brennhaare!
Blüten: April–Oktober. Weiße Lippenblüten, 5–8 in Quirlen in den Blattachseln stehend. Sehr nektarreich. Gute Hummelweide!
Stickstoffliebende Pflanze auf Schuttplätzen und entlang von Hecken.

Gemeines Kreuzkraut

Ackergauchheil

Hirtentäschelkraut

Weiße Taubnessel

Gartenwolfsmilch

Rote Taubnessel

Vogelmiere

Kleine Brennessel (*Urtica urens*)
10–50 cm hohes, einjähriges Nesselgewächs mit Brennhaaren. Blätter gekreuzt-gegenständig, gestielt, eiförmig, gezähnt.
Blüten: Juni–September. Kurze, gelblichgrüne Rispen in den Blattachseln.
Wächst gerne im Bereich von Bauernhöfen und Scheunen, aber auch im Garten. Stickstoffanzeiger.

Schwarzer Nachtschatten (*Solanum nigrum*)
10–70 cm hohes, einjähriges Nachtschattengewächs mit wechselständigen, gestielten, lanzenförmigen Blättern. Giftig!
Blüten: Juni–Oktober. Weiße, 5blättrige Blüten (ähnlich wie Kartoffelblüten) in lockeren Trauben.
Wächst auf Schuttplätzen, in Weinbergen und Gärten. Kinder müssen vor den glänzenden, kugeligen Früchten gewarnt werden!

Persischer Ehrenpreis (*Veronica persica*)
10–40 cm hohes, einjähriges Braunwurzgewächs mit herzförmigen, gekerbten, wechselständigen Blättern. Stengel meist liegend.
Blüten: März–Oktober. Leuchtendblaue, 4blättrige Blüten, auf langen Stielen aus den Blattachseln wachsend.
Wächst auf Rübenäckern, Schuttplätzen und in Weinbergen. Sehr häufiges Gartenunkraut.

Efeublättriger Ehrenpreis (*Veronica hederifolia*)
5–30 cm hohes, einjähriges Braunwurzgewächs mit efeublättrigen, hellgrünen, wechselständigen Blättern (Name!).
Blüten: März–Juni. Hellblau, 4blättrig, auf langen Stielen aus den Blattachseln wachsend.
Auf Äckern, an Wegen, in Gärten und Wäldern.

Giersch, Geißfuß (*Aegopodium podagraria*)
50–100 cm hohes, mehrjähriges Doldengewächs mit doppelt 3zähligen Blättern.
Blüten: Juni–Juli. Flache, weiße Dolden aus 5blättrigen Blütchen.
Verbreitet sich rasch durch unterirdische Ausläufer. Hartnäckiges Gartenunkraut, das man wegen der unterirdischen Ausläufer nie ganz ausrotten kann! Kommt in der Natur vor allem an feuchten, schattigen Stellen vor.

Löwenzahn (*Taraxacum officinale*)
Bis 30 cm hohes, mehrjähriges Korbblütengewächs mit grundständigen, rosettig angeordneten Blättern und weißem Milchsaft (ergibt auf der Haut braune Flecken).
Blüten: April–Juli. Große Körbchen mit gelben Zungenblüten. Weit verbreitete und allgemein bekannte Wiesenpflanze mit langer Pfahlwurzel. Die Samenstände sind bekannt als „Pusteblume". Junge Blätter können als Salat verwendet werden. Aus den Stengeln fertigen Kinder oft lange Ketten an.

Kohl-Gänsedistel (*Sonchus oleraceus*)
30–90 cm hohes, einjähriges Korbblütengewächs mit graugrünen, weichen, stachelig gezähnten, ansitzenden Blättern.
Blüten: Mai–Oktober. Löwenzahnähnlich, jedoch zu mehreren in lockeren Rispen.
Pionierpflanze, auf Schutthalden, Äckern und Wegen, in Straßenkandeln und Pflasterritzen. Tiefwurzelnd, stickstoffliebend.

Kohl-Gänsedistel

Giersch

Efeublättriger Ehrenpreis

Schwarzer Nachtschatten

Löwenzahn

Persischer Ehrenpreis

Kleine Brennessel

An schattigen, ungestörten Plätzen in Gärten, öffentlichen Anlagen und Hinterhöfen wachsen gerne die folgenden, **schattenliebenden Pflanzen:**

Großes Hexenkraut (*Circaea lutetiana*)
Bis 40 cm hohes, mehrjähriges Nachtkerzengewächs mit gegenständigen, breitlanzettlichen, schwach behaarten Blättern.
Blüten: Juni–August. Unscheinbare, 4blättrige, rosafarbene Blütchen in endständigen Trauben. Grüne Früchte mit Hakenhaaren.
Wächst in schattigen, feuchten Wäldern und Waldgräben, aber auch in verwilderten Parkanlagen.

Wiesenkerbel (*Anthriscus sylvestris*)
30–100 cm hohes, mehrjähriges Doldengewächs mit mehrfach gefiederten, dunkelgrünen Blättern.
Blüten: Mai–Juli. Weiße, 5blättrige Blütchen in zusammengesetzter Dolde.
Im städtischen Bereich selten, eher ein Überbleibsel denn ein Neubesiedler.

Gundermann, Gundelrebe (*Glechoma hederacea*)
15–40 cm hohes, kriechendes, mehrjähriges Lippenblütengewächs mit kleinen, haarigen, herzförmigen, gegenständigen Blättern.
Blüten: Mai–Juni. Blauviolette Lippenblüten in den Blattachseln stehend.
Gedeiht in Auwäldern und auf feuchten Wiesen.

Rainkohl (*Lapsana communis*)
30–90 cm hohes, einjähriges Korbblütengewächs mit hellgrünen, oben lanzenförmigen, unten gelappten, gegenständigen Blättern.
Blüten: Juni–September. Körbchen mit gelben Zungenblüten, in lockeren, vielverzweigten Rispen.
Wächst auf Schuttplätzen, unter Hecken und in Gärten. Bevorzugt feuchten, nährstoffreichen Boden.

Roter Fingerhut (*Digitalis purpurea*)
Bis 150 cm hohes, zweijähriges Braunwurzgewächs mit dicken, lanzettlichen, behaarten Blättern. Grundblätter rosettig. Giftig!
Blüten: Juni–August. Purpurrote, im Schlund gefleckte, trompetenförmige Blüten in traubigem Blütenstand.
Kalkmeidende Pflanze, auf Kahlschlägen und Lichtungen.

Gefleckter Aronstab (*Arum maculatum*)
15–60 cm hohes, mehrjähriges Aronstabgewächs mit großen, pfeilförmigen, sattgrünen Blättern mit braunen Flecken.
Blüten: April–Juni. Keulenförmiger, brauner Kolben, der von einem grünlichweißen Hüllblatt umgeben ist. Am Grunde des Hüllblattes finden sich oft unzählige Insekten, die durch den Aasgeruch der Pflanze angelockt wurden.
Wächst in nährstoffreichen Laubwäldern. Auffallend die orangeroten Samenstände auf kahlem Stiel. Achtung, die Samen sind sehr giftig!

Kleines Springkraut (*Impatiens parviflora*)
30–80 cm hohes, einjähriges Balsaminengewächs mit eiförmigen, gesägten, wechselständigen Blättern an fleischigem, glasigem Stengel.
Blüten: Juni–September. Kleine, gelbliche Blüten mit langem Sporn, in blattachselständigen, traubigen Blütenständen.
Wächst auf kalkarmen Schuttplätzen, in schattigen Wäldern und Parkanlagen. Die reifen, bohnenförmigen Früchte platzen bei Berührung auf, die Fruchtblätter rollen sich urplötzlich auf und schleudern den Samen weit von sich (Name!).

Kleines Springkraut

Wiesenkerbel

ainkohl

Roter Fingerhut

Gefleckter Aronstab Großes Hexenkraut

Gundermann

Auf Schuttplätzen, Bahngelände mit stillgelegten Gleisen, ehemaligem Fabrikgelände, verwahrlosten Flächen zwischen Lagerschuppen, Wegrändern, Bahn- und Straßendämmen – „Niemandsland" also – wachsen die verschiedensten **Schutt- und Wegrand- sprich Ruderalpflanzen.** Solche Plätze gibt es überall, selbst in „sterilen" Hochhaussiedlungen. Sie sind ein Eldorado für Naturfreunde, da sich hier nicht nur die verschiedensten Pflanzen ansiedeln, sondern auch der Tierwelt ungestörte Umweltbedingungen geboten werden.
Auf den folgenden 4 Tafeln stellen wir eine bunte Auswahl solcher Ruderalpflanzen vor, die sich oft von weit her angesiedelt haben:

Mauersenf (*Diplotaxis muralis*)
15–30 cm hohes, ein- oder zweijähriges Kreuzblütengewächs mit grundständigen, rosettigen, gelappten Blättern, die beim Zerreiben scharf riechen.
Blüten: Mai–September. Gelbe, 4blättrige Blüten in lockeren Rispen. Bohnenförmige, kurzgestielte Fruchtstände.
Im 18. Jahrhundert aus Frankreich eingeschleppt und jetzt überall weitverbreitet.

Stinkrauke (*Diplotaxis tenuiformis*)
30–40 cm hohes, mehrjähriges Kreuzblütengewächs mit beblättertem Stengel. Blätter gefiedert, wechselständig.
Blüten: Mai–September. Große, 4blättrige Blüten in lockeren Rispen. Fruchtstände bohnenförmig, kürzer als Stiel.
Neubürger aus dem Mittelmeerraum. Wächst an unbeschatteten Orten, auf Halden, in Steinbrüchen und auf Trümmerschutt.

Wegrauke, Raukensenf (*Sisymbrium officinale*)
40–90 cm hohes, einjähriges Kreuzblütengewächs mit graugrünen, gefiederten, wechselständigen Blättern.
Blüten: Mai–September. Kleine, blaßgelbe, 4blättrige Blüten in lockerer Traube. Frucht schotenförmig, kurzgestielt, aufrecht am Stengel angedrückt. Wächst an Wegrändern, Böschungen und auf Schuttplätzen. Stickstoffanzeiger.

Orientalische Rauke (*Sisymbrium orientale*)
25–90 cm hohes, einjähriges Kreuzblütengewächs mit lanzenförmigen, gelappten, wechselständigen Blättern.
Blüten: Mai–August. Kleine, 4blättrige, blaßgelbe Blüten in lockerer Traube. Frucht schotenförmig, sehr lang, kurzgestielt.
Bürgert sich langsam auch bei uns ein, stammt aus den Mittelmeerländern.

Wilde Malve (*Malva sylvestris*)
30–150 cm hohes, mehrjähriges Malvengewächs mit sattgrünen, handförmigen Blättern.
Blüten: Juli–September. Große, hell- bis purpurrote, 5blättrige Blüten, die in den Blattachseln stehen.
Kulturbegleiter. Wächst an Wegrändern, auf Schuttplätzen und Güterbahnhöfen. Stickstoffanzeiger.

Wegrauke

Stinkrauke

Mauersenf

Wilde Malve

Orientalische Rauke

Japanischer Staudenknöterich (*Reynoutria japonica*)
Bis 150 cm hohes, mehrjähriges Knöterichgewächs mit rötlichem Stengel und großen, herzförmigen, wechselständigen Blättern.
Blüten: Juni–September. Weißlich- bis grünlichgelbe, 5blättrige Blüten in lockeren Rispen.
Aus Japan stammende, vielfach verwilderte Zierpflanze, die auf Schuttplätzen und an Wegrändern vorkommt.

Stumpfblättriger Ampfer (*Rumex obtusifolius*)
Bis 120 cm hohes, mehrjähriges Knöterichgewächs mit großen, lanzenförmigen, grundständigen Blättern und kantigen, rötlichen Stengeln.
Blüten: Juni–August. Zuerst grün, dann rötlich, klein, 4blättrig, in lockeren Trauben aus vielen dichten Quirlen.
Häufiges Unkraut auf Viehweiden, an Feldwegen und Straßenrändern. Stickstoffanzeiger.

Krauser Ampfer (*Rumex crispus*)
Bis 1 m hohes, mehrjähriges Knöterichgewächs mit langen, schmalen, am Rand stark gewellten Blättern (Name!).
Blüten: Juli–August. Grünlichrote, 4blättrige Blütchen in lockeren Rispen aus dichten Quirlen.
Wächst auf Äckern, an Wegrändern, auf Wiesen und Ödland. Stickstoffanzeiger.

Große Brennessel (*Urtica dioica*)
Bis 150 cm hohes, mehrjähriges Nesselgewächs mit länglich-eiförmigen, gekreuzt-gegenständigen Blättern mit Brennhaaren.
Blüten: Juni–September. Kleine, 4blättrige, grünliche Blüten in langen Rispen. Männliche und weibliche Blütenstände auf verschiedenen Individuen. Männliche Rispen aufrechtstehend, weibliche hängend.
Wächst an Zäunen und Hecken, Bach- und Flußufern. Stickstoffanzeiger.
Futterpflanze für verschiedene Schmetterlingsraupen.

Weißer Gänsefuß (*Chenopodium album*)
Bis 150 cm hohes, einjähriges Gänsefußgewächs mit länglichen bis dreieckigen, gezähnten, wechselständigen, graugrünen, mehlig bestäubten Blättern.
Blüten: Juli–September. Unscheinbare, 4blättrige, grüngraue Blüten, dicht geknäuelten in Scheinähren. Samen: 5teilige Kapsel.
Wächst an Wegrändern, auf Schutt, Industrie- und Bahnanlagen. Pionierpflanze. Trockenheitsanzeiger.

Gemeine Melde (*Atriplex patula*)
30–90 cm hohes, einjähriges Gänsefußgewächs mit lanzettlichen, graugrünen, mehlig bestäubten Blättern.
Blüten: Juli–Oktober. Grünliche, 4blättrige Blüten in Knäueln an abstehenden Ästchen, die aus den Blattachseln wachsen.
Gedeiht auf Schutt- und Auffüllplätzen und Brachland. Stickstoffanzeiger.

Stechapfel (*Datura stramonium*)
15–100 cm hohes, einjähriges Nachtschattengewächs mit großen, dreieckigen, buchtig gezähnten, unangenehm riechenden Blättern. Giftig!
Blüten: Juli–September. Große, weiße, trichterförmige, 5zipflige Blüten. Die Frucht ist eine große, grüne, weichstachelige Kapsel.
Aus Südamerika stammende Gift- und Heilpflanze, die man vereinzelt auf Müll- und Auffüllplätzen finden kann.

Weißer Gänsefuß

Stechapfel

Große Brennessel

Krauser Ampfer

Gemeine Melde

Japanischer Staudenknöterich

Stumpfblättriger Ampfer

Oxford-Kreuzkraut (*Senecio squalidus*)
20–30 cm hohes, meist einjähriges Korbblütengewächs mit aufrechtem Stengel und hellgrünen, fiederteiligen Blättern.
Blüten: April–Oktober. Gelbe Körbchenblüten in Trugdolden, innen hellgelbe Röhrenblüten, außen goldgelbe Zungenblüten.
Ähnelt stark dem Jakobs-Kreuzkraut (*S. jacobaea*) und wächst auch wie dieses an Feldrainen und Ruderalplätzen.

Huflattich (*Tussilago farfara*)
Bis 15 cm hohes, mehrjähriges, kriechendes Korbblütengewächs mit großen, langgestielten, rundlich-herzförmigen, gezähnten und unterseits weißfilzigen Blättern.
Blüten: März–April. Auf graugrünen, beschuppten Stengeln stehende, goldgelbe Blütenkörbchen, erscheinen vor den Blättern.
Erste Frühjahrsblüher an Wegrändern, auf Schutt- und Geröllhalden.

Acker-Kratzdistel (*Cirsium arvense*)
60–120 cm hohes, mehrjähriges Korbblütengewächs mit dunkelgrünen, stacheligen, buchtig-fiederspaltigen, am Stiel herablaufenden Blättern.
Blüten: Juni–Oktober. Violettfarbene Blütenkörbchen (nur Röhrenblüten).
Wächst auf Schuttplätzen, an Wegrändern und auf Äckern.

Gemeine Kratzdistel (*Cirsium vulgare*)
Bis 150 cm hohes, zweijähriges Korbblütengewächs mit dunkelgrünen, stacheligen, am Stiel herablaufenden Blättern.
Blüten: Juni–Oktober. Purpurrote, große Blütenkörbchen (nur Röhrenblüten). Wächst auf Kahlschlägen, Schuttplätzen und an Wegrändern.

Kleine Klette (*Arctium minus*)
Bis 120 cm hohes, zweijähriges Korbblütengewächs mit großen, dunkelgrünen, unterseits weißfilzigen, lanzenförmigen, weichen Blättern.
Blüten: Juli–September. Rotviolette Körbchen (nur Röhrenblüten). Hüllblätter hakenförmig gekrümmt (Klette!), so daß sich die reifen Blütenköpfe leicht an vorbeistreifenden Tieren bzw. Kleidungsstücken festhaken.
Wächst an Wegrändern, Mauern und auf Schuttplätzen.

Gemeiner Beifuß (*Artemisia vulgaris*)
30–200 cm hohes, mehrjähriges Korbblütengewächs mit oberseits dunkelgrünen, unterseits weißfilzigen, gefiederten Blättern.
Blüten: Juli–September. Kleine, gelbliche Blütenkörbchen (nur Röhrenblüten) in langen, aufrechtstehenden Rispen.
Weit verbreitet auch in der Stadt.

Geruchlose Kamille (*Tripleurospermum inodorum*)
20–60 cm hohes, mehrjähriges Korbblütengewächs mit feinen, dunkelgrünen, gefiederten Blättern und zähen Stengeln.
Blüten: Juni–August. Körbchenblüten, innen gelbe Röhrenblüten, außen weiße Zungenblüten. Riechen nicht nach Kamille (Name!).
Wächst auf Bahngelände, Schuttplätzen, an Wegrändern, in Äckern.

Mutterkraut (*Tanacetum parthenium*)
20–50 cm hohes, mehrjähriges Korbblütengewächs mit gelblichgrünen, gefiederten Blättern.
Blüten: Juli–September. Gänseblümchenähnliche Korbblüten, innen gelbe Röhrenblüten, außen weiße Zungenblüten.
Aus Südeuropa eingeschleppte Zier- und Heilpflanze.

Gemeiner Beifuß

Gemeine Kratzdistel

Oxford-Kreuzkraut

Geruchlose Kamille

Mutterkraut

Acker-Kratzdistel

Huflattich

Kleine Klette

Wurm-Lattich (*Pieris echioides*)
30–90 cm hohes, ein- oder zweijähriges Korbblütengewächs mit rauhhaarigen, dunkelgrünen, ansitzenden, gezähnten Blättern.
Blüten: Juni–September. Gelbe Körbchenblüten (nur Zungenblüten).
Auf Äckern und an Straßenböschungen.

Kanadisches Berufkraut (*Conyza canadensis*)
20–100 cm hohes, ein- bis zweijähriges Korbblütengewächs mit dunkelgrünen, ansitzenden, lanzettlichen, leicht behaarten Blättern.
Blüten: Juni–Oktober. Reichästige, vielköpfige Blütenstände mit kleinen, weißlichgelben Blütenkörbchen. Samen klein und behaart.
Zahlreich auf Bahnschotter, Schuttplätzen und Kahlschlägen.

Goldrute (*Solidago canadensis*)
60–200 cm hohes, mehrjähriges Korbblütengewächs mit harten, dunkelgrünen, lanzettlichen, gesägten, wechselständigen Blättern.
Blüten: Juli–Oktober. Goldgelbe Körbchenblüten in dichten Rispen.
Verwilderte Gartenpflanze, vor allem an Bahndämmen und Schutthalden.

Schwarznessel (*Ballota nigra*)
30–90 cm hohes, mehrjähriges Lippenblütengewächs mit dunkelgrünen, kreuzgegenständigen, behaarten, nesselförmigen Blättern.
Blüten: Juni–August. In Quirlen stehende, rötlichviolette Lippenblüten.
Unscheinbare „Dorfpflanze", die an Mauern und unter Hecken wächst.

Wald-Weidenröschen (*Epilobium angustifolium*)
Bis 120 cm hohes, mehrjähriges Nachtkerzengewächs mit aufrechtem Stengel, an dem wechselständig, dunkelgrüne, längliche Blätter sitzen.
Blüten: Juni–August. Lockere Trauben aus purpurroten, 4blättrigen Blüten. Schotenförmige Früchte mit unzähligen „weißhaarigen" Samen.
Auf Kahlschlägen, Trümmerschutt und Bahngelände. Stickstoffanzeiger!

Zottiges Weidenröschen (*Epilobium hirsutum*)
80–130 cm hohes, mehrjähriges Nachtkerzengewächs mit hellgrünen, länglichen Blättern. Stengel weich behaart. Samen behaart.
Blüten: Juli–August. Lockere Trauben aus 4blättrigen, purpurroten Blüten.
Wächst auf feuchten Auffüllplätzen, an Ufern und in Gräben.

Berg-Weidenröschen (*Epilobium montanum*)
Bis 60 cm hohes, mehrjähriges Nachtkerzengewächs mit ansitzenden, gezähnten Blättern. Stengel nicht behaart.
Blüten: Juni–September. 4blättrige, hellrosa Blüten in lockeren Trauben.
Wächst an feuchten Waldwegen, in Wäldern und auf Friedhöfen.

Stachelige Nachtkerze (*Oenothera parviflora*)
50–120 cm hohes, einjähriges Nachtkerzengewächs mit lanzettlichen, dunkelgrünen, ansitzenden, rötlich bestachelten Blättern und Stengeln.
Blüten: Juni–August. Ähren aus großen, 4blättrigen, hellgelben, kurzlebigen Blüten, die sich erst abends öffnen.
Verwilderte Zierpflanze aus Nordamerika.

Gemeine Nachtkerze (*Oenothera biennis*)
50–100 cm hohes, zweijähriges Nachtkerzengewächs. Im 1. Jahr Blattrosette aus lanzettlichen, hellgrünen Blättern, im 2. Jahr Blütenstand.
Blüten: Juni–August. Große, hellgelbe, 4blättrige Blüten in Ähren.
Verwilderte Zierpflanze aus Nordamerika.

Berg-
Weidenröschen

Schwarznessel

ald-Weidenröschen

Kanadisches
Berufkraut

Goldrute

Gewöhnliche Nachtkerze

Zottiges
Weidenröschen

Wurm-Lattich

Stachelige Nachtkerze

Die Pflanzen, die in den Fugen zwischen Pflastersteinen und Steinplatten, auf Kies- und Schlackewegen, auf Bahnsteigen und Sportplätzen wachsen, beachtet kaum jemand – dabei sind diese „**Trittrasenpflanzen**" überall häufig und weitverbreitet.

Liegendes Mastkraut (*Sagina procumbens*)
Niederliegendes, 2–5 cm hohes, mehrjähriges Nelkengewächs mit hellgrünen, einfachen, schmalen Blättern. Ausläufer bildend.
<u>Blüten</u>: Mai–Oktober. Kleine weiße, 5blättrige, langgestielte Blütchen, die aus den Blattachseln wachsen. Kronblätter oft fehlend, dann nur 4 grünliche Kelchblätter zu sehen.
Die Pflanze ist kalkmeidend und wächst polsterartig in Pflastersteinfugen, auf sandigen und lehmigen Wegen und feuchten Mauern, aber auch auf lehmigen Äckern. Wegen ihres polsterartigen, niedrigen Wuchses wird die Pflanze oft für ein Moos gehalten.

Einjähriges Mastkraut (*Sagina apetala*)
Niederliegendes, einjähriges Nelkengewächs mit hellgrünen, schmalen Blättern. Bildet keine Ausläufer und auch keine Polster.
<u>Blüten</u>: Mai–August. Endständige, kleine Blütchen, Kronblätter (wenn überhaupt vorhanden) klein, grünlich, 5zählig.
Kalkmeidende Pflanze. Wächst auf feuchteren Sand- und Lehmböden.

Strahlenlose Kamille (*Matricaria matricarioides*)
5–30 cm hohes, einjähriges Korbblütengewächs, aufrecht oder kriechend, mit dunkelgrünen, fein gefiederten Blättern. Riecht aromatisch nach Kamille.
<u>Blüten</u>: Juni–Oktober. Halbkugelige Blütenköpfchen aus grünlichgelben Röhrenblüten, nur ganz selten einmal mit einigen weißen Zungenblüten.
Vor ca. 100 Jahren aus Nordamerika „eingewandert". Wächst am Rand von Sportanlagen, an Bahndämmen und Wegrändern, auf Feldwegen und Dorfplätzen.

Breit-Wegerich (*Plantago major*)
15–30 cm hohes mehrjähriges Wegerichgewächs mit großer, niederliegender Blattrosette aus zähen, dunkelgrünen, breit-elliptischen Blättern mit deutlich sichtbaren Längsnerven.
<u>Blüten</u>: Juni–Oktober. Grünlichviolette, unscheinbare, 4blättrige Blüten in dichter, langer Ähre. Braune, ährenförmige Samenstände.
Wächst auf allen Trittrasen, Feld- und Waldwegen, Dorfplätzen, in Wiesen, Weiden und Straßenkandeln. Sehr trittunempfindlich.

Vogel-Knöterich (*Polygonum aviculare*)
Aufrechtes, bis 100 cm hoch werdendes oder kriechendes, einjähriges Knöterichgewächs mit rötlichen, verzweigten, knotigen Stengeln und dunkelgrünen, schmallanzettlichen, wechselständigen Blättern.
<u>Blüten</u>: Juni–Oktober. Rosaweißliche, 5blättrige Blütchen in den Blattachseln stehend.
Sehr trittfest. Wächst auf Feldwegen, Schuttplätzen, Rübenäckern, in Gärten und Grünanlagen.

Einjähriges Mastkraut

Liegendes Mastkraut

Strahlenlose Kamille

Breit-Wegerich

Vogel-Knöterich

Pflanzen, die windend an anderen Gewächsen hochwachsen, verfestigen nicht nur die Vegetation, sondern überziehen auch Zäune, Gerümpel und Schutt mit schmückendem Grün und oftmals dekorativen Blüten. Zu diesen **Windengewächsen** gehören z. B.:

Winden-Knöterich (*Polygonum convolvulus*)
30–100 cm hohes, einjähriges Knöterichgewächs mit hellgrünen, unterseits helleren, pfeilförmigen, wechselständigen Blättern und kantigen Stengeln.
Blüten: Juli–September. 5blättrige, grünlich-rosafarbene, unscheinbare Blütchen in lockeren Rispen.
Wächst auf Ödland und Schutt. Die langen Stengel umwinden andere Gewächse oder liegen umeinandergeschlungen am Boden. Stickstoffanzeiger.

Schling-Knöterich (*Polygonum baldschuanicum*)
Bis 12 m lang werdendes, mehrjähriges Knöterichgewächs mit großen, blaßgrünen, lanzenförmigen Blättern.
Blüten: Juli–September. Weißliche oder rötliche, 5blättrige Blütchen in großen, lockeren Rispen.
Aus Asien stammender Kletterstrauch, der in Gärten gerne als Pergola-Verkleidung, Sicht- und Windschutz angepflanzt wird. Häufig auch an neu angelegten Böschungen als Verkleidung von Betonwänden und U-Steinen angepflanzt. Sehr wuchsfreudig.

Ackerwinde (*Convolvulus arvensis*)
Bis 1 m langes, liegendes oder windendes, mehrjähriges Windengewächs mit wechselständigen, dunkelgrünen, pfeilförmig-abgerundeten Blättern und tiefreichendem Wurzelstock.
Blüten: Juni–September. Weiß-rosafarbene, süßlich duftende, kurzlebige Trichterblüten, die an langen Stielen aus den Blattachseln wachsen.
Häufiges „Unkraut" auf Getreideäckern, Schuttplätzen, in Weinbergen und Gärten. Mit weitreichenden, unterirdischen Ausläufern. Stickstoffanzeiger.

Zaunwinde (*Calystegia sepium*)
Bis 3 m langes, windendes oder kriechendes, mehrjähriges Windengewächs mit gestielten, dunkelgrünen, pfeilförmigen, wechselständigen Blättern.
Blüten: Juni–Oktober. Große, weiße Trichterblüten, die auch nachts geöffnet sind.
Klettert gern an anderen Pflanzen und Zäunen hoch. Wächst auf feuchten Äckern, in Ufergebüschen und Hecken. Mit weitreichenden, unterirdischen Ausläufern. Stickstoffanzeiger.

Bittersüßer Nachtschatten (*Solanum dulcamara*)
Bis 3 m langes, liegendes und windendes, mehrjähriges Nachtschattengewächs, das in seinen unteren Stengelteilen verholzt. Blätter länglich bis herzförmig, dunkelgrün, wechselständig.
Blüten: Juni–August. Ähnlich wie Kartoffelblüten, 5blättrig, violett, in lockeren Trauben. Früchte: kleine rote Beeren, giftig!
Wächst an Bach- und Flußufern, auf feuchten Schuttplätzen und im Auwald.

Breitblättrige Platterbse (*Lathyrus latifolius*)
Bis 3 m langes, kriechendes oder windendes Schmetterlingsblütengewächs mit geflügeltem Stengel und lanzettlichen, hellgrünen, gegenständigen Blättern mit Ranken.
Blüten: Juli–September. Zartrosafarbene Blüten in lockeren Trauben.
Stammt aus dem Mittelmeergebiet und wird gelegentlich mit Sämereien in Gärten und Anlagen eingeschleppt und verbreitet.

Winden-Knöterich

Ackerwinde

Schling-Knöterich

Zaunwinde

Bittersüßer Nachtschatten

Breitblättrige Platterbse

Kleine Wasserlinse

Weiße Seerose

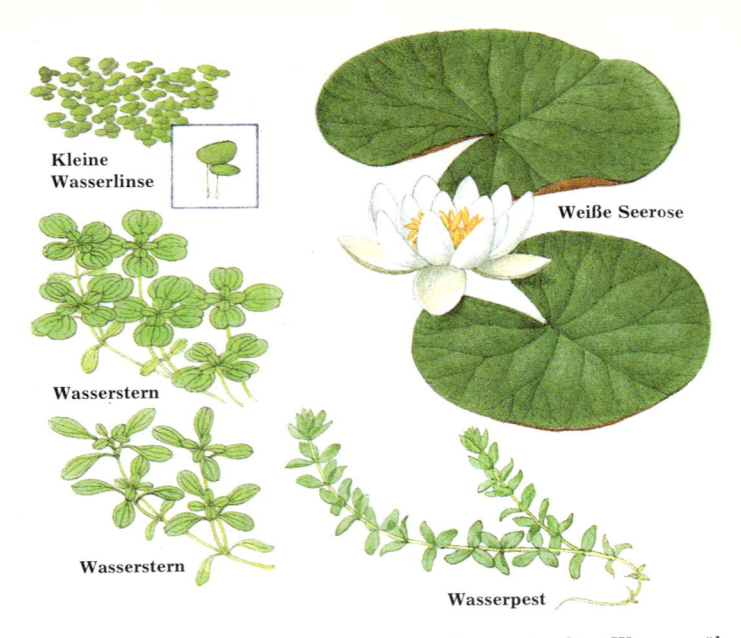

Wasserstern

Wasserstern

Wasserpest

In Städten und Dörfern findet man **Wasserpflanzen** in alten Wassergräben (einst Teile mittelalterlicher Stadtbefestigungen) oder in „vergessenen" Flußarmen, in Ententeichen, Dorfweihern oder den zahlreichen neu angelegten Parkseen und Gartenteichen. Diese Wasserpflanzen sind meist einheimisch und entweder angepflanzt oder durch Wasservögel eingebracht. (Hin und wieder findet man an diesen Orten aber auch Wasserpflanzen, die von Aquarianern „ausgesetzt" wurden.)

Weiße Seerose (*Nymphaea alba*)
Je nach Wassertiefe bis 2,5 m tief wurzelndes, mehrjähriges Teichrosengewächs mit großen, runden, tief eingeschnittenen, dunkelgrün glänzenden, schwimmenden Blättern.
Blüten: Juni–August. Leuchtend weiße, vielblättrige, angenehm duftende Blüten. Europäische Wildpflanze, die an den meisten Anlagenseen und Gartenteichen gehalten wird.

Kleine Wasserlinse, Entengrütze (*Lemna minor*)
Schwimmendes, mehrjähriges Wasserlinsengewächs, das sich ausschließlich durch Sprossung vermehrt. Die flachen, linsengroßen Glieder bleiben lange Zeit miteinander verkettet und bedecken die Wasseroberfläche dicht mit grünen „Konfetti". Wasserlinsen gibt es vor allem auf Tümpeln, kleineren Teichen und Seen.

Kamm-Laichkraut (*Potamogeton pectinatus*)
Mehrjähriges, schmalblättriges Laichkrautgewächs mit untergetauchten, dunkelgrünen, grasartigen, verzweigten Blättern.
Blüten: Mai–August. Unscheinbare, 4blättrige, grünliche Blüten in endständigen Ähren, die sich über die Wasseroberfläche erheben.
Kommt vorwiegend in regelrechten „Unterwasserwiesen" vor und gilt als Schmutzanzeiger.

Krauses Laichkraut   **Kamm-Laichkraut**

Rauhes Hornblatt

Krauses Laichkraut (*Potamogeton crispus*)
Mehrjähriges, untergetauchtes Laichkrautgewächs mit über 2 m langen Stengeln. Blätter lanzettlich und am Rand stark gewellt.
Blüten: Mai–August. Endständige Ähren aus kleinen, unscheinbaren, grünlichen, 4blättrigen Blüten.
Gedeiht in Seen und Altwassern, auch wenn diese kalkhaltig und stickstoffreich sind. Schlammanzeiger.

Rauhes Hornblatt (*Ceratophyllum demersum*)
Mehrjähriges, untergetauchtes, dunkelgrünes Hornblattgewächs mit quirlig angeordneten, starren, ein- bis zweimal gegabelten Blättern.
Blüten: Juni-September. Unscheinbare, 5blättrige Blüten in den Blattachseln. Kommt in nährstoffreichen Teichen und Seen vor.

Wasserpest (*Elodea canadensis*)
Mehrjähriges, untergetauchtes Froschbißgewächs mit bis 1 m langen Stengeln und zu 3 in Quirlen stehenden, lanzettlichen, hellgrünen Blättchen.
Blüten: Mai–August. Kleine, unscheinbare, 4blättrige Blüten, langgestielt aus den Blattachseln wachsend. Männliche und weibliche Blüten auf verschiedenen Individuen. Vermehrt sich hauptsächlich durch Sprossung. Blüht kaum. Wurde im 19. Jahrhundert von Nordamerika nach Europa „verschleppt" und breitete sich hier rasch aus.

Teich-Wasserstern (*Callitriche stagnalis*)
Mehrjähriges, zum Teil untergetauchtes, zierliches Wassersterngewächs mit ca. 40 cm langen, dünnen Stengeln und gegenständigen, hellgrünen, lanzettlichen Blättchen, die z. T. an der Wasseroberfläche in Rosetten stehende Schwimmblätter ausbilden. Sehr variable Pflanze. Auf feuchtem Schlamm oder in wassergefüllten Radspuren schattiger Waldwege gedeiht eine üppige wachsende Landform.

Zwischen Wasser und festem Boden befindet sich im allgemeinen eine sumpfige Uferzone, in deren Schlamm und Morast ganz bestimmte Pflanzenarten wachsen, sogenannte **Sumpf- und Uferpflanzen.**
An den Ufern „vergessener" Kanäle oder ehemaliger Löschwasserteiche kann man aber immer wieder einige der folgenden Arten finden:

Drüsiges Springkraut (*Impatiens glandulifera*)
1–2 m hohes, einjähriges Balsaminengewächs mit rötlich überlaufenen, fleischigen Stengeln und wechselständigen, eiförmigen, gesägten Blättern.
Blüten: Juli–Oktober. 2–4 rötliche, manchmal auch weiße, gespornte Blüten in traubigen Blütenständen in den Blattachseln. Die Fruchtblätter der reifen schotenförmigen Früchte rollen sich bei Berührung ein und schleudern den Samen weit aus (Name!).
Aus dem Himalaya stammende Zierpflanze, die im Begriff ist, sich an Bachläufen einzubürgern.

Riesen-Bärenklau (*Heracleum mantegazzianum*)
Bis 5 m hohes, mehrjähriges Doldengewächs mit riesigen, 5fach geteilten, haarigen Blättern und purpurrot gefleckten, kantig gefurchten Stengeln.
Blüten: Juni–Juli. Bis 40 cm breite Dolden aus weißen, 5blättrigen Blüten, auf denen stets eine ganze Menge Insekten anzutreffen sind.
Aus dem Kaukasus stammende Zierpflanze, die immer häufiger an Flußufern und auf feuchten Schuttplätzen zu finden ist. Vorsicht, der Saft dieser Pflanze kann in Verbindung mit Sonneneinstrahlung zu starken Hautreizungen und Ausschlägen führen!

Flußampfer (*Rumex hydrolapathum*)
Bis 2 m hohes, mehrjähriges Knöterichgewächs mit großen, dunkelgrünen, lanzenförmigen, ungestielten Blättern.
Blüten: Juli–September. Lockere Quirle aus grünlichen, 4blättrigen Blüten in großen, traubigen Blütenständen. Früchte rötlich mit Flugsaum.
Gedeiht an Flußufern und in sumpfigen Gebieten.

Wasser-Schwertlilie (*Iris pseudacorus*)
40–150 cm hohes, mehrjähriges Schwertliliengewächs mit langen, schwertförmigen, graugrünen, deutlich längsnervigen Blättern.
Blüten: Mai–Juli. Gelbe, 5blättrige Blüten. Äußere Blütenblätter größer mit braunen Adern.
Wächst im Röhricht und am Ufer von Seen, Teichen und Bächen. Steht streng unter Naturschutz!

Gemeiner Wolfstrapp (*Lycopus europaeus*)
30–100 cm hohes, mehrjähriges Lippenblütengewächs mit kreuzgegenständigen, grob gekerbten Blättern.
Blüten: Juni–September. Kleine, weiße, 4- bis 5zipflige Blüten in dichten Quirlen in den Blattachseln.
Wächst an Ufern, in Gräben und auf feuchten Waldwegen.

Gewöhnliches Helmkraut (*Scutellaria galericulata*)
15–30 cm langes, mehrjähriges Lippenblütengewächs mit kantigem, kriechendem, rötlichem Stengel und kreuzgegenständigen, ovalen Blättern.
Blüten: Juni–September. Blauviolette Lippenblüten, die zu 2 nach einer Seite gewendet in den Blattachseln stehen.
Wächst an Ufern stehender und fließender Gewässer, im Ufergebüsch und in feuchten Gräben.

Drüsiges Springkraut

Riesen-Bärenklau

Flußampfer

Wasser-Schwertlilie

Gemeiner Wolfstrapp

Gewöhnliches Helmkraut

Rote Spornblume　　**Ästiges Glaskraut**　　**Goldlack**

Mauern werden oft von Pflanzen besiedelt, die unter natürlichen Bedingungen in Felsfluren vorkommen. Den reichsten Pflanzenbewuchs zeigen Kalksteinmauern oder mit Kalkmörtel ausgefugte Sandstein- oder Ziegelmauern. Zu solchen „**Mauerpflanzen**" gehören:

Rote Spornblume (*Centranthus ruber*)
Bis 80 cm hohes, mehrjähriges Baldriangewächs mit blaugrünen, runden Stengeln und blaugrünen, breit-lanzettlichen, gegenständigen Blättern.
Blüten: Mai–Juli. 5blättrige, rosafarbene oder rote, gespornte Blüten in dichten, endständigen Trugdolden.
Gartenpflanze aus dem Mittelmeerraum, gelegentlich an sonnigen Weinbergmauern.

Ästiges Glaskraut (*Parietaria punctata*)
30–100 cm langes, mehrjähriges Brennesselgewächs mit liegendem rundem, rötlichem, verzweigtem Stengel und glänzenden, wechselständigen, lanzettlichen Blättern.
Blüten: Juni–September. Kleine, unscheinbare, grünliche Blütchen in Büscheln in den Blattachseln. Männliche und weibliche Blüten auf verschiedenen Individuen.
Wächst am Fuß alter Mauern oder in den Mauerritzen von Ruinen.

Goldlack (*Cheiranthus cheiri*)
20–60 cm hohes, zwei- bis mehrjähriges Kreuzblütengewächs mit aufrechten Stengeln und schmal-lanzettlichen, wechselständigen Blättern.
Blüten: März–Juni. Samtige, orangegelbe bis braunrote, 4blättrige Blüten in endständigen, mehr oder weniger dichten Trauben.

Bekannte Gartenpflanze aus dem östlichen Mittelmeergebiet. Wächst – meist verwildert – an alten Stadt- und Weinbergsmauern.

Gelber Lerchensporn (*Corydalis lutea*)
15–30 cm hohes, mehrjähriges Mohngewächs mit zarten Stengeln und doppelt 3zähligen, hellgrünen, langgestielten Blättern.
Blüten: Mai–Juli. Kanariengelbe, langgespornte Blüten in endständigen Trauben. Große, schwarzglänzende Samen. Gartenpflanze aus Südeuropa, bei uns verwildert in den Fugen alter Garten- und Stadtmauern.

Zymbelkraut (*Cymbalaria muralis*)
Hängendes oder kriechendes, mehrjähriges Rachenblütengewächs mit dünnen, rötlichen Stengeln und wechselständigen, langgestielten, 5–9zipfligen, efeuähnlichen Blättern.
Blüten: April–Mai. Hellviolette, langgestielte Rachenblüten mit langem Sporn, wachsen aus den Blattachseln.
Zierpflanze aus Südeuropa, die an Kalkstein- oder Weinbergmauern wächst und in den Fugen wurzelt.

Efeu (*Hedera helix*)
Immergrünes, kletterndes Araliengewächs mit verschiedenartigen dunkelgrün glänzenden Blättern, mehrjährig. Junge Blätter 3–5lappig, ältere ungelappt. Klettert mit Hilfe von Haftwurzeln.
Blüten: August–Oktober. Kleine, 5blättrige, grünliche Blüten in halbkugeligen Dolden. Früchte blauschwarze Beeren. Giftig!
Klettert wild an Mauern und Baumstämmen, wird aber auch häufig zur Begrünung unschöner Betonwände und -mauern angepflanzt.

Blütenlose Pflanzen

Zu den Blütenlosen Pflanzen gehören die Schachtelhalme, Farne, Moose und Flechten, die sich in der Regel durch einzellige Sporen vermehren und einen sogenannten Generationswechsel durchlaufen.

Farne sind mehrjährige Gefäßsporenpflanzen mit großen, meist gestielten und gefiederten Blättern (Wedeln), auf deren Unterseite die der Vermehrung dienenden Sporenbehälter sitzen.

Schachtelhalme sind mehrjährige Gefäßsporenpflanzen mit gegliederten, knotigen Stengeln. Die einzelnen Stengelglieder sind „ineinandergeschachtelt". Bei den grünen Stengeln entspringen an den Knotenstellen quirlständige, fädige, harte Laubblätter, die zu Scheiden verwachsen sind. Die Sporenkapseln bilden braune, endständige Ähren, die entweder auf eigenen, im Frühjahr erscheinenden, braunen, kurzen Trieben stehen oder aber an der Spitze der grünen Sommertriebe sitzen.

Hirschzunge *(Phyllitis scolopendrium)*
Mehrjähriges Streifenfarngewächs mit 15–50 cm langen, sattgrün glänzenden, zungenförmigen, leicht gewellten, ungeteilten Wedeln, die in Rosetten stehen. Sporen auf der Blattunterseite in parallellaufenden braunen Reihen beidseitig der Mittelrippe.
Die Hirschzunge ist kalkliebend und wächst in feuchten Schluchtwäldern, besiedelt aber auch feuchte, schattige Mauern.

Mauerraute *(Asplenium ruta-muralis)*
Kleines, mehrjähriges Streifenfarngewächs mit dunkelgrünen, 3–8 cm langen, derben, gefiederten Blättern, die in Büscheln wachsen.
Sporen auf der Blattunterseite, diese fast schwarz erscheinen lassend. Kalkliebendes, fels- und mauernbesiedelndes Farngewächs.

Wurmfarn *(Dryopteris filix-mas)*
Mehrjähriges Schildfarngewächs mit bis zu 150 cm langen, sattgrünen, 1–2fach gefiederten Wedeln in grundständiger Rosette.
Sporenhäufchen auf der Unterseite der einzelnen Fiederchen.
Häufig in Nadel- und Laubwäldern. In Städten in Parkanlagen und an alten Gartenmauern zu finden.

Adlerfarn *(Pteridium aquilinum)*
Mehrjähriges Adlerfarngewächs mit bis zu 2 m langen, hellgrünen, 2–4fach gefiederten Wedeln, die einzeln einem weitkriechenden Wurzelstock entspringen. Sporenhäufchen auf der Unterseite der einzelnen Fiederchen. Größter Farn. Häufig auf sauren Böden, kalkmeidend. Wächst auf Waldlichtungen, an Bahndämmen und auf Schutthalden.

Acker-Schachtelhalm *(Equisetum arvense)*
Mehrjähriges, 10–15 cm hohes Schachtelhalmgewächs mit kriechendem Wurzelstock auf dem sich zweierlei Triebe entwickeln: Braune Frühjahrstriebe mit Sporenkapseln und grüne Sommertriebe mit aufrechtstehenden Blattquirlen.
Bevorzugt trockene Standorte. Häufig auf Ödland, an Feld- und Wegrändern, auf Auffüllplätzen und Bahngelände. Enthält viel Kieselsäure und wurde früher zum Putzen von Zinn verwendet („Zinnkraut").

Wiesen-Schachtelhalm *(Equisetum telmateia)*
Mehrjähriges, 30–120 cm hohes Schachtelhalmgewächs, besitzt jedoch weiße Stengelglieder und buschigere, hängende Blattquirle. Wächst an feuchten Standorten, z.B. an lehmig-feuchten Gräben und im Wald.

Hirschzunge

Adlerfarn

Wurmfarn

Mauerraute

Acker-Schachtelhalm

Wiesen-Schachtelhalm

Zypressen-Schlafmoos **Haar-Birnmoos**

Silber-Birnmoos

Polsterkissenmoos **Mauer-Drehzahnmoos**

Moose sind kleine grüne entweder in Stengel oder Blätter gegliederte (Laubmoose) oder laubähnliche (Lebermoose) Sporenpflanzen von meist rasen-, polster- oder kissenförmigem Wuchs.
Flechten sind Doppelwesen, die aus einem Zusammenleben von Algen und Pilzen bestehen. Der Pilz bietet die festigende Unterlage und nimmt Wasser plus daringelöste Mineralien auf, die auch den Algen zugute kommen. Die Algen liefern die entsprechenden Nähr- und Baustoffe.

Zypressen-Schlafmoos (*Hypnum cupressiforme*)
Rasenbildendes Laubmoos mit unregelmäßig verzweigten Stengeln und hellgrünen, dachziegelartig angeordneten Blättchen.
Allerweltsmoos, auf Baumstümpfen, Mauerwerk und Wegen.

Haar-Birnmoos (*Bryum capillare*)
Sattgrünes Laubmoos mit aufrechten, unverzweigten Stengeln in dichten, weichen Rasen. Blättchen spiralig angeordnet, die obersten rosettenartig. Sporenkapsel relativ groß, birnenförmig, hängend.
Wächst an Gestein, Baumrinde, auf Hausdächern und Baumstümpfen.

Silber-Birnmoos (*Bryum argenteum*)
Silberweißes bis weißlichgrünes, rasenbildendes Laubmoos mit unverzweigten oder gabelig geteilten Stengeln. Blättchen dicht anliegend, dachziegelartig angeordnet. Häufig zwischen Straßenpflaster und in Mauerfugen.

Polsterkissenmoos (*Grimmia pulvinata*)
Blaugrünes bis schwärzliches, kleine, dichte Polster bildendes Laubmoos. Blättchen länglich, dachziegelartig angeordnet, enden in langen, weißen Glashaaren.
Sehr häufiges Moos an Mauern, auf Dächern und Gesteinsschutt.

Graue Kuchenflechte

Grünliche Kuchenflechte

Bräunliche Kuchenflechte

Gelbflechte

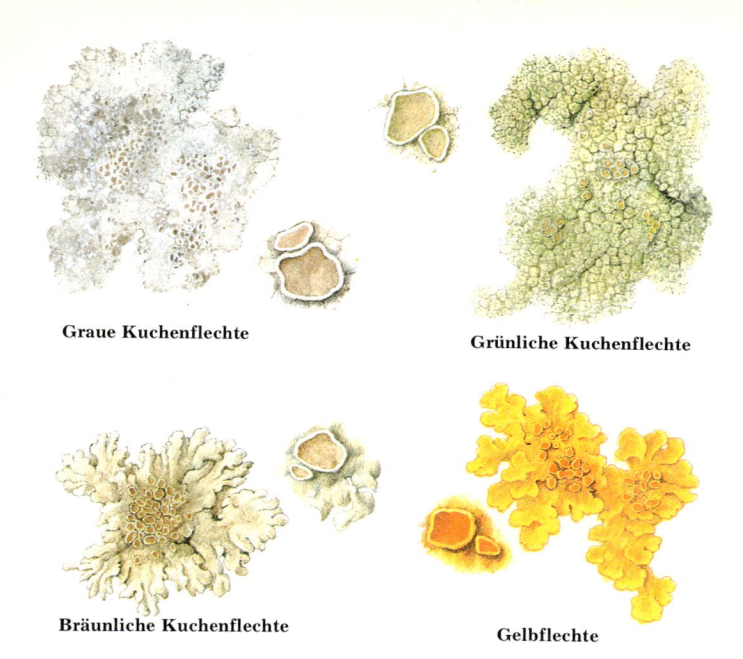

Mauer-Drehzahnmoos (*Tortula muralis*)
Bläuliches bis hellgrünes, kleine Polster bildendes Laubmoos mit aufrechten, unverzweigten Stengeln. Blättchen zungenförmig, dachziegelartig angeordnet, enden in langen, farblosen Glashaaren. Sporenkapseln aufrecht mit langgeschnäbeltem Deckel. An Mauern und in Mörtelfugen. Kalkliebend.

Graue Kuchenflechte (*Lecanora dispersa*)
Typische Krustenflechte mit hellgrauem bis dunkelgrauem, sehr dünnem Lager und flachen, schüsselförmigen, weißrandigen Fruchtkörpern.
Stadtflechte, die zu den abgasresistenteren Arten gehört.

Grünliche Kuchenflechte (*Lecanora conizaeoides*)
Krustenflechte mit grau-grünem, dickem Lager und flachen, grünlichen Fruchtkörpern mit dickem, graugrünem Rand. Bildet schorfige Krusten. Toleriert noch einen sehr hohen Schwefeldioxidgehalt der Luft.

Bräunliche Kuchenflechte (*Lecanora muralis*)
Krustenflechte mit dünnem, gelblich- bis grünlichbraunem Lager von meist rundlichem Umriß mit am Rande blättchenartigen Lappen. Fruchtkörper dicht gedrängt in der Mitte des Lagers, blaß- bis beigebraun mit weißem, welligem Rand.
An Mauern und auf Gehwegen aus basischem Material.

Gelbflechte (*Xanthoria parietina*)
Blattflechte mit flachem, gelbem bis orangefarbenem Lager. Rand lappig nach oben gekrümmt. Fruchtkörper dunkelorange mit gelbem, krausem Rand. Weitverbreitet, vor allem im Küstenbereich sehr häufig zu finden. Stickstoffliebend.

Insekten

Zu den auffälligsten, bekanntesten und wohl auch schönsten Insekten zählen die Schmetterlinge, unsere Tag- und Nachtfalter.

Tagfalter besitzen besonders farbenprächtige, breite und nicht faltbare Flügel, die sie in Ruhestellung nach oben zusammenklappen. Sie fliegen in der Hauptsache an sonnigen, warmen Tagen und ernähren sich von Blütennektar oder Baumsaft. Ihre Raupen ernähren sich von Blättern und leben meist auf ganz arttypischen Futterpflanzen.

Kleiner Fuchs (Aglais urticae)
Flügelspannweite: 40–50 mm.
Am häufigsten vorkommender Flecken- und Edelfalter. Überwintert meist in Kellern und auf Dachböden als Falter und ist von den ersten Märztagen bis zum Spätherbst zu sehen. Häufig auf den Blüten des Sommerflieders anzutreffen. Jährlich entwickeln sich 2–3 Generationen.
Raupen: Schwarz mit dunklen Dornen und gelben Längsstreifen. Leben gesellig in Gespinsten an Brennesseln.

Mauerfuchs (Lasiommata megera)
Flügelspannweite: 35–50 mm.
Dunkelgelber Augenfalter mit schwarzer Augenzeichnung. Überwintert als Raupe. Jährlich 2 Generationen. Kommt vor allem an sonnigen, offenen Stellen mit lehmigem oder steinigem Untergrund vor.
Raupen: Wenig behaart, spindelförmig, graugrün mit hellen Längsstreifen. Leben gut getarnt an Gräsern und fressen vor allem nachts.

C-Falter (Polygonia c-album)
Flügelspannweite: 40–50 mm.
In verschiedenen Braun- und Gelbtönen gefleckter Edelfalter mit unregelmäßigem Flügelumriß und einer weißen C-Form auf der Flügelunterseite. Überwintert als Falter.
Raupen: Schwärzlich mit auffallend hellen Dornen, orangefarbener Zeichnung und weißen Rückenflecken. Einzeln vor allem an Brennesseln.

Admiral (Vanessa atalanta)
Flügelspannweite: 50–60 mm.
Farbenprächtiger Edelfalter mit roten und weißen Flecken auf samtschwarzen Vorderflügeln. Wanderfalter, der im Süden überwintert und im Mai bei uns erscheint. Häufig an Sommerflieder und Fallobst.
Raupen: Grau- oder braungelb, bedornt. Leben einzeln an zusammengesponnenen Brennesselblättern.

Distelfalter (Vanessa cardui)
Flügelspannweite: 50–60 mm.
Auffälliger, farbenprächtiger Edelfalter, der im Süden überwintert und im Mai bei uns einwandert. Häufig auf Sommerflieder und Distelblüten.
Raupen: Graugrün oder schwärzlich, stark bedornt, mit gelben bis orangefarbenen Streifen oder Flecken. Leben an zusammengesponnenen Blättern von Brennesseln und Disteln.

Tagpfauenauge (Inachis io)
Flügelspannweite: 50–60 mm.
Großer Edelfalter mit kennzeichnender Augenzeichnung auf den Flügeln. Überwintert als Schmetterling. Jährlich 2 Generationen.
Raupen: Schwarz mit langen, schwarzen Dornen und weißgelben Punkten. Leben gesellig an Brennesseln.

Kleiner Fuchs

Mauerfuchs

C-Falter

C-Falter Raupe

Admiral

Kleiner Fuchs Raupe

Distelfalter

Tagpfauenauge

Faulbaumbläuling (*Celastrina argiolus*)
Flügelspannweite: 20–30 mm.
Bläuling, bei dem beide Geschlechter oberseits blau schillernd gefärbt sind, unterseits weiß mit schwarzen Flecken. Das Weibchen besitzt breite, braune Flügelränder. Überwintern meist als Raupen. Leben auf blütenreichem Buschwerk und entwickeln 2–3 Generationen jährlich.
Raupen: Grün mit 3 rötlichen Längsstreifen. Asselförmig mit hochgewölbtem Rücken und spitz zulaufenden Enden. Leben auf der Blattunterseite verschiedener Sträucher (Efeu, Holunder, Faulbaum, Pfaffenhütchen).

Großer Kohlweißling (*Pieris brassicae*)
Flügelspannweite: 55–70 mm.
Weitverbreiteter Weißling, der zu den häufigsten Tagfaltern gehört. Flügeloberseiten weißgelblich mit dunklen Spitzen an den Vorderflügeln. Das Weibchen trägt zusätzlich 2–3 dunkle Flecken auf den Vorderflügeln. Flügelunterseiten gelblich. Überwintert als Puppe. 2 Generationen jährlich. Kann zu einem großen Gemüseschädling werden (an den Blattunterseiten von Kohlgewächsen findet man manchmal haufenweise die gelben Eier abgelegt).
Raupen: Grünlich mit weißgelben Längsstreifen und schwarzen Flecken. Fein behaart. Leben gemeinschaftlich auf den Blattunterseiten verschiedener Kreuzblütler, vor allem Kohlgewächsen.
Sie können von den Larven einer Schlupfwespe (*Apanteles glomeratus*) befallen sein. Die Schlupfwespen-Weibchen legen ihre Eier auf der Schmetterlingsraupen ab, die schlüpfenden Larven kriechen dann ins Innere der Raupen und fressen sie von innen auf.

Rapsweißling (*Pieris napi*)
Flügelspannweite: 35–45 mm.
Unterscheidet sich von anderen Weißlingen hauptsächlich durch die dunklen Adern auf der Unterseite der gelblichen Hinterflügel. Überwintert als Puppe. Jährlich 1–3 Generationen. Lebt auf Wiesen, in feuchten Tälern und an Waldrändern.
Raupen: Grün mit gelben Seitenstreifen. Leben gemeinschaftlich auf wildwachsenden Kreuzblütengewächsen.

Kleiner Kohlweißling (*Pieris rapae*)
Flügelspannweite: 45–55 mm.
Wohl der häufigste Tagfalter überhaupt. Ähnelt dem Großen Kohlweißling, ist jedoch kleiner, und die dunklen Vorderflügel sind weniger stark ausgeprägt. Das Männchen besitzt ebenfalls einen dunklen Fleck auf den Vorderflügeln. Überwintert als Puppe. 2–3 Generationen jährlich.
Raupen: Grünlich mit gelben Rückenstreifen und nur wenigen, kleinen schwarzen Flecken. Leben gemeinschaftlich auf den Blattunterseiten verschiedener Kreuzblütengewächse, aber auch an Kapuzinerkresse.

Hauhechelbläuling (*Polyommatus icarus*)
Flügelspannweite: 25–35 mm.
Am häufigsten vorkommende Bläulings-Art. Männchen mit blau schillernden Flügeloberseiten, Weibchen mit braun-bläulichen mit orangefarbener Randzeichnung. Flügelunterseiten bei beiden Geschlechtern bräunlich-blau mit orangefarbenen Randzeichnungen. Überwintert als Raupe. 2–3 Generationen jährlich.
Raupen: Grün, asselförmig, mit weißen Längsstreifen. Leben hauptsächlich an Luzerne-Klee.

Faulbaumbläuling

Großer Kohlweißling

Rapsweißling

Kleiner Kohlweißling

Hauhechelbläuling

Schlupfwespe

Zu den Nachtfaltern gehören ca. 97% aller einheimischen Schmetterlinge. **Nachtfalter** besitzen meist einen dicken, behaarten Körper und falten ihre Flügel in Ruhestellung zusammen und legen sie dachartig an den Körper an, so daß die meist leuchtender gefärbten Hinterflügel verdeckt werden. Die meisten Nachtfalter sind grau oder braun gefärbt, fliegen in der Dämmerung und bei Nacht und ruhen tagsüber gut getarnt an Baumstämmen, Mauern und Hauswänden.

Pappelschwärmer (*Laothoe populi*)
Flügelspannweite: 65–90 mm.
Zu den Schwärmern gehörende Art mit plumpem, dicht behaartem Körper und graubraun gezeichneten Vorderflügeln, Hinterflügel mit rotbrauner Zeichnung. Überwintert als Puppe in der Erde. Jährlich 1–2 Generationen. Kommt in feuchten Laubwäldern und im Ufergehölz von Wasserläufen vor.
Raupen: Groß, unbehaart, hellgrün mit gekrümmtem Horn am Hinterende, gelben Querstreifen und roten Punkten. Lebt an Pappeln und Weiden.

Großer Gabelschwanz (*Cerura vinula*)
Flügelspannweite: 45–70 mm.
Weißgelber Zahnspinner mit grauschwarzer Zeichnung. Überwintert als Puppe in einem festen Seidenkokon an Baumstämmen und Zaunpfosten.
Raupen: Groß, grün mit schwarzer Zeichnung und einer „Schwanzgabel". Kopfteil mit purpurrotem Rand, wird bei Gefahr zur Abschreckung emporgestreckt. Leben auf Pappeln und Weiden.

Mondvogel (*Phalera bucephala*)
Flügelspannweite: 45–60 mm.
In Laubwäldern, Parks und Gärten häufig zu findender Zahnspinner mit graugelber Zeichnung auf den Vorderflügeln und gelben Hinterflügeln. Weibchen größer als Männchen. Überwintert als Puppe im Boden.
Raupen: Schwarz und gelb „kariert" mit langen, hellen Seidenhaaren. Leben gesellig und fressen an Linden, Eichen, Haselsträuchern und Weiden.

Ringelspinner (*Malacosoma neustria*)
Flügelspannweite: 25–35 mm.
Sandfarbener bis hellbrauner Wollraupenspinner, der häufig zu finden ist. Überwintert durch Eier, die in typischen Ringen um Äste ablegt werden.
Raupen: Bunt gefärbt, längsgestreift mit gelblichen Seidenhaaren. Leben gesellig in „Tagesnestern" und gehen von hier aus auf Nahrungssuche. An Obstbäumen, Weiden und Schlehen.

Mittlerer Weinschwärmer (*Deilephila elpenor*)
Flügelspannweite: 45–70 mm.
Olivgrün und weinrot gefärbter Schwärmer, der vor allem im Juni zu sehen ist. Überwintert als Puppe. Meist nur 1 Generation jährlich.
Raupen: Groß, unbehaart, zuerst grün, dann braun, mit kurzem Dorn und 4 auffallenden „Augen" am Kopfende. Leben auf Weidenröschen.

Schlehenspinner (*Orgyia antiqua*)
Flügelspannweite: 35–40 mm.
Schadspinner, bei dem nur die Männchen Flügel besitzen (braun mit je einem weißen Fleck auf den Vorderflügeln). Weibchen flugunfähig, mit tönnchenartiger Figur. Überwintert durch Eier. 2–3 Generationen jährlich.
Raupen: Dicht behaart, grauschwarz mit roten und blauen Flecken und 4 dicken, gelben Haarbüscheln auf dem Rücken. Leben auf den Blättern verschiedener Laubgehölze.

Pappelschwärmer

Großer Gabelschwanz

Mondvogel

Ringelspinner

Mittlerer Weinschwärmer

Schlehenspinner

Pfeileule, Schleheneule (*Apatele psi*)
Flügelspannweite: 30–45 mm.
Von Mai bis August fliegender Eulenfalter mit grauen Vorder- und braungrauen Hinterflügeln. Überwintert als Puppe. 1–2 Generationen jährlich.
Raupen: Schwarz mit breitem, gelbem Rückenstreifen, roten Querstreifen und langen Seidenhaaren. Typisch das lange, dunkle Horn am Vorderende. Leben auf Laubgehölzen, wie Obstbäumen, Schlehen und Linden.

Ahorneule (*Apatele aceris*)
Flügelspannweite: 35–45 mm.
Variabler Eulenfalter mit grauweißen Flügeln. Hinterflügel meist ganz weiß. Überwintert als Puppe. Jährlich 1 Generation.
Raupen: Grün mit weißen und braunen Haarbüscheln und schwarzumrandeten hellen Rückenflächen. Leben auf verschiedenen Laubgehölzen, vor allem Roßkastanien, Ahorn und Haselnußsträuchern.

Gemeine Graseule (*Agrotis exclamationis*)
Flügelspannweite: 35–45 mm.
Einer der häufigsten Eulenfalter, der auf Wiesen vorkommt. Vorderflügel braun, Hinterflügel beige. Überwintert als Raupe. Jährlich 1 Generation.
Raupen: Braun mit schwarzgerandeten, gelblichen Seitenstreifen, kaum behaart. Ruhen tagsüber am Boden von Wiesen, fressen nachts an Wildkräutern.

Gammaeule (*Autographa gamma*)
Flügelspannweite: 40–45 mm.
Einer der wenigen Eulenfalter, die auch am Tage fliegen. Variabel in der Zeichnung. Vorderflügel schwarzbraun mit deutlichem, weißem Y, Hinterflügel hellbraun. Wandert im Mai aus dem Süden ein. Jährlich 1–2 Generationen.
Raupen: Hellgrün mit dunkelgrünen Längsstreifen und 1 Paar „Nachschieber". Wenig behaart. Leben an verschiedenen Wild- und Gartenpflanzen.

Jakobskrautbär, Blutbär (*Thyria jacobaea*)
Flügelspannweite: 30–45 mm.
Weitverbreiteter Bärenspinner mit auffälliger schwarzroter Flügelfärbung. Hinterflügel ganz rot. Überwintert als Raupe. Jährlich 1 Generation.
Raupen: Gelbschwarz geringelt, wenig behaart. Leben gesellig an Greiskräutern (*Senecio*-Arten).

Brauner Bär (*Arctia caja*)
Flügelspannweite: 50–75 mm.
Sehr variabel gefärbter Bärenspinner. Vorderflügel weißbraun gefleckt, Hinterflügel orangerötlich mit blauen Flecken. Überwintert als Raupe. Jährlich 1 Generation. Kommt spätnachts gerne ans Licht.
Raupen: Schwarz mit langen, glänzenden weißlichen und orangefarbenen Haaren, die dicht aus weißen Warzen wachsen. Leben unter Kräutern und zwischen Gräsern und fressen nachts.

Schwarze Garteneule (*Mamestra persicariae*)
Flügelspannweite: 35–40 mm.
Variabler Eulenfalter mit schwarzen Vorderflügeln, die je einen weißen, nierenförmigen Fleck tragen, Hinterflügel hellbraun. Überwintert als Puppe. Jährlich 1 Generation.
Raupen: Variieren von Hellgrün bis Braun mit dunkleren Dreiecken auf dem Rücken. Wenig behaart. Leben an verschiedensten Wildkräutern.

Pfeileule

Ahorneule

Gemeine Graseule

Gammaeule

Jakobskrautbär

Brauner Bär

Schwarze
Garteneule

Rotes Ordensband (*Catocala nupta*)
Flügelspannweite: 65–75 mm.
Eulenfalter, zur Gruppe der roten Ordensbänder gehörend. Vorderflügel rindenartig gefärbt und gezeichnet, überdecken in Ruhestellung die rotschwarzen Hinterflügel völlig. Überwintert durch Eier. Saugt in der Abenddämmerung gerne an Fallobst.
Raupen: Lang, schlank, rindenfarbig, mit großen „Nachschiebern". Ruhen tagsüber gut getarnt in Rindenspalten, fressen nachts an Weiden und Pappeln.

Fliederspanner (*Hemrophila abruptaria*)
Flügelspannweite: 30–50 mm.
Rindenförmig gefärbter und gezeichneter Spanner. Weibchen größer als Männchen. Überwintert als Puppe.
Raupen: Graubraun bis schwarz mit dunkleren oder rötlichen Flecken. Leben an verschiedenen Sträuchern, vor allem am Flieder.

Birkenspanner (*Biston betularia*)
Flügelspannweite: 40–50 mm.
Zu den Spannern gehörender Nachtfalter. Weibchen größer als Männchen. Flügelfärbung je nach Vorkommen schwarz oder weißschwarz. Gilt als typisches Beispiel für Industriemelanismus. Die Art kam früher nur in weißschwarzer Färbung vor, so daß sie auf flechtenbewachsenen Rinden gut getarnt war. In rußigen Industriegebieten hat sich mit der Zeit eine schwarzgefärbte Form (f. *carbonaria*) ausgebildet und verbreitet, die ebenfalls gut getarnt ist. Überwintert als Puppe. Jährlich 1 Generation.
Raupen: Grün oder braun. Bei Gefahr halten sich die Raupen – wie alle Spannerraupen – mit den hinteren beiden Fußpaaren an der Unterlage fest und strecken den Körper gerade weg, so daß sie wie ein Stengel oder Ästchen wirken. Ruhen tagsüber und fressen nachts an verschiedenen Laubbäumen, vor allem Birken.

Hausmutter (*Noctua pronuba*)
Flügelspannweite: 45–55 mm.
Häufigster Vertreter der auffällig gezeichneten Eulenfalter. Vorderflügel bräunlich mit dunkelbraunem oder bläulichem, nierenförmigem Fleck, Hinterflügel gelb bis orangefarben mit breitem, schwarzem Band. Männchen insgesamt dunkler als Weibchen. Überwintert als Raupe. Jährlich 1 Generation.
Raupen: In der Färbung variabel. Bräunlich oder grünlich mit hellen Längsstreifen und dunklen, quadratischen Rückenflächen. Leben meist in der Erde, fressen an verschiedenen niederwüchsigen Pflanzen.

Achateule (*Phlogophora meticulosa*)
Flügelspannweite: 45–50 mm.
Eulenfalter mit orange- bis olivfarbenen, gezackten Vorderflügeln mit dunklerer Zeichnung und hell- bis olivbraunen Hinterflügeln. Wandert im Mai aus dem Überwinterungsgebiet im Süden ein. Jährlich 1 Generation.
Raupen: Grün oder braun mit hellen Rückenstreifen und roten Querstreifen. Leben auf verschiedenen niederwüchsigen Pflanzen und können in Gärten und Gewächshäusern großen Schaden anrichten.

Rotes Ordensband

Birkenspanner

Fliederspanner

Birkenspanner

Hausmutter

Achateule

Kleiner Frostspanner (*Operophtera brumata*)
Flügelspannweite: 20–30 mm.
Zu den Obstbaumschädlingen gehörender Spanner. Männchen mit gelbgrauen Flügeln, Weibchen mit stark verkümmerten Flügeln, flugunfähig, spinnenähnlich. Überwintern durch Eier.
Raupen: Grün mit dunkler Rückenlinie und hellen Querbinden. Leben auf fast allen Laubgehölzen, vor allem aber an Obstbäumen. Fressen im Frühjahr die Knospen und das junge Laub oft vollständig weg.

Braunbindiger Spinnerspanner (*Lycia hirtaria*)
Flügelspannweite: 35–45 mm.
Kleiner, rindenförmig gefärbter und gezeichneter Spanner. Kommt auf Wiesen, in kleinen Wäldchen und Grünanlagen vor. Überwintert als Raupe. Jährlich 1 Generation.
Raupen: Rötlichbraun mit roten Linien und gelben oder weißen Flecken. Leben an Laubbäumen, vor allem an Linden, Weiden, Apfel- und Birnenbäumen.

Zitronenspanner (*Opisthograptis luteolata*)
Flügelspannweite: 30–35 mm.
Von anderen Spannern leicht an seiner zitronengelben Färbung zu erkennen. Fliegt in der Dämmerung zwischen Bäumen und Büschen. Überwintert als Puppe im Laubstreu. Jährlich 2 Generationen.
Raupen: Grün oder braun mit schmalen hellen Ringen und typischer, fleischiger Erhebung auf der Rückenmitte. Leben vor allem an Weißdorn, Schlehe und Geißblatt, fressen nachts.

Holunderspanner, Nachtschwalbenschwanz (*Ourapteryx sambucaria*)
Flügelspannweite: 40–55 mm.
Eine der größten Spannerarten mit weißlichgelber Färbung und schwalbenschwanzartig ausgezogenen Hinterflügeln. Flügel braun gerandet. Lebt an Waldrändern, in Parks und Gärten. Überwintert als Raupe. Jährlich 1 Generation.
Raupen: Braun, lang, dünn, mit feinen hellen und dunklen Längslinien. Leben vor allem an Holunder, Efeu, Liguster, Weißdorn und Schlehe.

Gemeiner Blattspanner (*Xanthorhoe fluctuata*)
Flügelspannweite: 20–25 mm.
Gehört zu den häufigsten Spannern. Sehr variable Zeichnung, dunkelgrau auf weißlichen Vorderflügeln. Hinterflügel weißlich bis grau. Überwintert als Puppe. Jährlich 2 Generationen.
Raupen: Grau bis grün mit helleren, trapezförmigen Rückenflecken. Lebt an verschiedenen Kreuzblütengewächsen, Johannis- und Stachelbeeren.

Stachelbeerspanner, Harlekin (*Abraxas grossulariata*)
Flügelspannweite: 35–40 mm.
Auffällig gezeichneter, sehr variabler Spanner. Gelblichweiß mit schwarzen Flecken und zwei rötlichgelben Querbändern. Überwintert als Raupe. Jährlich 1 Generation. Früher sehr häufig, jetzt seltener.
Raupen: Grünbraun bis schwarz. Leben an Stachel- und Johannisbeeren, Weißdorn und Schlehen.

Braunbindiger Spinnerspanner

Kleiner Frostspanner

Zitronenspanner

Nachtschwalbenschwanz

Gemeiner Blattspanner

Stachelbeerspanner

Zu den sogenannten **Kleinschmetterlingen** gehören viele kleine, unscheinbare Nachtfalter, die wir volkstümlich als „Motten" bezeichnen.

Mehlzünsler (*Pyralis farinalis*)
Flügelspannweite: 20–25 mm.
Weißlichgrauer, unscheinbarer Zünsler mit weißlichen Hinterflügeln und weißlichen Vorderflügeln mit breitem, grauem Rand. Kommt in Mehlprodukten in Getreidemühlen, Lagerhäusern und Haushalten vor. Überwintert als Raupe, die sich in dichten Gespinströhren aufhält.
Raupen: Beige bis weißlich mit brauner Kopfkapsel. Leben gesellig auf welkem und trockenem Laub, in Sämereien und Mehlprodukten. Können bei Massenauftreten große Schäden anrichten.

Zünsler (*Eurrhypara hortulata*)
Flügelspannweite: 25–30 mm.
Grauweiß gefärbter, weitverbreiteter Zünsler. Ruht am Tage mit ausgebreiteten Flügeln meist an der Unterseite von Blättern, ist nachts aktiv. Überwintert als Raupe. Jährlich 1 Generation.
Raupen: Gelblichweiß mit grüner Rückenlinie und brauner Kopfkapsel. Leben an Brennesseln und anderen krautigen Gewächsen.

Braune Hausmotte (*Hofmannophila pseudospretella*)
Flügelspannweite: 15–25 mm.
Weltweit verbreitete Faulholzmotte, die in Lagerhäusern, Vogelnestern und Wohnhäusern vorkommt. Vorderflügel graubraun mit 2 dunklen Flecken. Hinterflügel hellgraubraun. Flügel gefranst. Ganzjährig vorkommend.
Raupen: Weißlich mit dunkler Kopfkapsel. Leben an organischen Substanzen verschiedenster Art. Gehen gerne an Teppiche und Tapeten.

Kleidermotte (*Tineola bisselliella*)
Flügelspannweite: 10–15 mm.
Unscheinbare, kleine Echte Motte mit beigeweißen, schmalen, gefransten Flügeln. Früher sehr häufig, heute aber durch Anwendung chemischer Bekämpfungsmittel, synthetischer Stoffe und chemischer Reinigung nicht mehr sehr häufig. Ganzjährig in mehreren Generationen.
Raupen: Weiß mit gelblichbrauner Kopfkapsel. Leben in Gängen, die auf der Oberfläche von Stoffasern gesponnen werden, an fast allen tierischen Fasern.

Samenmotte, Weißschultrige Hausmotte (*Endrosis sarcitrella*)
Flügelspannweite: 15–20 mm.
Weltweit verbreiteter Schädling mit dunkelgrauen Vorderflügeln mit weißer Schulter. Hinterflügel hellgrau. Flügel gefranst. Ganzjährig vorkommend.
Raupen: Mattweiß mit brauner Kopfkapsel. Leben in der Natur von modernden Pflanzenresten, in Häusern von Nahrungsmitteln aller Art.

Tapetenmotte (*Trichophaga tapetzella*)
Flügelspannweite: 10–25 mm.
Weltweit verbreitete Echte Motte, die Lagerräume und Dachböden alter Häuser bewohnt. Flügel weißlichgelb, gefranst. Vorderflügel an den Schultern dunkelgrau.
Raupen: Gelblich mit dunkelbrauner Kopfkapsel. Ernähren sich von tierischen Materialien aus den Nestern von Vögeln und Säugetieren. Bevorzugen feuchte Bedingungen und sind eher in verlassenen als in bewohnten Häusern zu finden.

Mehlzünsler

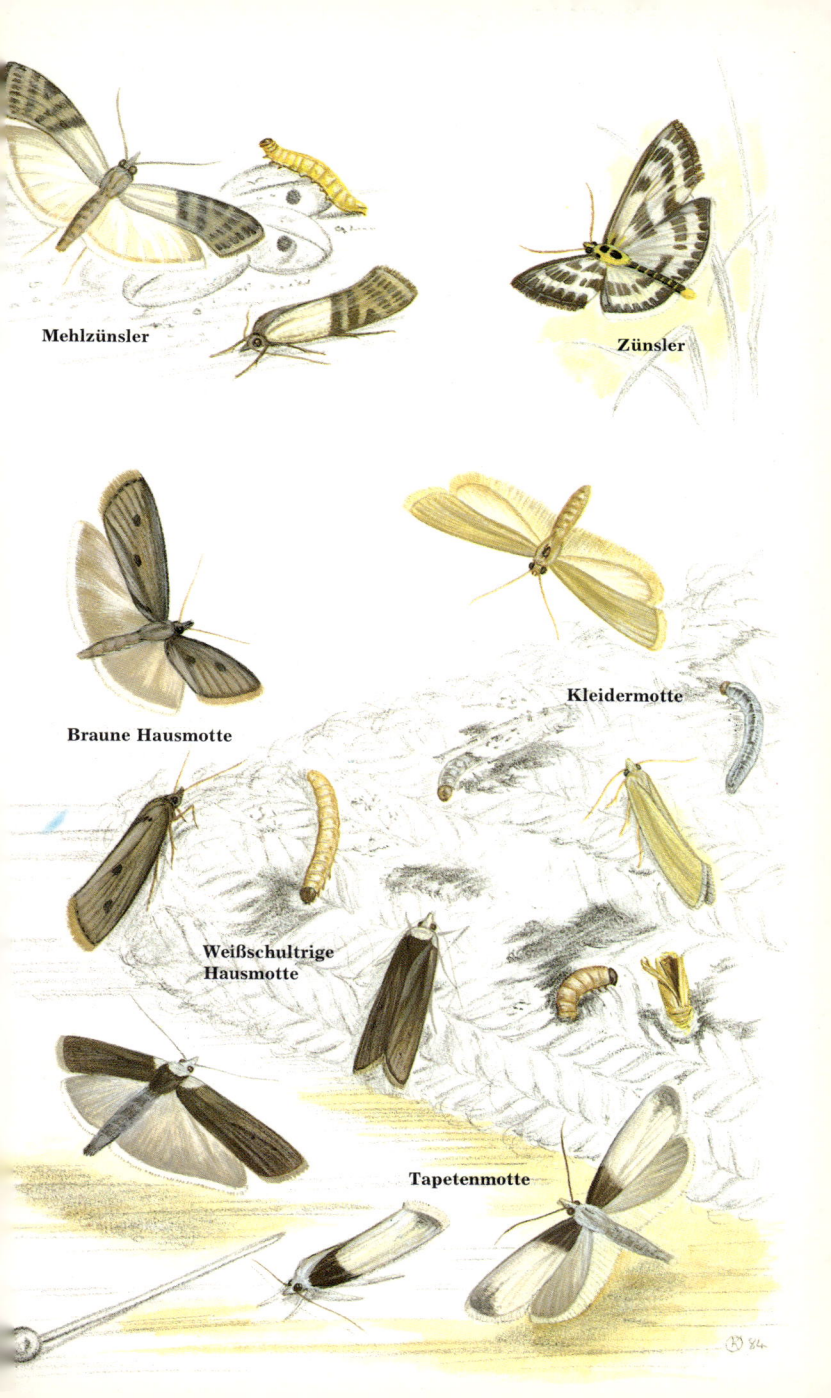

Zünsler

Braune Hausmotte

Kleidermotte

Weißschultrige Hausmotte

Tapetenmotte

Wohnungen und Haushalte bieten vielen **ungebetenen Gästen** aus dem Reich der Insekten günstige Lebensbedingungen:

Pharaoameise (*Monomorium pharaonis*)
2–5 mm lange Ameise (Arbeiterin 2–2,5 mm, Männchen 3 mm, Königin 4–5 mm) mit rötlichgelber Färbung. Lebt wie alle Ameisen in Kolonien, besitzt jedoch pro Kolonie mehrere Königinnen. Hält sich am liebsten an warmen Orten um 30 °C auf und legt ihre Nester in Ritzen und Spalten von Bäckereien, Krankenhäusern, Gewächshäusern und Terrarien an.

Gemeine Küchenschabe, Kakerlake (*Blatta orientalis*)
18–30 mm große, weltweit verbreitete Schabe, die an gleichmäßig warmen Orten vorkommt, bevorzugt jedoch in Bäckereien, Gastwirtschaften, Kantinen und Krankenhäusern. Sie ist in der Nacht aktiv und rennt bei Störungen blitzschnell davon. Tagsüber ruht sie in Ritzen und Spalten in der Nähe von Heizungsrohren, Öfen und anderen wärmeabstrahlenden Einrichtungen. Schaben sind Allesfresser, richten zwar keine großen Schäden an, sind aber überaus lästig, da sie sich sehr schnell und massenweise vermehren, Nahrungsmittel durch ihren Kot und andere Abfallprodukte verunreinigen und Krankheiten übertragen können. Die Männchen sind bräunlich mit wohlentwickelten Flügeln, die Weibchen dunkler mit Stummelflügeln. Die Weibchen legen ihre Eier in weißlichbraunen Kapseln zu 10–15 Stück ab.

Katzenfloh (*Ctenocephalides felis*)
Ca. 2 mm großes, braunes, flügelloses, blutsaugendes Insekt mit seitlich abgeplattetem Körper und langen Springbeinen. Nur die erwachsenen Tiere saugen Blut. Die Larven leben nicht auf ihrem Wirtstier, sondern in dessen Nest oder in Bodenritzen und sind Allesfresser. Der Katzenfloh ist neben dem Hundefloh (*C. canis*) einer der häufigsten Flöhe, seit der Menschenfloh (*Pulex irritans*) selten geworden ist. Katzen- und Hundeflöhe gehen kurzzeitig auch an den Menschen.

Silberfischchen, Zuckergast (*Lepisma saccharina*)
Ca. 10 mm langes, silbrigweißes Urinsekt. Wärmeliebend. Kommt in Südeuropa und Asien im Freien, bei uns jedoch nur in Häusern vor. Bevorzugt feucht-warme Stellen, wie Badezimmer, Toiletten und Küchen. Nachtaktiv. Lebt von stärkehaltigem Material.

Pelzkäfer (*Attagenus pellio*)
4–6 mm großer, schwarzer Käfer mit je einem weißen Punkt auf den Flügeldecken. Weltweit verbreitet. Lebt auf den Blüten von Schlehen, Weißdorn und Obstbäumen. Larven besitzen am Ende einen langen Schwanz aus feinen Haaren. Sie leben von Federn, Pelzen, Leder, Haaren, Teppichen.

Holzwurm, Totenuhr (*Anobium punctatum*)
3–5 mm langer, schmaler, bräunlicher Klopfkäfer mit vorgewölbtem Bruststück. Larven (Holzwürmer) leben im Holz, in das sie große Gangsysteme fressen, in denen sie sich im Laufe von 2 und mehr Jahren zum fertigen Käfer entwickeln. Bei der Paarung „klopfen" die Käfer zur gegenseitigen Ortung.

Wollkrautblütenkäfer, Kabinettkäfer (*Anthrenus verbasci*)
2–3 mm großer, grünbrauner Käfer mit 3 hellen Flügelbinden. Weltweit verbreitete, zu den Speckkäfern gehörende Art, die vor allem in naturwissenschaftlichen Sammlungen große Schäden anrichten kann. Larven gelbbraun und haarig, mit langen Haarbüscheln am Hinterende. Die Käfer leben auf den Blüten des Wollkrautes, die Larven von Fell, Haaren und dgl.

Pharaoameise

Gemeine Küchenschabe

Katzenfloh

Silberfischchen

Pelzkäfer

Holzwurm

Wollkrautblütenkäfer

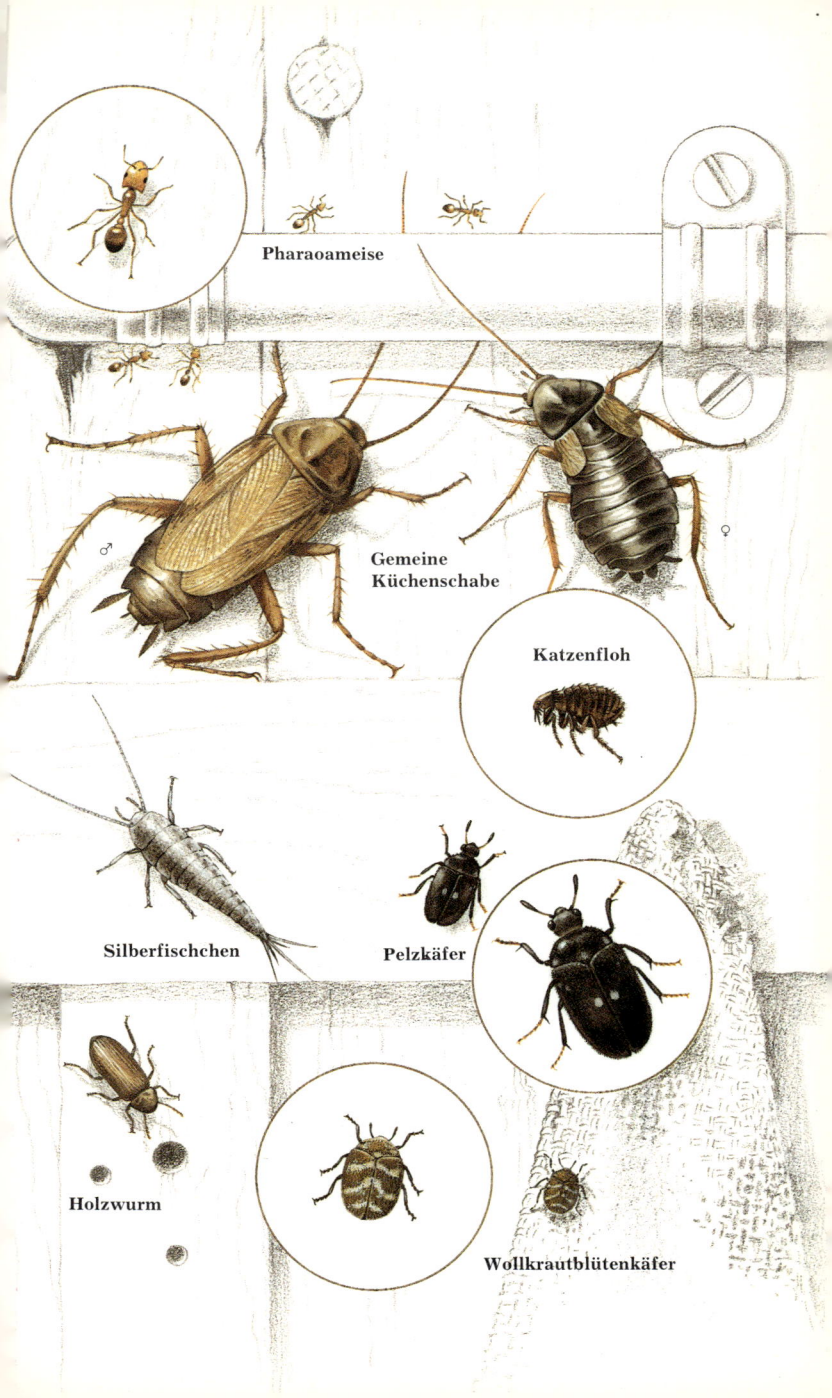

Gartenbesitzer betrachten die Insekten gerne unter dem Gesichtspunkt „Nützlich oder schädlich?". Die Nützlichkeit von Bienen und Hummeln als Bestäuber und Honiglieferanten ist inzwischen so bekannt, daß diese Tiere – obwohl sie empfindlich stechen können – wohlwollend betrachtet und gepflegt werden. Die Schädlichkeit der Blattläuse ist aber ebenso bekannt, und diese Insekten werden mit allen Mitteln bekämpft.
In einem Garten kommen aber noch viele andere Insekten vor, die zwar nicht gerade schädlich sind, über deren Nutzen man aber nichts weiß, und die daher als „unnütz" gelten und auch bekämpft werden. Zu den **Insekten, die in fast jedem Garten zu finden sind,** gehören:

Brauner Grashüpfer (*Chorthippus brunneus*)
15–25 mm große Feldheuschrecke mit kurzen Fühlern und bräunlichgrüner Färbung. Männchen mit orange-grüner Zeichnung auf dem zweiten Flügelpaar. Nur die Männchen zirpen (Reiben der Beine an den Flügeldecken). Lebt am Boden und im Gras, bevorzugt an trockenen Stellen. Ernährt sich von Kräutern und Gras.

Blattläuse (*Aphidina*)
2–5 mm große, weichhäutige, geflügelte oder ungeflügelte, grüne, rotbraune oder schwarze Insekten, die Pflanzensäfte saugen und bei Massenbefall große Schäden anrichten können.

Goldleiste (*Carabus violaceus*)
20–35 mm langer, metallisch glänzender Laufkäfer mit violetten bis blaugrünen Rändern an Rückenschild und Flügeln. Lebt tagsüber versteckt unter Steinen und Laub an feuchten Stellen. Geht nachts auf Raub nach kleineren Insekten.

Siebenpunkt-Marienkäfer (*Coccinella septempunctata*)
5–8 mm großer, rundlicher, orangeroter Marienkäfer mit 7 schwarzen Flekken auf den Flügeldecken. Überwintert gesellig unter Rinde, Moos und Steinen. Larven größer als Käfer, langgestreckt, graublau mit gelben Flecken. Marienkäfer und ihre Larven sind große Blatt- und Schildlausvertilger und gehören zu den wichtigsten Nützlingen im Garten.

Maikäfer (*Melolontha melolontha*)
20–25 mm großer Käfer mit braunen Flügeldecken, schwarzem Rückenschild und schwarzem, spitz auslaufendem Hinterteil. Die Männchen besitzen große, 7blättrige Fühler, die Weibchen kleinere, 6blättrige. Die Larve (Engerling) ist weißlich mit gelber Kopfkapsel, lebt im Boden und ernährt sich von feinen Wurzeln. Die Entwicklung bis zum fertigen Käfer dauert 3–4 Jahre. Der fertige Käfer überwintert im Boden, bevor er im nächsten Mai ausfliegt.

Moderkurzflügler (*Ocypus oleus*)
20–30 mm langer, schwarzer, oft metallisch glänzender Käfer mit verkürzten Flügeldecken (Kurzflügler) und kräftigen Kauwerkzeugen. Lebt tagsüber unter Holz und Laub versteckt, jagt nachts kleine Insekten.

Gemeiner Ohrwurm (*Forficula auricularia*)
15–20 mm langes, allgemein bekanntes Insekt mit abgeflachtem, braunschwarzem Körper, der am Ende ein Paar kräftige Zangen trägt. Riecht unangenehm. Tagsüber versteckt an feuchten Stellen unter Steinen, Laub, Holz und in welken Blüten. Nachts aktiv. Lebt von tierischer und pflanzlicher Nahrung, vertilgt auch Blattläuse.

Brauner Grashüpfer

Blattläuse

Siebenpunkt-Marienkäfer

Goldleiste

Maikäfer

Moderkurzflügler

Gemeiner Ohrwurm

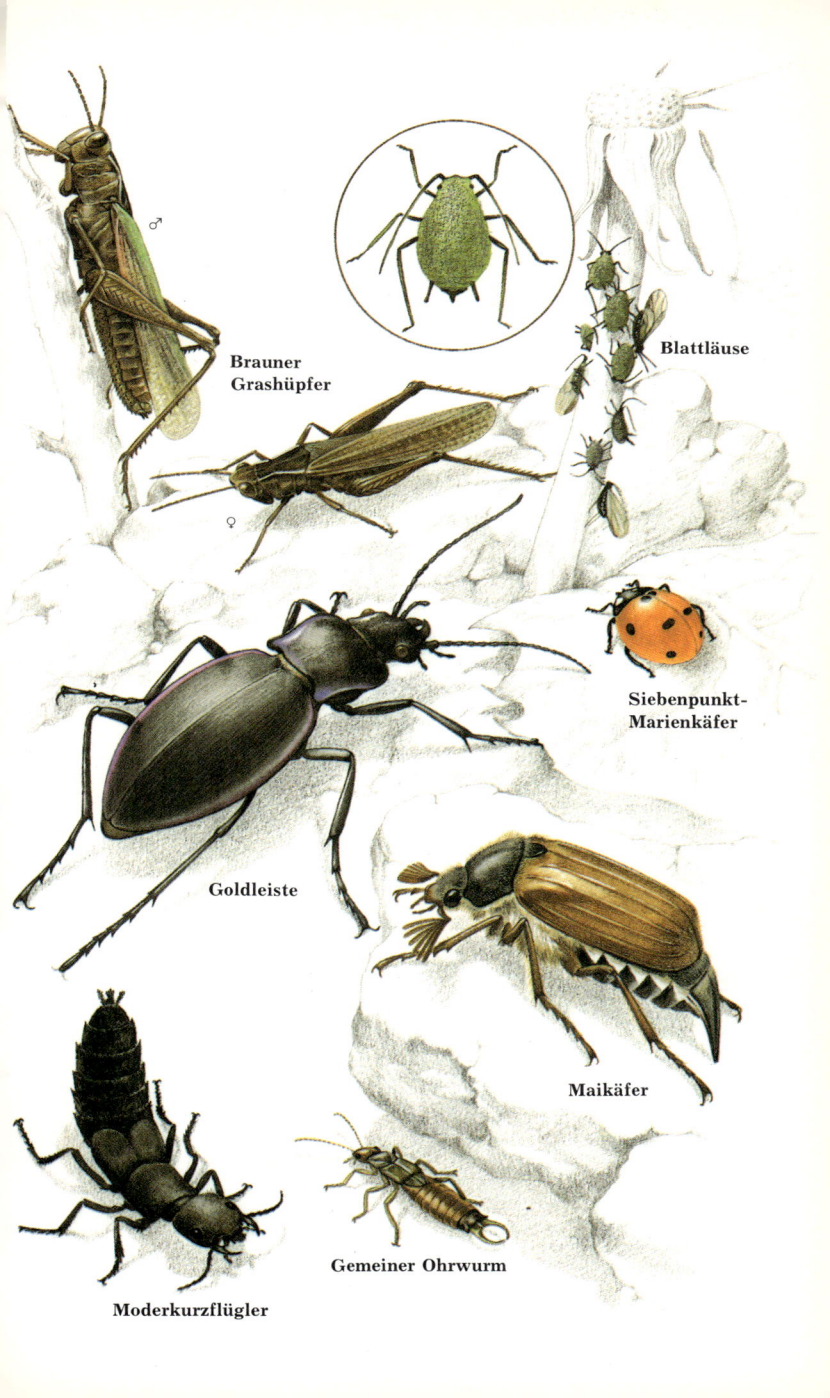

Blattschneider-Biene (*Megachile centuncularis*)
10–12 mm lange, braunschwarze, solitär lebende Biene mit rotbraunen Haaren an der Unterseite des Hinterleibes. mit denen sie Pollen sammelt (Bauchsammler). Die Weibchen schneiden aus Rosenblättern ovale Stückchen heraus, mit denen sie ihre Brutröhre in hohlen Stengeln oder Bodenritzen auspolstern. Die Larve lebt von den Honigvorräten, die das Weibchen in die Röhre eingetragen hat.

Riesenholzwespe (*Urocerus gigas*)
10–40 mm große, schwarzgelbe Holzwespe. Einer unserer größten Hautflügler. Weibchen wesentlich größer als Männchen, mit kräftigem Legebohrer. Einzeln lebend. Hauptsächlich im Wald an sonnigen, lichten Stellen mit gefällten Nadelbäumen vorkommend. Fliegt sehr schnell und geräuschvoll, kann jedoch nicht stechen! Die Eier werden in weiches Holz abgelegt.

Honigbiene (*Apis mellifera*)
16–20 mm lang (Königin 16–20 mm, Arbeiterin 12–15 mm, Männchen 14–18 mm). Gehört zu den bekanntesten Insekten und gilt als ,,Haustier". Weltweit verbreitet und gezüchtet. Wichtiger Bestäuber und Honig- und Wachslieferant. Honigbienen besitzen einen hochorganisierten Staat. Die Weibchen und die Arbeiterinnen (nicht ausgereifte Weibchen) tragen einen mit Widerhaken versehenen Stachel, der mit einer Giftdrüse in Verbindung steht. Sticht die Biene einen Menschen, so bleibt der Stachel (oft mit herausgerissenen inneren Organen) in der Haut stecken, und das Tier muß sterben.

Erdhummel (*Bombus terrestris*)
18–25 mm lange Hummel (Arbeiterin 18 mm, Königin bis 25 mm). Gehört zu den häufigsten und auffälligsten Hummeln. Mit schwarzer Behaarung und gelbem Ring an Vorderbrust und Hinterleib. Hinterleibsende weiß oder orangefarben. Hummeln besitzen einen einjährigen Staat, und nur die befruchteten Weibchen überwintern. Sie gründen im Frühjahr neue Staaten in tiefen Nestern im Boden. Wichtiger Blütenbestäuber.

Ackerhummel (*Bombus agrorum*)
15–20 mm große Hummel (Arbeiterin 15 mm, Königin 20 mm) mit variabler Färbung, jedoch stets ohne gelbem oder orangefarbenem Band um die Brust. Gehört zu den häufigsten Hummelarten. Lebt in einjährigen Staaten. Die Nester werden an der Erdoberfläche angelegt, sind klein und enthalten nur etwa 100–200 ,,Zellen". Lebt von Nektar.

Gemeine Wespe (*Paravespula vulgaris*)
10–20 mm lange, häufige Wespenart mit typischer schwarzgelber Zeichnung. Bildet große Sommerstaaten in grauen Papiernestern im Boden oder an Gebäuden. Im Herbst sterben alle Tiere bis auf die befruchtete Königin ab. Das Papiernest entsteht aus moderndem Holz, das mit Speichel vermengt wird. Lebt von Insekten, die sie aussaugt, Nektar, süßen Säften und reifem Obst. Nur die Weibchen stechen, leben aber nach dem Stich weiter.

Schwarze Wegameise (*Lasius niger*)
2–10 mm lange, eher braune als schwarze Ameise (Arbeiterin 2–5 mm, Königin bis 10 mm, Männchen 3,5–5 mm). Eine unserer häufigsten Ameisen, die überall in Gärten und Wiesen vorkommt. Legt unter Steinen, Steinplatten und an Grashalmen ihr Erdnest an. Die Nesteingänge sind oft von ,,Lehmwällen" umgeben. Ernährt sich mit Vorliebe von den süßen Ausscheidungen (Honigtau) der Blattläuse, jagt aber auch kleine Insekten.

Riesenholzwespe

Blattschneider-Biene

Honigbiene

Erdhummel

Ackerhummel

Gemeine Wespe

Schwarze Wegameise

In Haus und Garten begegnet man – vor allem in den Sommermonaten – einer großen Anzahl von **zweiflügeligen Insekten:**

Kleine Stubenfliege (*Fannia canicularis*)
6–8 mm große, relativ häufige Fliegenart, kleineres Abbild der Großen Stubenfliege. Hinterleib der Männchen jedoch weißlichgelb gefärbt. Kommt fast das ganze Jahr über in Wohnungen vor.

Graue Fleischfliege (*Sarcophaga carnaria*)
13–15 mm große, kräftige Fliege mit hell- und dunkelgrau längsgestreifter Brust und hell- und dunkelgrau quergestreiftem Hinterleib. Die Weibchen legen ihre Eier an Kadavern und Kot, aber auch Frischfleisch ab.

Große Stubenfliege (*Musca domestica*)
8–9 mm lange, allgemein bekannte Fliege mit großen, rotbraunen Facettenaugen. Körper und Beine dunkel behaart. Das Weibchen legt bis zu 150 Eier auf verwesende Stoffe, Dung und Kompost ab. Lästiger Zweiflügler, der von Nahrungsresten lebt, Schmutz und Krankheitserreger verschleppt.

Schmeißfliege (*Calliphora vicina*)
8–11 mm große Fliege mit stahlblau gefärbtem, behaartem Körper und großen, rötlichen Facettenaugen. Die Männchen leben auf Blüten, die Weibchen legen bis zu 600 Eier auf toten Tieren ab – sei es eine tote Maus oder der Sonntagsbraten! Die weißen Larven ernähren sich vom Aas.

Florfliege (*Chrysopa carnea*)
7–10 mm große Florfliege mit zarten, grünen Netzflügeln, langen Fühlern und rotglänzenden Facettenaugen. Kommt in Wäldern und Gärten vor und lebt wie ihre Larven von Blattläusen. Überwintert in Gebäuden.

Schlammfliege (*Eristalis tenax*)
15–20 mm große, bienenähnliche Schwebfliege, die häufig an Blüten sitzt. Die grauen, walzenförmigen Larven tragen am Hinterende ein langes Atemrohr (Rattenschwanzlarven). Sie leben in Misthaufen und Jauchegruben.

Schwebfliege (*Syrphus ribesii*)
11–14 mm lange Schwebfliege mit großen, rötlichen Facettenaugen und schwarzgelber Zeichnung. Ihre kleinen, schneckenähnlichen Larven ernähren sich von Blattläusen. Nützlich im Garten.

Schwebfliege (*Epistrophe balteata*)
10–12 mm große Schwebfliege mit gelbschwarzen Längsstreifen auf der Brust und gelbschwarzen Querstreifen auf dem Hinterleib. Hinterleib plattgedrückt. Die Fliege „steht" praktisch in der Luft vor einer Blüte, um dann aber blitzschnell weiterzufliegen. Die Larven fressen Blattläuse.

Kohlschnake (*Tipula oleracea*)
Ca. 25 mm lange, graubraune Schnake mit spinnenartigen Beinen. Fliegt im August und September über Wiesen und kommt abends in die Wohnungen. Das Weibchen legt bis zu 1000 Eier in den Boden. Die dicken, graubraunen Larven leben von Graswurzeln. Sticht nicht!

Kaisergoldfliege (*Lucilia caesar*)
9–10 mm große metallisch goldgrün gefärbte Schmeißfliege, die oft in großer Zahl auf Dung, toten Tieren oder faulenden Stoffen zu finden ist. Die Weibchen legen ihre Eier auf Aas und Dung ab. Sticht nicht!

Kleine Stubenfliege

Graue Fleischfliege

Große Stubenfliege

Schmeißfliege

Florfliege

Schlammfliege

Schwebfliege

Schwebfliege

Kohlschnake

Kaiser-Goldfliege

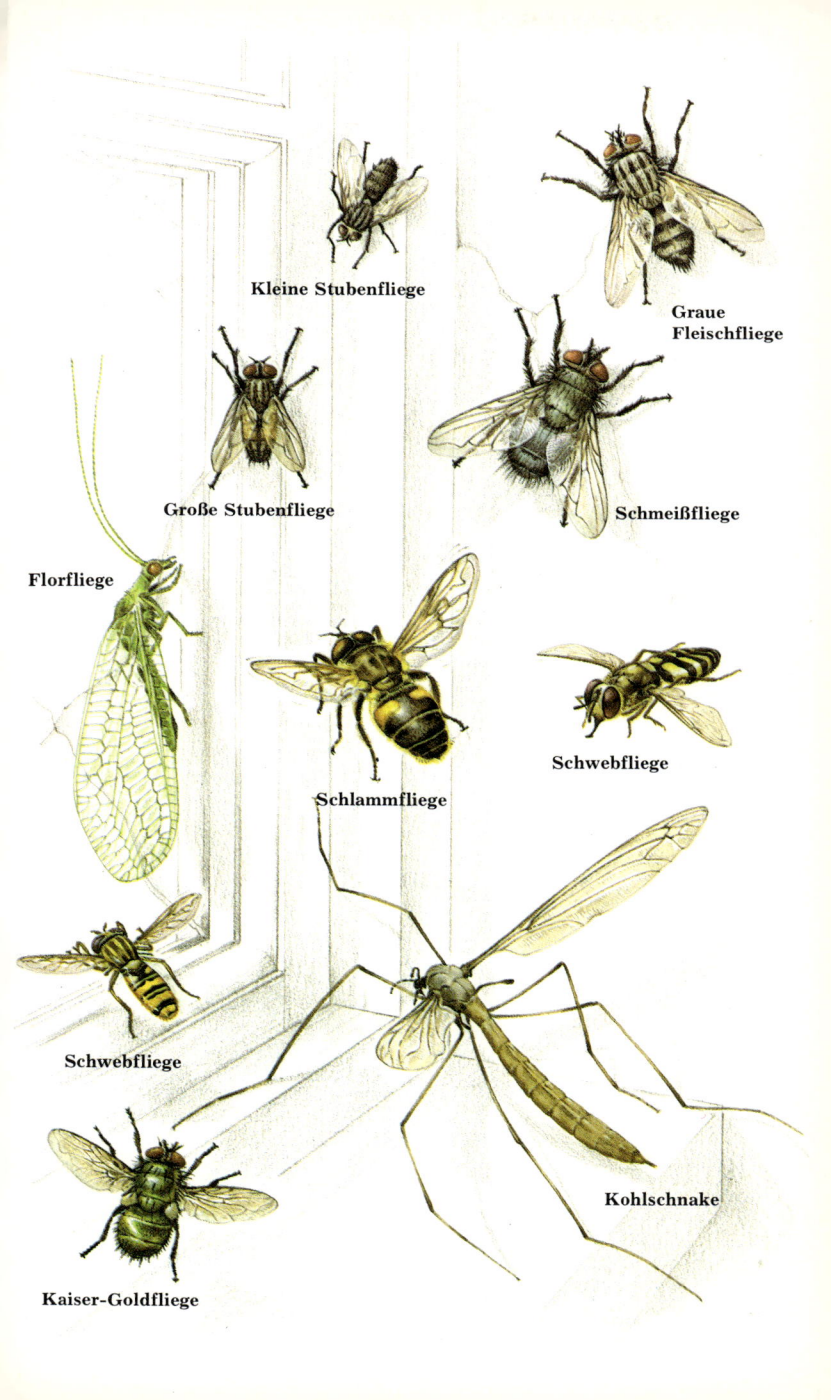

Die Anlage von Städten und Dörfern, Straßen und Wegen, Kanälen, eingedohlten Bachläufen und die Trockenlegung von Wiesen und Äckern bedeutet leider auch eine Vernichtung von Feuchtgebieten – Lebensbedingungen für vielerlei Sumpf- und Wassertiere. Gartenteiche, Parkseen und Entenweiher sind zwar nur ein schwacher Ersatz, aber besser als gar nichts. Alle im folgenden beschriebenen **sumpf- und wasserbewohnenden Insekten** fliegen und können somit auch frisch angelegte Gartenteiche besiedeln:

Blaugrüne Mosaikjungfer (*Aeshna cyanea*)
65–80 mm lange, blaugrüne Edellibelle mit gelblichen, glasartig durchscheinenden Flügeln (Flügelspannweite 100 mm) und großen, blaugrünen Facettenaugen. Sehr häufig vorkommend. Lebt wie ihre Larve räuberisch von Insektenlarven. Würmern, Kaulquappen und Jungfischen. Ihre Entwicklung dauert 2–3 Jahre. Überwintert im 1. Jahr durch Eier, im 2. durch Larven.

Große Heidelibelle (*Sympetrum striolatum*)
80–90 mm große, braune Segellibelle mit glasartigen Flügeln (Flügelspannweite 55 mm) und großen, braunen Facettenaugen. Gehört zu den häufigeren Libellenarten. Lebt wie ihre Larve räuberisch von Insektenlarven, Würmern und Kaulquappen. Die Entwicklung dauert 1 Jahr. Überwintert durch Eier.

Große Pechlibelle (*Ischnura elegans*)
30 mm lange, blaugefärbte Schlanklibelle mit schlankem Körper (Name!). Besonders häufig an Parkseen und Gartenteichen zu finden. Lebt wie ihre Larve räuberisch von anderen Insekten, Würmern und Kaulquappen. Die Weibchen fressen sogar manchmal ihre Männchen auf.

Gemeiner Wasserläufer (*Gerris lacustris*)
8–12 mm große Wanze mit abgeplattetem, grauem Körper und langen Beinen, mit denen er ruckartig auf dem Wasser laufen kann. Lebt räuberisch von kleinen Insekten. Bewohnt in der Hauptsache ruhige, stehende Gewässer. Jährlich 2 Generationen. Das erwachsene Tier überwintert.

Taumelkäfer (*Gyrinus natator*)
5–7 mm großer, ovaler, schwarzer Käfer mit flachem Körper und kurzen, dicken Fühlern. Lebt auf dem Wasser, auf dem er sich in Gruppen blitzschnell kreis- oder sprialförmig fortbewegt. Käfer und Larven leben räuberisch von kleinen Insekten.

Rückenschwimmer (*Notonecta glauca*)
14–16 mm große Wasserwanze mit abgeplattetem, braungelbem Körper, langen, einseitig behaarten Ruderbeinen und kurzem Stechrüssel. Schwimmt auf dem Rücken (Name!). Ernährt sich räuberisch von kleineren Lebewesen. Sticht!

Gelbrandkäfer (*Dytiscus marginalis*)
25–35 mm großer Schwimmkäfer mit flachem, stromlinienförmigem Körper und langen, paddelförmigen, behaarten Hinterbeinen. Schwarzgrün mit gelbem Rand an Kopf, Brust und Flügeldecken. Lebt unter Wasser und kommt nur 4–7mal stündlich zum Luftholen an die Oberfläche. Käfer und Larven leben räuberisch von kleinen Wassertieren, auch Kaulquappen und schwachen Jungfischen. Kann fliegen und besiedelt rasch neu entstandene Gewässer. Geschützt.

Blaugrüne Mosaikjungfer

Große Heidelibelle

Große Heidelibelle

Gemeiner Wasserläufer

Taumelkäfer

Rückenschwimmer

Gelbrandkäfer

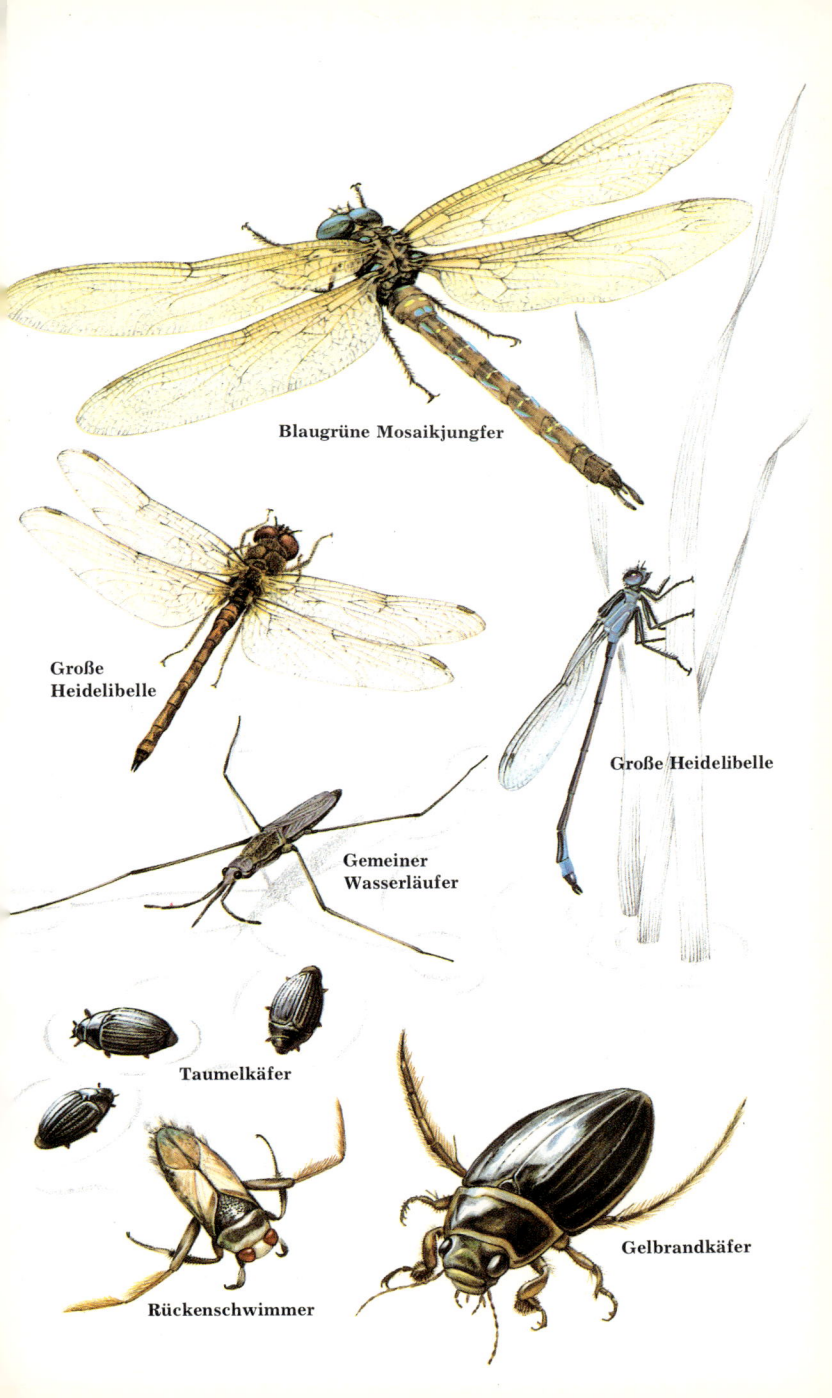

Spinnentiere

Spinnentiere sind meist landbewohnende Gliederfüßer mit einem zweigeteilten Körper, der aus einem Kopfbruststück und einem Hinterleib besteht. Am Kopfbruststück sitzen die punktförmigen Augen, die Mundwerkzeuge und 4 Paar Beine. Der Hinterleib ist gliedmaßenlos.
Zu den Spinnentieren gehören die Skorpione, Weberknechte und Spinnen.
Skorpione sind stark chitinisiert und tragen große, beinartig entwickelte, scherentragende Mundwerkzeuge. Ihr Hinterleib verschmälert sich deutlich und trägt am Ende einen kräftigen Stachel, in den eine Giftdrüse mündet. Sie sind meist nachtaktiv, leben tagsüber unter Steinen und im Sand verborgen. In Deutschland gibt es keine freilebenden Skorpione.
Weberknechte besitzen einen gedrungenen, hochgewölbten Körper mit deutlich gegliedertem Hinterleib, der jedoch dem Kopfbruststück in voller Breite ansitzt und so eine Einheit bildet. Sie tragen lange, dünne Beine, die sehr schnell abbrechen. Leben von pflanzlicher und tierischer Nahrung.
Spinnen besitzen einen deutlich zweigeteilten Körper mit Kopfbruststück und ungegliedertem Hinterleib. Sie ernähren sich vorwiegend räuberisch von Insekten, die sie entweder erjagen oder in Fangnetzen erbeuten.

Weberknecht (*Phalangium opilio*)
5–9 mm langes, hellbraunes Spinnentier mit dunkelbrauner Zeichnung auf dem Rücken und langen, hellbraunen Beinen. Vollkommen harmlos! Lebt vorwiegend an trockenen Plätzen, in Gartenhäusern und Kellern.

Kürbisspinne (*Araniella cucurbitina*)
4–6 mm groß. Weibchen größer als Männchen. Hinterleib glänzend gelblichgrün, Beine grünlichbraun, bestachelt. Beidseitig der Mittellinie auf dem Hinterleib 4–5 Paar grubige Vertiefungen. Legt schräge bis waagrechte, handtellergroße Netze an. Lebt auf Bäumen und Sträuchern.

Sektorenspinne (*Zygiella x-notata*)
5–6 mm groß. Weibchen größer als Männchen. Graubraune Grundfärbung, Hinterleib silbrig glänzend mit dunkelgrauer Blattzeichnung. Baut ein typisches Radnetz, bei dem ein Sektor ausgespart ist. Oft in Hausnähe.

Gartenkreuzspinne (*Araneus diadematus*)
8–15 mm große Kreuzspinne, die in ihrer Färbung stark variiert, jedoch immer ein weißliches Kreuz auf dem Rücken trägt. Eine unserer größten Spinnen. Legt große, kreisförmige Radnetze an. Ungefährlich.

Baldachinspinne (*Linyphia triangularis*)
5–6 mm groß. Grundfärbung braunschwarz. Hinterleib länglich-oval. Weibchen größer, mit hellerem Hinterleib und dunkelbraunem Blattmuster. Legt hängemattenähnliche Netze an, die man im Spätsommer und Herbst überall in der Vegetation finden kann (Altweibersommer).

Mittelmeerskorpion (*Euscorpius flavicaudis*)
40 mm langer, dunkler Skorpion mit hellen Beinen. Kommt hauptsächlich im Mittelmeerraum vor. Lebt unter Steinen und Holz versteckt. Sein Stich entspricht etwa einem Wespenstich!

Sechsauge (*Dysdera crocata*)
10–12 mm große Sechsaugenspinne mit rosabraunem Rückenschild und hellgrauem bis rosabraunem Hinterleib, der im vorderen Bereich zwei deutliche Einkerbungen hat. Nachtaktiv, ruht tagsüber in kleinen, seidenen Gespinsten in Kellern und Gewächshäusern.

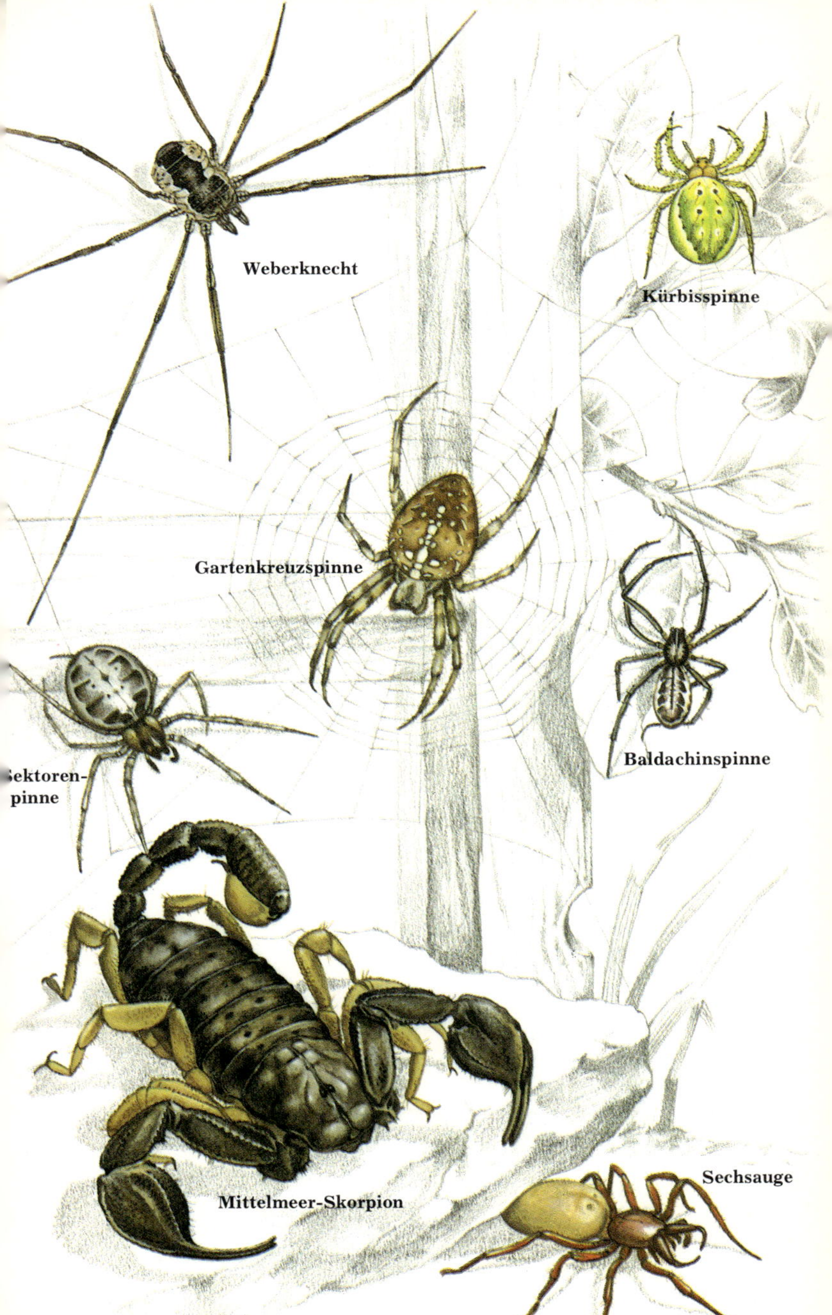
Weberknecht
Kürbisspinne
Gartenkreuzspinne
Baldachinspinne
ektoren-
pinne
Mittelmeer-Skorpion
Sechsauge

Zitterspinne (*Pholcus phalangioides*)
8–10 mm große, graubraune Spinne mit außergewöhnlich langen Beinen (wird daher oft für einen Weberknecht gehalten!). Webt unregelmäßige, kuppelförmige Deckennetze, in denen sie mit der Bauchseite nach oben hängt. Bei Gefahr beginnt die Spinne mit ihrem Körper so zu schwingen (zittern), daß sich die Körperumrisse im mitschwingenden Netz verwischen. Kommt ausschließlich in Häusern vor. Häufig und eine Plage für die Hausfrau.

Sechsauge (*Segestria senoculata*)
7–10 mm große, seßhafte Gewebespinne mit glänzend braungrauem, länglichem Kopfbruststück und braungrauem, länglichem Hinterleib. Beine hell-dunkel geringelt. Zeichnung auf dem Hinterleib erinnert an die Zeichnung einer Kreuzotter. Baut röhrenförmige Netze, von denen sich strahlenförmig Fangfäden ausbreiten. Lebt unter Steinen und Baumrinde und an alten Mauern.

Fensterspinne (*Amaurobius fenestralis*)
5–9 mm große, graubraune Fensterspinne mit graubraun geringelten Beinen und dunkler, herzförmiger Zeichnung auf hellerem Hinterleib. Lebt vor allem in Mauerlöchern, unter Steinen und loser Baumrinde. Nachtaktiv. Baut röhrenförmige Gespinste, von denen aus bläuliche Fangfäden ausgelegt werden.

Mauer-Hüpfspinne (*Salticus scenicus*)
5–6 mm große, schwarzweiß gezeichnete Springspinne mit dichten, kurzen Härchen besetzt. Tagaktiv. Lebt an und in Gebäuden, an sonnenbeschienenen Mauern, Zäunen und Hauswänden und lauert hier auf sich sonnende Insekten, die sie dann anspringt und mit einem Biß lähmt. Zieht sich nachts und bei Regen in ein feines, sackartiges Wohngespinst zurück.

Fettspinne (*Steatoda bipunctata*)
5–7 mm große, graubraune, stark glänzende Spinne (Name!) mit kurz-ovalem, oben abgeplattetem Hinterleib, der am Vorderrand und auf der Mittellinie ein helles Band trägt. Kommt in Deutschland ausschließlich in Häusern und deren näherer Umgebung vor. Ernährt sich von Flug- und am Boden laufenden Insekten. Webt unregelmäßige Deckennetze.

Speispinne (*Scytodes thoracica*)
4–6 mm große, gelblichbraune Spinne. Vorder- und Hinterleib fast gleich groß. Beine dünn und gelbbraun geringelt. Lebt vorwiegend in Häusern an Wänden und nahe der Decke. Nachtaktiv. Fängt ihre Beute, indem sie in zähflüssigen Zickzackfäden eine Leim-Giftmischung über das Opfer spritzt, das dadurch bewegungsunfähig wird.

Hausspinne (*Tegenaria atrica*)
Bis 18 mm große, braune bis dunkelbraune Winkelspinne. Rückenschild meist breiter als Hinterleib. Hinterleib mit dunkler Winkelzeichnung. Stark behaart. Beine lang, bestachelt und fein behaart. Lebt vorwiegend in Häusern, ist meist nachtaktiv und webt dichte Gewebedecken in Zimmer- und Kellerecken. Sehr nützlich, da sie viele Insekten im Haus vertilgt.

Zitterspinne

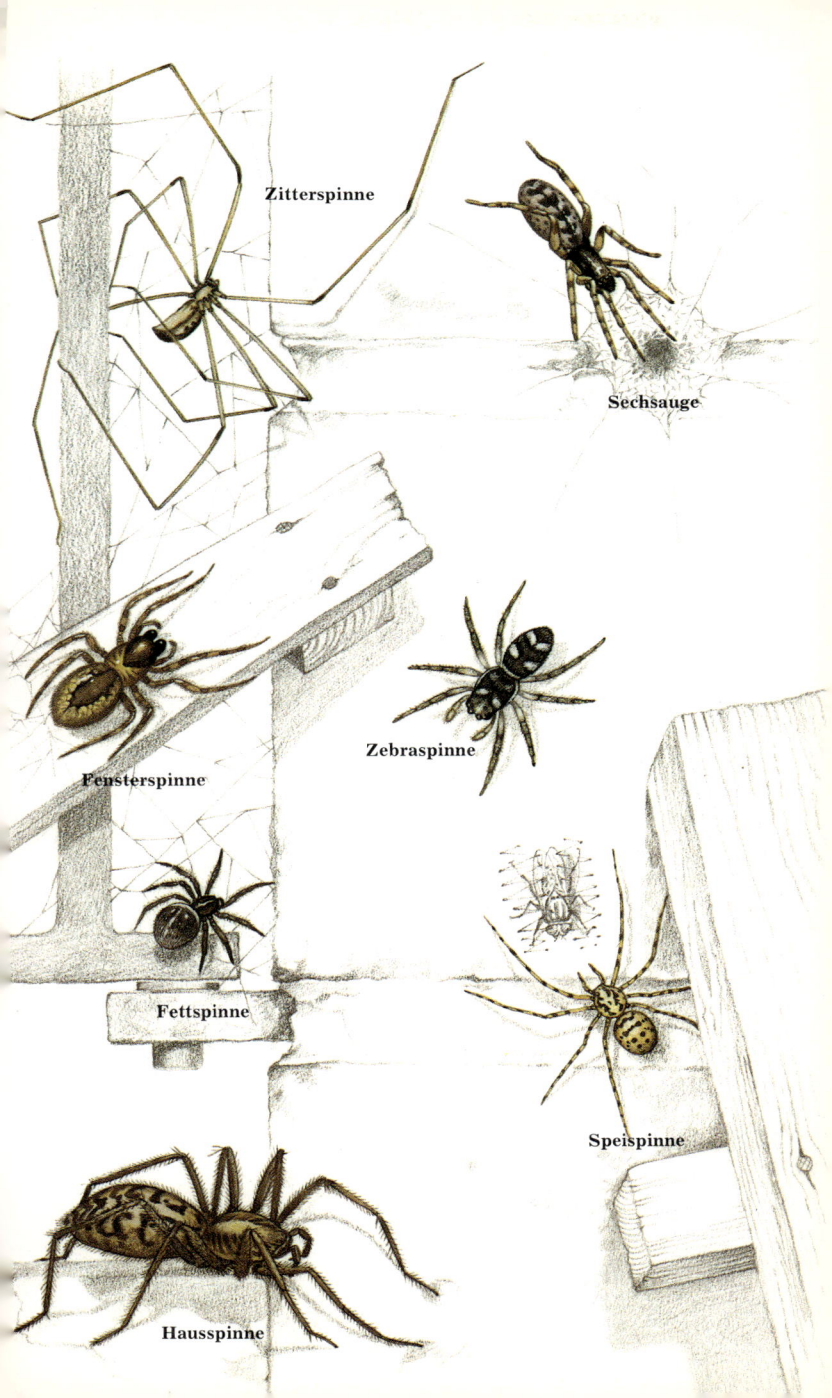

Sechsauge

Fensterspinne

Zebraspinne

Fettspinne

Speispinne

Hausspinne

Asseln, Hundertfüßer, Tausendfüßer

Außer den Insekten und Spinnentieren findet man in der Nähe menschlicher Behausungen noch andere Gliedertiere. Zu den bekanntesten von ihnen gehören wohl die Asseln, Hundert- und Tausendfüßer.
Asseln sind abgeplattete Krebstiere mit dickem, chitinisiertem Außenskelett, 7 Paar Beinen und 2 Paar Antennen. Die meisten von ihnen bewohnen die Meeresküste, einige leben im Süßwasser und einige an Land. Sie ernähren sich von abgestorbenen Pflanzenteilen, nagen aber auch an toten Tieren.
Hundertfüßer sind schlanke, meist sehr bewegliche Gliederfüßer mit abgeflachtem, aus vielen Segmenten bestehendem Körper. An jedem dieser Segmente sitzt ein Beinpaar – es können also tatsächlich 100 Beine vorhanden sein! Hundertfüßer leben räuberisch. Sie töten ihre Beute durch einen Biß mit ihren giftigen Kieferklauen. Ihre Opfer sind Insekten, Würmer und Spinnen. Unsere einheimischen Arten sind für den Menschen ungefährlich.
Tausendfüßer, auch Doppelfüßer genannt, sind meist wurmförmige, drehrunde oder abgeplattete Gliederfüßer mit je 2 Beinpaaren an jedem Körpersegment. Sie unterscheiden sich von den Hundertfüßern aber auch durch die viel zahlreicheren Segmente. Tausendfüßer leben in der Hauptsache von pflanzlichem Material.

Kleine Gartenassel (*Androniscus dentiger*)
6 mm große, rosafarbene Assel mit dunklem Mittelstreifen. Lebt im Garten und in Gewächshäusern. Nachtaktiv.

Kellerassel (*Porcellio scaber*)
16 mm lang, sehr variabel in der Färbung, heller als Mauerassel. Ebenso häufig wie diese und auch an den gleichen, feuchten Stellen zu finden.

Mauerassel (*Oniscus asellus*)
18 mm lang, dunkelgrau mit hellen Rückenflecken. Kommt häufig an feuchteren Stellen in Kellern, Wohnungen und Gärten vor. Kann mühelos eingesammelt werden, wenn man einfach feuchte Lappen auslegt und am nächsten Morgen die darunter angesammelten Asseln aufsammelt.

Erdläufer (*Geophilus longicornis*)
20–40 mm langer, gelblichbrauner Hundertfüßer mit 49–51 Beinpaaren. Nachtaktiv und feuchtigkeitsliebend. Ernährt sich räuberisch von anderen Gliederfüßern und Würmern.

Bandfüßer (*Polydesmus complanatus*)
15–25 mm langer, abgeplatteter, gelbbrauner Tausendfüßer. Häufig. Lebt an feuchten Stellen unter Steinen und in der Laubstreu.

Rollassel (*Armadillidium vulgare*)
18 mm lang, dunkelgrau. Rollt sich bei Gefahr zu einer Kugel zusammen. Kommt gesellig an trockeneren Stellen, unter Steinen, gefällten Bäumen und in Kellern vor.

Brauner Steinläufer (*Lithobius forficatus*)
18–30 mm langer, brauner Hundertfüßer mit relativ langen Beinpaaren (15). Hält sich bevorzugt an dunklen, feuchten Stellen auf. Nachtaktiv. Lebt räuberisch von anderen Gliederfüßern und Würmern.

Dunkelbrauner Hundertfüßer (*Scutigera coleoptrata*)
30 mm langer, dunkelbrauner Hundertfüßer mit 15 Beinpaaren. Beine kürzer als beim Braunen Steinläufer, sonst recht ähnlich.

Kleine Gartenassel

Mauerassel

Kellerassel

Erdläufer

Bandfüßer

Rollassel

Brauner Steinläufer

Dunkelbrauner Hundertfüßer

Schnecken und Muscheln

Schnecken und Muscheln gehören zu den Weichtieren, wirbellosen Tieren mit weichem und glitschigem Körper und meist einer Schale (Gehäuse), in die sich der weiche Körper zurückziehen kann. Der Körper gliedert sich in Kopf, Fuß, Eingeweidesack und Mantel.
Schnecken sind feuchtigkeitsliebende Tiere, die fast alle Biotope besiedeln. Sie besitzen meist einen kräftigen, muskulösen Fuß, mit oder ohne Gehäuse. Das Gehäuse ist spiralig gedreht, in ihm liegt der ebenfalls gedrehte Eingeweidesack. Schnecken ernähren sich ganz unterschiedlich, sind Pflanzen- oder Allesfresser, Schmarotzer oder leben räuberisch.
Muscheln leben ausschließlich im Wasser und sind im allgemeinen wenig beweglich. Sie besitzen einen zweiseitig symmetrisch gebauten, seitlich abgeflachten Körper, der von 2 Schalenklappen umgeben ist. Sie leben von im Wasser lebenden Kleinsttieren (Plankton).

Garten-Wegschnecke (*Arion hortensis*)
25–40 mm lange, dunkelgraubraune Nacktschnecke mit schwarzen Seitenstreifen. In Gärten und Parks oft häufig. Pflanzenfresser.

Ackerschnecke (*Deroceras reticulatum*)
35–50 mm lange, gelblichweiße bis rötlichbraune Nacktschnecke mit deutlicher, dunkler Netzzeichnung. Kommt in Gärten und auf Äckern vor. Pflanzenfresser, der zum großen Schädling werden kann.

Gelbe Egelschnecke (*Limax flavus*)
75–100 mm lange, gelbe Nacktschnecke mit grauer Netzzeichnung. In Südeuropa beheimatet, kommt bei uns nur in feuchten Kellern und Gartenhäusern vor. Gilt als Vorratsschädling und frißt Kartoffeln, Pilze und Blumenzwiebeln.

Große Wegschnecke (*Arion rufus*)
100–150 mm lange, orangefarbene bis schwarze Nacktschnecke. Sehr häufig und weit verbreitet, auf Wegen, in Wäldern, Wiesen und Gärten. Ernährt sich sowohl von pflanzlicher als auch von tierischer Nahrung.

Gestreifte Laubschnecke (*Trichia striolata*)
Schnirkelschnecke mit relativ flachem, gelbgrauem bis braunrotem Gehäuse. Gehäuse 11–14 mm breit, 6–9 mm hoch. Lebt in feuchten Laubwäldern und Gebüschen. Pflanzenfresser.

Weinbergschnecke (*Helix pomatia*)
Gehäuseschnecke mit weißgrauem bis gelbbraunem Gehäuse mit nicht immer deutlich sichtbaren, dunkleren Streifen. Gehäuse 32–50 mm breit, 30–50 mm hoch. Kommt bevorzugt auf kalkhaltigem Grund in lichten Hainen und Gebüschen vor. Pflanzenfresser. Wird häufig als Delikatesse gesammelt. Das Sammeln bedarf jedoch einer Genehmigung!

Gefleckte Diskusschnecke (*Discus rotundatus*)
Gehäuseschnecke mit hornfarbenem, rotbraun geflecktem, dünnwandigem, scheibenförmigem Gehäuse. Gehäuse 5–7 mm breit, 2–3 mm hoch. Lebt an feuchten, schattigen Stellen in Wäldern und Gärten.

Große Glanzschnecke (*Oxychilus cellarius*)
Gehäuseschnecke mit gelbbraunem, unterseits hellerem, dünnwandigem, durchscheinendem Gehäuse. Gehäuse 9–12 mm breit, 5–6 mm hoch. Hält sich an feuchten Stellen auf, unter moderndem Holz und Laub.

Garten-Wegschnecke

Ackerschnecke

Gelbe Egelschnecke

Große Wegschnecke

Weinbergschnecke

Gestreifte Laubschnecken

Gefleckte Diskusschnecken

Große Glanzschnecken

Süßwasserbewohnende Wirbellose

In unseren Gewässern – Bächen, Tümpeln, Weihern – kommen neben den Insekten und deren Larven vor allem Süßwasserschnecken, Würmer und Kleinkrebse vor. Das Fehlen oder Vorhandensein dieser Art ist oft ein sicheres Zeichen für den Grad der Wasserverschmutzung.

Flache Tellerschnecke (*Planorbis planorbis*)
Gehäuseschnecke mit flachem, scheibenförmigem, hornbraunem Gehäuse. Gehäuse 14–17 mm breit, 3–4 mm hoch.
Lebt meist in stehenden Gewässern mit starkem Pflanzenwuchs, aber auch in schlammigen Tümpeln.

Eiförmige Schlammschnecke (*Lymnaea peregra*)
Schlammschnecke mit eiförmigem, dunkel- bis hellbraunem Gehäuse mit kurzem Gewinde. Gehäuse 15 mm breit, 15–20 mm hoch.
Bewohnt kleinere Gewässer und kommt auch noch in verschmutztem Wasser vor.

Bachflohkrebs (*Gammarus pulex*)
15–20 mm großer, weißlichgelber Flohkrebs mit seitlich abgeplattetem, bogenförmig geschwungenem Körper.
Kommt nur in fließenden, sauberen Gewässern vor. Erträgt keine Verschmutzung!

Große Schlammschnecke (*Lymnaea stagnalis*)
Größte einheimische, süßwasserbewohnende Gehäuseschnecke. Gehäuse 20–50 mm breit, 45–60 mm hoch, eirund bis länglich mit spitz ausgezogenem Gewinde, dünnwandig, hell- bis dunkelbraun.
Lebt in stehenden oder langsam fließenden Gewässern mit reichem Pflanzenwuchs.

Wasserassel (*Asellus aquaticus*)
8–12 mm lange, grauschwarze Süßwasserassel, die in Tümpeln und Teichen vorkommt, meist auf dem Gewässergrund lebt und sich von abgestorbenen Pflanzenteilen ernährt.

Wandermuschel (*Dreissena polymorpha*)
Kahnförmige, dreieckige Muschel mit gelb-braun gebänderten Schalen. 25–40 mm lang, 13–18 mm hoch. Stammt ursprünglich aus den Flüssen, die ins Schwarze und Kaspische Meer münden. Wurde von dort im 19. Jahrhundert vor allem durch Schiffe und Vögel verbreitet.
Lebt nun in Flüssen, Seen und Brackwasser, wo sie sich an Steinen, anderen Muscheln, Holz und ähnlichem festsetzt.

Bachröhrenwurm (*Tubifex tubifex*)
Zu den Ringelwürmern gehörender, bis 85 mm langer, rötlichbrauner Schlammröhrenwurm, der mit seinem Vorderende in einer aus Schlamm gefertigten „Wohnröhre" steckt. Das Hinterende führt im Wasser pendelnde Bewegungen aus.
Hält sich gerne in verschmutzten Gewässern im Schlamm- und Sandboden auf. Bildet meist große Kolonien, die den Gewässerboden rötlich färben. Bekanntes und beliebtes Futtertier für Zierfische!

Flache Tellerschnecke

Eiförmige Schlammschnecke

Bachflohkrebs

Große Schlammschnecke

Wasserassel

Schlammröhrenwürmer

Wandermuschel

Fische

Dank der nachlassenden Verschmutzung der Gewässer und mit Hilfe der vielen Gewässerschützer, Naturschutz- und Angelvereine gibt es in unseren Flüssen, Bächen und Teichen wieder die verschiedensten Fischarten in größerer Anzahl. Brachsen, Ukelei und Plötze z. B. werden häufig zur Renaturalisierung der Gewässer ausgesetzt. In Teichen und „toten" Kanälen leben Karpfen und Plötzen, in Bächen und anderen Fischgewässern Forellen. Hier nur eine kleine Auswahl von Fischen, die in unseren heimischen Gewässern wieder vorkommen bzw. eingesetzt werden:

Dreistacheliger Stichling (*Gasterosteus aculeatus*)
4–10 cm langer Stichling mit 3 freistehenden Stacheln vor der Rückenflosse. Häufiger Fisch in Bächen, Teichen und Kanälen. Die Männchen sind zur Laichzeit prächtig gefärbt und zeigen ein ganz besonderes Balz- und Brutverhalten. Stichlinge werden auch gerne zu Beobachtungszwecken in Schul- und Heimataquarien gehalten.

Regenbogenforelle (*Salmo gairdneri*)
Über 60 cm langer Lachsfisch mit rosaschillernder Seitenlinie und dunklen Flecken auf Rücken und Schwanzflosse. Stammt aus Nordamerika und wurde Ende des vorigen Jahrhunderts bei uns eingeführt, weil sie fast doppelt so schnell wächst wie die Bachforelle. Wird hauptsächlich in extra angelegten Fischgewässern gehalten. Bekannter und beliebter Speisefisch.

Plötze, Rotauge (*Rutilus rutilus*)
Bis 40 cm langer Karpfenfisch mit typischem, rötlichem Augenring, rötlichen Flossen, grünlichem Rücken und silbrigglänzenden Seiten. Häufiger Schwarmfisch, der in allen ruhigen Süßwassertypen vorkommt.

Flußbarsch (*Perca fluviatilis*)
Ca. 50 cm langer Echter Barsch. Rücken dunkelgrau mit 6–9 dunklen Querbändern. Bauch gelblichgrün. Brust-, Bauch- und Schwanzflossen rötlich. Zweigeteilte Rückenflosse, deren vorderer Teil aus Stachelstrahlen gebildet wird. Kommt in stehenden und fließenden Gewässern vor. Lebt in der Jugend im Schwarm, später einzeln.

Karpfen (*Cyprinus carpio*)
Bis 120 cm langer Karpfenfisch mit hohem Rücken, 4 Barteln am Maul, breiter, zweizipfeliger Schwanzflosse und großen, goldbraunen Schuppen. Kommt bei uns hauptsächlich als Zuchtfisch vor. Wichtigster Süßwassernutzfisch. Lebt in Teichen, Weihern und langsam fließenden Flüssen. Bevorzugt wärmere Gewässer mit reichem Pflanzenwuchs. Kommt in verschiedenen Zuchtformen vor (Lederkarpfen, Spiegelkarpfen, Zeilenkarpfen).

Aal (*Anguilla anguilla*)
Bis 150 cm langer, schlangenartiger, grünschwarzer Fisch mit Flossensaum, ohne Bauchflossen und winzigen Schuppen. Nachtaktiv, ernährt sich räuberisch von Wasserinsekten, Krustentieren und kleinen Fischen. Laicht im Atlantik im Bereich des Sargassomeeres. Die Larven (Glasaale) kommen im Verlauf einiger Jahre mit dem Golfstrom an die Küsten Europas. Die Männchen bleiben in Mündungsnähe der Flüsse, die Weibchen ziehen flußaufwärts, bleiben eine Reihe von Jahren in Süßgewässern und kehren dann zum Laichen in den Atlantik zurück. Nach dem Laichen sterben sie. Aale kommen in stehenden und langsam fließenden Gewässern vor, tolerieren eine gewisse Verschmutzung, nicht aber Mangel an Sauerstoff.

Dreistacheliger Stichling

Regenbogenforelle

Rotauge

Flußbarsch

Karpfen

Aal

Lurche und Kriechtiere

Alle europäischen Lurche und Kriechtiere sind selten geworden und gehören zu den geschützten Tierarten!
Lurche sind wechselwarme, an feuchte Biotope gebundene Wirbeltiere. Sie besitzen in der Regel eine nackte, drüsenreiche Haut und zwei Gliedmaßenpaare. Die erwachsenen Tiere leben normalerweise an Land und atmen mit Lungen und durch die Haut, zum Laichen benötigen sie allerdings Wasser. Die Larven leben im Wasser und atmen mit Kiemen.
Kriechtiere sind wechselwarme Wirbeltiere mit drüsenloser, verhornter, mit Schuppen bedeckter Haut, die sich an trockenen, sonnigen Plätzen aufhalten und in der Hauptsache von Insekten und anderen Wirbellosen leben.

Mauereidechse (Lacerta muralis)
20–25 cm lange, schlanke Eidechse mit rötlichbrauner, helldunkel gefleckter Oberseite und heller, weißlicher oder rötlicher Unterseite. Sehr wärmebedürftig. Bewohnt steiniges, trockenes Gelände.

Waldeidechse, Bergeidechse (Lacerta vivipara)
Ca. 16 cm lange, gedrungene Eidechse mit hell- bis dunkelbraunem Rücken, oft mit hellen und dunklen Längsstreifen. Bauchseite hell mit dunklen Flecken. Bringt lebende Junge zur Welt. Bewohnt Bergwiesen, Moore, Geröllhalden und Bahndämme.

Blindschleiche (Anguis fragilis)
50 cm langes, graubraunes Kriechtier mit dunklem Rückenstreifen. Jungtiere gelbbraun mit dunklem Rückenstreifen und dunkler Unterseite. Die Blindschleiche wird oft als Schlange bezeichnet, ist in Wirklichkeit aber eine Echse, der die äußeren Gliedmaßen (Beine) fehlen. Vollkommen harmloses Tier! Lebt auf feuchten Wiesen, an Waldrändern und in Gärten, meist unter flachen Steinen oder Holz. Bringt lebende Junge zur Welt.

Grasfrosch (Rana temporaria)
Ca. 10 cm groß. Oberseite gelb- bis schwarzbraun mit dunklen Flecken, Unterseite hellbeige. Häufigster Froschlurch, in ganz Mitteleuropa heimisch. Lebt im Wald und auf feuchten Wiesen. Laicht sehr zeitig im Frühjahr. Ernährt sich von Insekten, Würmern und Schnecken.

Erdkröte (Bufo bufo)
9–12 cm große Kröte mit grau- bis rotbrauner, warziger Haut und waagrechter Pupille. Nachttier, das tagsüber unter Steinen und Moos verborgen lebt. Ernährt sich von Insekten, Würmern, Schnecken und Spinnen. Laicht in Tümpeln, Weihern und Seen. Da diese jedoch nicht mehr so häufig sind, muß sie oft große Laichwanderungen unternehmen, die oft über stark befahrene Straßen führen, so daß jedes Jahr Tausende von Erdkröten auf ihren Wanderungen getötet werden.

Kammolch (Triturus cristatus)
Bis 18 cm langer, braunschwarzer Schwanzlurch mit gelborangefarbener Unterseite. Größter europäischer Molch. Männchen zur Paarungszeit mit mächtigem, häutigem Rückensaum und prächtiger Färbung. Lebt außerhalb der Paarungs- und Laichzeit an Land unter feuchtem Moos und Holz.

Teichmolch (Triturus vulgaris)
10–11 cm langer, gelbbrauner Schwanzlurch mit dunklen Flecken. Männchen zur Paarungszeit mit Hautsaum und gelbroter Färbung. Bevorzugen ruhige, pflanzenreiche Gewässer.

Mauereidechse

Bergeidechse

Blindschleichen

Grasfrosch

Erdkröte

Kammolch

Teichmolch

Graureiher

Haubentaucher

Vögel

Von allen wildlebenden Tieren dürften dem Städter die Vögel am vertrautesten sein, denn viele Vögel können ganz gut in der Stadt und ihrer näheren Umgebung leben, einige sind sogar richtige Zivilisationsfolger geworden, man denke nur an die Möwen oder Rabenvögel, die oft in Scharen auf Müllhalden und Auffüllplätzen anzutreffen sind. Sind in einer Stadt auch noch ausreichende Wasserflächen vorhanden, so kann man sogar verschiedene **Wasservögel** antreffen, z. B.:

Graureiher (*Ardea cinerea*)

90 cm großer Stelzvogel. Einziger bei uns brütender Reiher mit aschgrauem Gefieder und schwarzer Federhaube auf weißem Kopf. Langer Hals, der in Ruhe und beim Flug S-förmig eingezogen ist. Ernährt sich von Kleinsäugern, Kriechtieren, größeren Insekten, Amphibien und Fischen, denen er im seichten Wasser auflauert. Nistet in Kolonien auf hohen Bäumen. 4 Eier. Geschützte Art, die durch starke Bejagung (in der Hauptsache von Anglern, die um ihre Fische fürchteten) selten geworden ist. Wird aufgrund der Größe und hellen Gefiederfärbung oft mit dem Storch verwechselt!

Haubentaucher (*Podiceps cristatus*)

Ca. 48 cm großer Lappentaucher mit langem Hals, dunklem Kragen, rötlichen Kopfseiten und dunklen „Federohren". Schnabel spitz. Unterscheidet sich aus der Ferne auf dem Wasser von Enten durch seine tiefe Lage im Wasser. Lebt an Seen und Teichen, vor allem wenn diese von einem dichten Pflanzengürtel umgeben sind. Schwimmnest nahe am Ufer im Schilfgürtel. 4 Eier. Ernährt sich tauchend von Fischen. Im Stadtbereich vorzugsweise im Winter auf nicht zufrierenden Teichen zu sehen. Geschützt.

Bleßhühner

Teichhuhn

Zwergtaucher

Bleßhuhn (*Fulica atra*)
38 cm großer, schieferschwarzer Wasservogel mit weißem Stirnschild und weißlichem Schnabel. Pflanzenfresser. Schwimmnest im Pflanzengürtel. 6–9 Eier. Im Stadtbereich vor allem im Winter anzutreffen. Unverwechselbar.

Zwergtaucher (*Tachybaptus ruficollis*)
Mit ca. 27 cm der kleinste Lappentaucher. Gestalt gedrungen, Hals kurz, Gefieder dunkelbraun mit kastanienbraunem Hals und weißem Fleck an der Schnabelwurzel. Lebt an seichten, nicht zu dicht bewachsenen Gewässern. Nistet am Ufer. 5 Eier. Frißt vorwiegend kleine Wasserinsekten, deren Larven, Kaulquappen und kleine Fische (vor allem Stichlinge). Geschützt, da durch Trockenlegung von Feuchtgebieten, Wasserverschmutzung und Uferbebauung, die dem Vogel die notwendige Deckung zur Brutzeit raubt, die Bestände stark zurückgegangen sind.

Teichhuhn (*Gallinula chloropus*)
33 cm große, oberseits olivbraune, unterseits schwarze Ralle mit weißem Band an den Seiten, rotem Stirnschild, gelbem, spitzem Schnabel und weißen Unterschwanzdecken. Überall an stehenden und fließenden Gewässern zu finden. Nest meist an Land unter Büschen oder im Schilf versteckt. 6–8 Eier. Ernährt sich von Wasserinsekten, Würmern, Schnecken, Kaulquappen und Pflanzen. Sehr frostempfindliche Art. Im städtischen Bereich nur in sehr kalten Wintern zu finden.

Enten und Gänse sind äußerst beliebte Wasservögel, die vor allem auf Park- und Anlagenseen häufig und in großer Zahl zu sehen sind und viele Spaziergänger zu längerem Verweilen und Beobachten verlocken, vor allem natürlich, wenn die jungen, puscheligen Küken noch unbeholfen ihren Eltern folgen.

Kanadagans (*Branta canadensis*)
90–100 cm großer Entenvogel mit langem, schwarzem Hals. Kopf schwarz mit dreieckigem, weißem Seitenfleck. Rücken und Flügel hellbraun, Unterseite weiß. Schwanz schwarz. Geschlechter nur am Größenunterschied zu unterscheiden (Männchen größer). Ernährt sich von Pflanzen und Körnern. Nistet dicht am Ufer. 5–6 Eier. Aus Nordamerika eingeführt und zum Teil verwildert.

Reiherente (*Aythya fuligula*)
38–43 cm große Tauchente mit langem Federschopf am Kopf. Männchen schwarz-weiß gefärbt, Weibchen dunkelbraun mit helleren Seiten. Schnabel bei beiden Geschlechtern graugelb mit schwarzer Spitze. Nest gut getarnt nahe am Wasser im Schilf. 8–10 Eier. Lebt überwiegend von tierischer Nahrung, frißt aber auch Pflanzen. Sucht tauchend ihre Nahrung, selten gründelnd. Relativ seltene Art, die eigentlich geschützt werden sollte.

Höckerschwan (*Cygnus olor*)
150–160 cm großer, weißer, wohl bekannter Ziervogel auf Parkseen und

Haus-Moschusente

Stockenten

Weihern. Unterscheidet sich von anderen Schwänen durch seinen orangegelben Schnabel mit dem dicken, schwarzen Höcker an der Basis. Ernährt sich überwiegend von Wasser- und Schlammpflanzen. Nistet im Schilf oder auf extra angelegten „Inseln" im Wasser. 5–9 Eier. Die Jungen besitzen ein graubraunes Gefieder.

Haus-Moschusente (*Cairina moschata* f. *domestica*)
Männchen bis 86 cm groß, Weibchen viel kleiner. Variabel gefärbte Entenvögel mit nacktem, rotem Gesichtsfeld, das beim Männchen an der Schnabelseite geschwollen ist. Gezüchtete Hausform der wilden Moschusente aus Zentral- und Südamerika, die vor allem als Mastgeflügel gehalten wird. Kommt gelegentlich auch halbwild auf Anlagenseen und Parkteichen vor.

Stockente (*Anas platyrhynchos*)
50–58 cm große Gründelente mit äußerst variablem Gefieder, da sich Wildenten und auf Parkteichen ausgesetzte Zuchtformen miteinander paaren. Männchen weitaus farbenprächtiger als Weibchen, mit glänzend grünem oder blauem Kopf, weißem Halsband, gelbem Schnabel und nach oben aufgerollten Schwanzfedern. Weibchen gelblichbraun. Beide Geschlechter tragen einen violettblauen Flügelspiegel. Häufigste Stadtente. Nest nahe am Wasser im Gras oder auf Weiden. 7–14 Eier. Sucht ihre Nahrung an der Wasseroberfläche oder kopfunter tauchend vom Bodengrund. Ernährt sich von Pflanzen, Sämereien, Insekten, Würmern, Schnecken und wird im Stadtbereich natürlich – oft leider im Übermaß – mit Brot und Kuchen gefüttert.

Möwen sind heute auch in den Städten des Binnenlandes keine Seltenheit mehr. Wir sehen sie häufig und oft in großen Scharen an den Ufern von Parkseen, Stadtteichen und Flüssen, auf Müllkippen und Auffüllplätzen, in der Nähe von Kläranlagen, auf frisch gepflügten Feldern und an Schiffsanlegestellen.
Auf den ersten Blick sehen sie eigentlich alle gleich aus, bei näherem Hinsehen kann man aber doch verschiedene Arten erkennen:

Dreizehenmöwe *(Rissa tridactyla)*
Ca. 40 cm große Möwe mit gelbem Schnabel und schwarzen Beinen. Rücken und Flügel grau mit schwarzen Spitzen, ohne weiße Flecken. Hochseevogel, der nur zur Brutzeit an die Küsten kommt. Nistet in Kolonien meist an Steilküsten und auf Felsvorsprüngen, aber auch auf Fenstersimsen von Lagerschuppen in Hafenstädten. 2 Eier. Ernährt sich vorwiegend von Fischen und ist daher oft ständiger Begleiter von Fischereibooten.

Sturmmöwe *(Larus canus)*
Ca. 40 cm große Möwe mit grünlichem Schnabel und grünlichen Beinen, grauem Rücken und grauen Flügeln mit schwarzweißen Spitzen, weißem Kopf und weißem Bauch. Lebt an den Nordseeküsten, aber auch im Binnenland auf Äckern, Wiesen und Weiden. Brütet in großen Kolonien in Strandwiesen und Dünen, aber auch auf Gebäuden. 3 Eier. Schmarotzt gerne bei Lachmöwen. Nahrung vorwiegend tierisch, frißt aber auch Abfälle.

Lachmöwe *(Larus ridibundus)*
35–38 cm große, weißgraue Möwe mit rotem Schnabel, roten Füßen und grauen Flügeln mit schwarzen Spitzen. Erwachsene Tiere tragen im Sommer eine dunkelbraune „Kapuze", die jedoch im Winter bis auf einen dunklen Ohrenfleck verschwindet. Lebt vorwiegend im Binnenland an größeren Flußläufen und Seen. Brütet in Kolonien an schilfreichen Ufern, in Sümpfen und Mooren, auf Wattwiesen und an Strandseen. 3 Eier. Ernährt sich von Würmern, Insekten und deren Larven, die sie auf feuchten Wiesen und in frisch gepflügten Äckern sucht, aber auch von Abfällen aus Müllkippen und Kläranlagen.

Silbermöwe *(Larus argentatus)*
50–66 cm große, weißgraue Möwe mit silbergrauem Rücken, silbergrauen Flügeln, starkem, gelbem Schnabel mit rotem Fleck an der Spitze des Unterschnabels, fleischfarbenen bis gelben Beinen und weißschwarzem Schwanz. Häufigste Möwenart an der Nordseeküste. Brütet auf felsigen Inseln, in Dünen, auf Strandwiesen und auf Gebäuden. 3 Eier. Allesfresser, der selbst die Nester seiner Artgenossen ausraubt.

Heringsmöwe *(Larus fuscus)*
53–56 cm groß. Rücken und Flügel tief dunkelgrau. Kopf, Hals und Bauch weiß, Schwanz schwarzweiß, Schnabel und Beine gelb. Unterschnabel mit großem, rotem Fleck an der Spitze. Unterscheidet sich von der Silbermöwe durch dünneren Schnabel und dunklere Rücken- und Flügelfärbung. Lebt an Küsten und Stränden und ist im Binnenland nur auf der Rast an großen Seen und Flüssen zu beobachten. Brütet in großen Kolonien an flachen und felsigen Küsten und am Ufer von Binnenseen. 3 Eier. Allesfresser, raubt vor allem zur Brutzeit auch Eier und Junge anderer Seevögel.

Einjährige Möwen

Dreizehenmöwe

Sturmmöwe

Lachmöwen

Silbermöwen

Jungvogel

Heringsmöwe

Tauben gehören wohl zu den Vögeln, die jedem Städter ein Begriff sind, denn man sieht sie in den Städten fast überall auf Straßen und Plätzen, Mauervorsprüngen und Simsen, Straßenbahn- und Bushaltestellen und an Bahnhofshallen. Vielerorts sind sie sogar zu einer echten Plage geworden, und man mußte sich überlegen, wie man ihre Anzahl dezimieren kann, wie man Dächer und Gebäude vor ihrem Kot schützen und wie man ihre Vermehrung und Ausbreitung stoppen kann. Über Gebäude wurden Netze gespannt, die verhindern sollen, daß sich hier Tauben einnisten bzw. niedersetzen, Giftweizen wurde ausgelegt, in Bahnhöfen installierte man Ultraschallanlagen, die die „lästigen" Vögel fernhalten sollen, und man dachte auch an die „Pille" für Tauben. Durch die verschiedensten Berichte in Rundfunk und Presse sind diese Vögel leider etwas in Verruf geraten!

Ringeltaube (*Columba palumbus*)
Ca. 40 cm groß. Größte einheimische Taube mit schiefergrauem Gefieder. Halsseiten rot- und grünschillernd. Mit weißem Flügelbug und weißem Halsstreifen. Flügel mit dunklem Rand. Fliegt mit lautem Flügelklatschen auf und gurrt dumpf und laut. Kommt vor allem in Wäldern, Gärten und Parks vor. Nistet in Bäumen und Gebäuden. 2–3mal 2 Eier. Ernährt sich von Eicheln, Bucheckern, Beeren und Schnecken. Kommt aber auch zusammen mit Straßentauben vor und lebt von Abfällen.

Felsentaube (*Columba livia*)
Ca. 30–35 cm große, graublaue Taube mit leicht grünlichrot schillerndem Halsgefieder. Vorfahre unserer Haus- und Straßentauben. Bewohnt Felsengebiete an der Küste und im Binnenland. Nistet auf Felsklippen und in Höhlen. 2–3mal 2 Eier. Ernährt sich vorwiegend von Sämereien.

Hohltaube (*Columba oenas*)
33 cm große Taube. Ähnelt der Ringeltaube, besitzt jedoch keine weißen Hals- und Flügelflecken. Gefieder aschgrau mit rötlich schimmernder Brust. Bewohnt Laub- und Mischwälder mit altem Baumbestand. Nistet 2–3 mal jährlich in natürlichen Baumhöhlen. 2 Eier. Ernährt sich von Samen und Früchten.

Türkentaube (*Streptopelia decaocto*)
32 cm große, bräunlichgrau gefärbte Taube mit auffälligem, schwarzem Nackenband und dunkleren Schwungfedern. Ausgesprochener Kulturfolger. Bewohnt Parks, Gärten, Laub- und Mischwälder. Nistet auf Bäumen und Gebäuden. 3–4 mal 2 Eier. Ernährt sich von Beeren, Sämereien und Pflanzenteilen.

Außer diesen Arten sieht man natürlich noch viel mehr andere Tauben, manchmal mit auffälliger Färbung oder auffälliger Gefiederprägung. Diese Arten sind alles Zuchtformen.

Ringeltaube

Felsentaube

Hohltaube

Türkentaube

Turmfalke (*Falco tinnunculus*)
32–35 cm großer Greifvogel mit langem Schwanz und schmalen, spitzen Flügeln (Spannweite 71–80 cm). Grundfärbung beigebraun mit dunkleren Flecken. Männchen mit blaugrauem Kopf, Schwanz und Bürzel. Schwanz mit breiter, schwarzer, weißgesäumter Endbinde. Weibchen fast einheitlich rotbraun mit dunklen Längsflecken. Schwanz rotbraun. Benötigt zur Jagd auf ihre Beute (Mäuse, große Insekten, kleinere Vögel) offenes Gelände. Brütet in Felswänden oder alten Bäumen. Halbhöhlenbrüter. 4–6 Eier. Häufig in der Nähe menschlicher Siedlungen, auf Leitungsmasten und Straßenbäumen zu sehen.

Schwarzmilan (*Milvus migrans*)
55–60 cm großer, dunkelbrauner Greifvogel mit hellerem Kopf und nur wenig gegabeltem Schwanz, der bei völliger Entfaltung im Flug keine Gabelung mehr erkennen läßt. Kreist gerne mit leicht gekrümmten Flügeln über Felder und Wiesen. Flügelspannweite 160–180 cm. Brütet in Bäumen und Waldrändern und in der Nähe von Gewässern. 2–3 Eier. Ernährt sich vorwiegend von Aas und ist daher recht häufig an Straßenrändern zu sehen, wo er auf überfahrene Tiere lauert.

Waldkauz (*Strix aluco*)
38 cm große Eule mit rotbraun-weißlichem oder graubraun-weißlichem Gefieder. Kopf dick und rund mit großen, dunkelbraunen Augen, die von weißlichem Gefieder umgeben sind. Kommt vorwiegend in Laubwäldern mit altem Baumbestand, Parks, Alleen und alten Gärten vor, auch mitten in der Stadt. Brütet in natürlichen Baumhöhlen. 3–4 Eier. Tagsüber sitzt er regungslos auf einem Ast. Lebt von Feld- und Waldmäusen, Vögeln, großen Insekten, Fischen und Fröschen. Geschützt. Durch Erhaltung alter Bäume und Feldscheuern, kann man auch zur Erhaltung von Eulen und Käuzen beitragen, die immer seltener werden, da ihnen der natürliche Nistraum immer mehr entzogen wird.

Seidenschwanz (*Bombycilla garrulus*)
18 cm großer, unverwechselbarer Vogel mit rosabrauner Haube, schwarzem Kinn und Augenstreif, breiter, gelber Schwanzbinde und gelbschwarzer Flügelbinde. Kommt hauptsächlich in den Nadel- und Birkenwäldern des hohen Nordens vor. Nistet dort auf Bäumen. 4–6 Eier. Ernährt sich im Sommer von Mücken, im Winter von Beeren. Bei uns hin und wieder in regelrechten „Invasionen" an Beerensträuchern in Parks und Gärten auftretend. Geschützte Art!

Buntspecht (*Dendrocopos major*)
23 cm langer, auffällig schwarz-, weiß und rotgefärbter Specht. Oberseite schwarz mit weißen Flügelflecken. Unterseite vorne weiß, hinten rot. Männchen mit rotem Fleck im Genick. Jungvögel mit rotem Scheitel. Bewohnt Wälder, Parks, alte Obstgärten und Gärten. Nistet in selbstgemeißelten Baumhöhlen. 5–6 Eier. Lebt von unter der Rinde und im Holz lebenden Insekten, Sämereien und Nüssen. Im Winter auch an Vogelhäuschen zu finden, an denen fetthaltiges Futter ausgelegt wird. Oft eher zu hören als zu sehen (rhythmisches Klopfen an Bäumen oder warnende „glüglüglü"-Rufe). Zur Erhaltung der Spechte können wir durch Aufhängen von Nistkästen und Stehenlassen alter, morscher Bäume viel beitragen!

Schwarzmilan

Turmfalke

Waldkauz

Seidenschwanz

Buntspechte

Die im folgenden beschriebenen und abgebildeten Vogelarten sind alle **Zugvögel**, die nur den Sommer über bei uns anzutreffen sind, die kalte Jahreszeit aber im Süden verbringen.

Mehlschwalbe (*Delichon urbica*)
12 cm große Schwalbe mit reinweißer Unterseite und blaugrauer Oberseite. Schwanz nicht sehr tief eingeschnitten. Ähnelt der Rauchschwalbe, unterscheidet sich von dieser jedoch durch die reinweiße Unterseite, den weniger tief ausgeschnittenen Schwanz und die seitlich nicht verlängerten Schwanzfedern. Nistet in selbstgebauten, halbkugeligen Lehmnestern, die außen an Gebäuden, meist unmittelbar unter einem Vorsprung oder unter dem Dach angelegt werden. 5 Eier. Ernährt sich von Fluginsekten, die sie im Flug erjagt. Geschützt.

Mauersegler (*Apus apus*)
16 cm großer, schwalbenähnlicher Vogel. Gefieder bis auf einen weißen Kehlfleck schwarz gefärbt. Schwanz kurz und nur leicht gegabelt. Flügel lang, schmal und sichelförmig. Beine kurz. Flugbild ankerförmig. Brütet in Kolonien ursprünglich an Felsen, jetzt aber auch an Gebäuden in dunklen Spalten und Nischen. 3 Eier. Ernährt sich ausschließlich von Fluginsekten, die er auch nur im Flug erbeutet. Kommt nicht auf den Boden. Die kurzen Beine sind jedoch sehr gut zum Anklammern an senkrechten Wänden geeignet. Geschützt!

Rauchschwalbe (*Hirundo rustica*)
19 cm groß; unsere häufigste Schwalbe. Mit metallisch blauer Oberseite, rotbrauner Stirn und Kehle, weißlichgelber Unterseite und tief gegabeltem Schwanz, bei dem die beiden äußeren Federn deutlich länger sind. Nisten in selbstgebauten, oben offenen, viertelkugeligen Lehmnestern, die gewöhnlich an einem Gebäudesims kurz unter dem Dach angelegt werden. 5 Eier. Ernährt sich von kleinen Fluginsekten, die sie fliegend aufschnappt.
Man kann versuchen, Schwalben und Mauersegler anzulocken, indem man ihnen am Haus, am Stall oder an der Garage ca. 50 cm unter dem Dach einen künstlichen Sims anlegt, auf dem sie dann ihr Lehmnest anlegen. Über die örtlichen Vogelschutzvereine kann man auch schon angefangene Lehmnester erwerben, die zum Weiterbauen verlocken sollen.

Uferschwalbe (*Riparia riparia*)
12 cm groß. Unsere kleinste Schwalbe. Oberseite einheitlich braun, Unterseite weiß mit brauner Brustbinde. Kurzer Gabelschwanz. Koloniebrüter, der in Steilufern von Kies- und Sandgruben Höhlennester anlegt. 5 Eier. Ernährt sich von Fluginsekten, die sie vor allem morgens und abends über offenem Wasser jagt. Geschützt.

Wiedehopf (*Upupa epops*)
28 cm großer, unverwechselbarer Vogel mit schwarzweiß gebänderten Flügeln, Rücken und Schwanz. Kopf- und Brustgefieder braunrosa. Mit aufrichtbarer Haube (braunrosa mit schwarzen Spitzen). Schnabel lang, dünn und leicht gebogen. Lebt in offenem, warmem Gelände mit einzelnen Bäumen. Nistet in Baumhöhlen und Mauerlöchern, Steinhaufen und Holzstößen. 6–7 Eier. Lebt von am und im Boden lebenden Insekten, Spinnen und Würmern. Vom Aussterben bedroht, geschützt.

Mehlschwalbe

Mauersegler

Rauchschwalbe

Uferschwalbe

Wiedehopf

Auf Äckern und Wiesen, Müllkippen und Auffüllplätzen können wir immer wieder große Ansammlungen großer, dunkler Vögel beobachten, die verallgemeinernd alle als „Raben" oder „Krähen" bezeichnet werden. Bei genauerem Hinsehen kann man jedoch unterscheiden zwischen

Saatkrähe *(Corvus frugilegus)*
46 cm großer, schwarzer, purpurglänzender Rabenvogel mit nacktem, grauweißem Gesicht (Jungvögel auch hier schwarz gefiedert), das den Schnabel noch größer und kompakter erscheinen läßt und locker befiederten Schenkeln. Nistet oft in großen Kolonien in hohen Bäumen. 3–8 Eier. Kommt vorwiegend auf Acker- und Weideland vor und sucht hier im Boden lebende Kleintiere und Keimlinge. In einigen deutschen Bundesländern geschützt.

Rabenkrähe *(Corvus corone corone)*
47 cm großer, schwarzer, leicht grünlich glänzender Rabenvogel mit dunklem Schnabel und gerade abgeschnittenem Schwanz. Von der Saatkrähe durch das befiederte Gesicht und die enganliegende Schenkelfiederung zu unterscheiden. Nistet auf hohen Bäumen, Hochspannungsmasten und Türmen. 4–5 Eier. Ernährt sich von Körnern, Obst, Nüssen, Insekten, Würmern, Spinnen, kleinen Säugetieren, Aas und Abfällen aus Müllkippen und Abfallkörben. Kommt häufig am Rande oder in Siedlungen, auf Feldern und an Straßenrändern vor.

Nebelkrähe *(Corvus corone cornix)*
47 cm großer Rabenvogel mit grauschwarzem Gefieder. Unterscheidet sich von der Rabenkrähe nur durch ihren grauen Rumpf. Nistet in hohen Bäumen. 4–5 Eier. Allesfresser. Ist oft an Straßenrändern, Waldrändern, auf Feldern und Müllkippen zu sehen, wo sie nach Abfällen jeglicher Art sucht.

Dohle *(Corvus monedula)*
Etwa taubengroßer (33 cm) Rabenvogel mit schieferschwarzem Gefieder, grauem Nacken, weißgrauen Augen und relativ kleinem Schnabel. Nistet meist in Kolonien in Baumhöhlen oder Mauerlöchern (manchmal sogar in Schornsteinen, was mitunter nicht nur für den Vogel unangenehm werden kann!). 4–8 Eier. Allesfresser, der oft auf Müllhalden, Auffüllplätzen und in Kläranlagen zu sehen ist. Äußerst gelehriger Vogel. Geschützt.

Eichelhäher *(Garrulus glandarius)*
Etwa taubengroßer (33 cm), unverwechselbar gefärbter Rabenvogel mit rötlich-braunem Gefieder, schwarzem Bartstreif, blauschwarz gebänderten Flügeldecken, weißem Spiegel und Bürzel, schwarzem Schwanz und schwarzen Flügelspitzen. Gilt als „Wächter des Waldes", der mit hohem Alarmruf vor Gefahren warnt. Nistet in Bäumen, vor allem in Wäldern, aber auch in Streuobstbaumwiesen, waldnahen Friedhöfen und Parks. 5–7 Eier. Frißt vor allem Eicheln (Name!), aber auch andere Sämereien, Nüsse, Beeren, große Insekten und Vogeleier.

Elster *(Pica pica)*
46 cm großer, auffällig schwarzweiß gefärbter Rabenvogel mit langem, gestuftem, metallisch glänzendem Schwanz. Nistet vor allem in Baumkronen, in denen sie umfangreiche, sparrige Nester anlegt. 5–8 Eier. Bevorzugt offenes Gelände mit Hecken, Büschen und Bäumen, Parkanlagen und Friedhöfe. Ernährt sich von allem möglichen (Insekten, Kleinnager, Getreide, Obst, Aas, Abfälle). Als diebischer Vogel verschrien, weil sie glänzende Dinge liebt und in ihr Nest trägt.

Rabenkrähe

Saatkrähe

Nebelkrähe

Dohle

Eichelhäher

Elster

Drosseln und „**Amseln**" zählen mit zu den häufigsten Vögeln, denen der Städter in städtischen Anlagen und im Garten begegnen kann.

Wacholderdrossel (*Turdus pilaris*)
25 cm große Drossel mit relativ buntem Gefieder: Rücken kastanienbraun, Kopf und Bürzel hellgrau, Schwanz fast schwarz, Unterseite braun-beige „geschuppt". Brütet in lockeren Kolonien auf Bäumen und Büschen. 5 Eier. Bewohnt offenes Gelände mit ausreichend Bäumen und Büschen zum Brüten. Häufig auf den Rasenflächen öffentlicher Anlagen zu sehen. Ernährt sich im Sommer hauptsächlich von Insekten, Würmern und Schnecken, im Winter von Fallobst und Beeren. Zugvogel, der meist in Westeuropa überwintert.

Misteldrossel (*Turdus viscivorus*)
27 cm große Drossel. Größte einheimische Drossel, ähnelt sehr der Singdrossel. Oberseite hellbraun bis grau, Unterseite beigegelb mit dunklen Flecken. Flügelunterseiten und Schwanzende weiß. Nistet in den Astgabeln von Bäumen, meist dicht am Stamm. 4 Eier. Kommt an Waldrändern, auf Lichtungen, in Parkanlagen, Friedhöfen und Obstgärten vor. Lebt hauptsächlich von Insekten und Würmern, aber auch von Früchten und Beeren (Mistelbeeren!).

Rotdrossel (*Turdus iliacus*)
21 cm große Drossel mit auffallenden kastanienbraunen Körperseiten und Unterflügeldecken, sowie breitem, gelblichweißem Brauenstreif. Brust eher gestreift als gefleckt. Nistet meist in oder unter Wacholderbüschen in lichten Nadel- und Birkenwäldern. 5–6 Eier. Bei uns meist nur Wintergast. Lebt von Insekten, Würmern, Schnecken, Beeren und Früchten.

Singdrossel (*Turdus philomelos*)
23 cm große Drossel, ähnlich der Misteldrossel, jedoch kleiner, Oberseite dunkelbraun, Unterseite weißlich, kleiner und dichter gefleckt. Nistet in Hecken und Sträuchern. 5 Eier. Lebt in Gebüsch, dichtem, feuchtem Unterholz, in Nadelwäldern, Wiesen, Friedhöfen und Parkanlagen. Ernährt sich hauptsächlich von Insekten, Würmern, Schnecken und Fallobst. Frißt auch Gehäuseschnecken, deren Schalen sie auf einem Stein zerschlägt. Um diesen Stein („Drosselschmiede") herum findet man dann oft in größeren Mengen aufgeschlagene Schneckenhäuser, die von einer größeren Mahlzeit Zeugnis ablegen.

Amsel, Schwarzdrossel (*Turdus merula*)
25 cm große, schwarze (Männchen) oder dunkelbraune (Weibchen) Drossel. Einer unserer häufigsten und bekanntesten Vögel überhaupt. Das schwarze Männchen mit dem goldgelben Schnabel wird oft mit dem Star (siehe Seite 195) verwechselt, dessen Gefieder jedoch metallisch glänzt und der sich aufrecht schreitend und mehr ruckartig vorwärts bewegt. Noch im vorigen Jahrhundert war die Amsel ein scheuer Waldvogel, jetzt sieht man sie überall in Friedhöfen, Gärten, Parkanlagen, auf Straßenbäumen und in Hinterhöfen. Nistet fast überall, in Sträuchern und Bäumen, auf Balken, Fenstersimsen, in Neonreklame und auf Balkonen. 5 grünliche Eier. Ernährt sich von Würmern, Larven und Raupen, die sie am oder aus dem Boden stochert, aber auch von Früchten, Beeren und Fallobst und ist einer unserer häufigsten Besucher am winterlichen Futterplatz – wenn wir Weichfutter und Äpfel anbieten.

Misteldrossel

Wacholderdrossel

Rotdrossel

Singdrossel

Amseln

Grauschnäpper (*Muscicapa striata*)
14 cm großer Singvogel mit graubrauner Oberseite und weißlicher Unterseite. Scheitel und Brust dunkel gestrichelt. Beine kurz und dunkel. Sitzt in charakteristischer aufrechter Haltung auf Ästen und Leitungsdrähten und stürzt sich von hier aus auf vorbeifliegende Insekten. Nistet in Nischen an Gebäuden, in Mauerlöchern, Baumhöhlen, an Spalieren und in Astgabeln. Nimmt gerne auch Nistkästen mit großer Öffnung an. 4–5 Eier. Ernährt sich hauptsächlich von Fluginsekten, gelegentlich aber auch von Beeren. Kommt selten an den Boden. Lebt in gebüschreichem Gelände, in Gärten und Parkanlagen, vor allem in Gebieten, die ihm ausreichend Nistmöglichkeiten bieten.

Trauerschnäpper (*Ficedula hypoleuca*)
13 cm großer Singvogel. Männchen im Brutkleid oberseits schwarz mit weißem Flügelspiegel und weißer Stirn, unterseits weiß. Außerhalb der Brutzeit unterscheidet sich das Männchen nur durch seine weiße Stirn vom Weibchen. Weibchen oberseits braungrau mit schwarzweißem Flügelspiegel und rahmweißer Unterseite. Brütet in hohlen Bäumen, Spechthöhlen, Mauerlöchern und Nistkästen. 5–7 Eier. Ernährt sich von Fluginsekten, Raupen, Ameisen, Spinnen, Käfern, Schnecken und Beeren. Kommt in Laub- und Mischwäldern, Gärten, Obstgärten und Parkanlagen vor. Geschützt.

Heckenbraunelle (*Prunella modularis*)
14–15 cm großer, sperlingsartiger Singvogel mit dünnem, spitzem Schnabel und grauer Kehle und Brust. Sehr unauffälliger Vogel, der hauptsächlich durch seinen schönen Gesang auf sich aufmerksam macht. Nistet gut versteckt in Büschen. 5 Eier. Ernährt sich in der Hauptsache von Insekten, frißt aber auch Beeren und Sämereien. Häufig in Parks und Gärten. Im Winter auch an Futterhäuschen. Geschützt.

Rotkehlchen (*Erithacus rubecula*)
14 cm großer Singvogel mit olivbraunem Rücken und braunen Flügeln. Unterseite weißlichgrau. Altvögel mit auffälliger, orangeroter Brust, Kehle und Stirn. Nest geschützt am Boden einer Böschung, in Mauerlöchern, Nistkästen und Sträuchern. 4–7 Eier. Rotkehlchen stehen stets aufrecht auf ihren Beinen. Bei Erregung machen sie knicksende, ruckartige Bewegungen, mit hängenden Flügeln und zuckendem Schwanz. Bewegt sich in offenem Gelände mit kleinen, plötzlich haltenden Sprüngen. Niedriger, unregelmäßiger Flug. Häufiger Wald- und Gartenvogel. Bevorzugt dichtes Gebüsch und unterholzreiche Wälder. Lebt von kleinen Insekten, Beeren und Küchenabfällen. Bei uns überwinternde Rotkehlchen kommen häufig an Futterhäuschen und in die Nähe menschlicher Ansiedlungen.

Zaunkönig (*Troglodytes troglodytes*)
9–10 cm groß. Einer der kleinsten einheimischen Vögel mit kugeliger Figur und kurzem, meist hochgestelltem Schwänzchen. Gefieder oberseits rotbraun mit dunkler Bänderung, unterseits heller. Ständig in Bewegung, sitzt nur beim Singen still. Kugelförmiges, gut verstecktes Nest in Bäumen, Büschen, Mauerlöchern. 5–8 Eier. Lebt bevorzugt in dichtem Gebüsch und Hecken, in Friedhöfen und Parks und an gestrüppbedeckten Bachufern. Ernährt sich von Insekten und Spinnen. Geschützt.

Grauschnäpper

Trauerschnäpper

Heckenbraunelle

Zaunkönig

Rotkehlchen mit Jungem

Zu unseren häufigsten und bekanntesten Singvögeln gehören wohl die **Meisen**, kleine, rundliche, lebhafte Vögel, die überall in Park und Garten anzutreffen sind und im Winter die Futterhäuschen bevölkern. Abgesehen von ihrer typischen schwarz- und blauweißen Kopffärbung, erkennt man Meisen leicht an ihren akrobatischen Bewegungen, wenn sie auf Nahrungssuche durchs Geäst turnen. Meisen ernähren sich im Sommer von Insekten, im Winter von Beeren, Samen und Nüssen. Sie nisten in Höhlen.

Tannenmeise (*Parus ater*)
11 cm große Meise mit schwarzweißer Kopfzeichnung, schiefergrauer Oberseite und rötlichweißer Unterseite. Typisch der längliche, weiße Nackenfleck. Brütet in Mauerritzen und Felsspalten, Erdlöchern und Nistkästen. 7–10 Eier. Ernährt sich im Sommer von Insekten und Spinnen, im Winter von Tannensamen und Bucheckern. Die Tannenmeise ist an das Vorkommen von Nadelbäumen gebunden und lebt daher vorwiegend in Nadelwäldern und Parkanlagen mit vielen Nadelbäumen. Geschützt.

Kohlmeise (*Parus major*)
14 cm großer Singvogel. Unsere häufigste und bekannteste Meise mit schwarzweißem Kopf, gelber Unterseite mit schwarzem Mittelstreif und grünlicher Oberseite. Höhlenbrüter, wie alle Meisen. 8–10 Eier. Ernährt sich im Sommer vorwiegend von Insekten und Spinnen, im Winter von Sämereien und Beeren. Häufiger Besucher am winterlichen Futterplatz, vor allem wenn fetthaltige Sämereien angeboten werden. Lebt in Gärten, Friedhöfen und öffentlichen Anlagen. Wichtiger Insektenvertilger, geschützt!

Blaumeise (*Parus caeruleus*)
11–12 cm große Meise mit blauem Scheitel, blauen Flügeln und blauem Schwanz. Unterseite ganz gelb. Nistet in Höhlen und Spalten. 7–14 Eier. Ernährt sich in der Hauptsache von Insekten, auch im Winter, ist aber auch am Futterhäuschen zu sehen. Lebt in Gärten und Wäldern. Geschützt.

Wintergoldhähnchen (*Regulus regulus*)
9 cm großer, lebhafter Vogel mit auffallender Scheitelzeichnung (Männchen orange mit schwarzem Saum, Weibchen gelb mit schwarzem Saum). Oberseite und Flanken olivgrün, Unterseite weißlichgrau. Baut kleine, dichte Kugelnester, gut versteckt in Fichten und Tannen. 7–12 Eier. Ernährt sich von kleinen Insekten und Spinnen, die es auf den äußeren Spitzen der Zweige absammelt. Lebt vorwiegend in Fichtenwäldern. Geschützt.

Waldbaumläufer (*Certhia familiaris*)
12,5 cm großer Vogel, der in Spiralen an Baumstämmen hochklettert. Oberseite rindenfarbig, Unterseite beigegrau. Mit langem, dünnem Schnabel und langen Zehen mit kräftigen Krallen. Höhlenbrüter. Nistet in Baumspalten, aber auch in Nistkästen. 6 Eier. Ernährt sich von Insekten und Spinnen, die er in der Rinde aufspürt. Lebt vorwiegend in Wäldern und großen Gärten.

Kleiber (*Sitta europaea*)
14 cm großer Vogel, der als einziger einheimischer Vogel auch kopfabwärts klettern kann. Gedrungen gebaut mit kurzem Schwanz, spitzem Schnabel, kräftigen Zehen und langen Krallen. Oberseite blaugrau mit schwarzem Augenstreif und weißlichen Wangen. Unterseite bräunlichrot. Klettert geschickt an Baumstämmen umher, wobei er sich nicht mit dem Schwanz abstützt. Höhlenbrüter, zu weite Nesteingänge „mauert" das Weibchen mit Lehm zu. 6–9 Eier. Frißt Insekten und Spinnen, Beeren und Sämereien. Lebt in hochstämmigen Wäldern, Obstgärten und Parkanlagen.

Tannenmeise

Kohlmeise

Waldbaumläufer

Blaumeise

Kleiber

Wintergoldhähnchen

Hausrotschwanz (*Phoenicurus ochruros*)
14 cm großer Singvogel, der durch einen rostroten Bürzel und Schwanz gekennzeichnet ist. Männchen oberseits schwarz mit weißem Flügelfleck, Unterseite grau. Weibchen und Jungvögel grau. Höhlenbrüter, brütet in Fels- und Mauerspalten, Gesimsen, auf Gebäudeträgern und in alten Schwalbennestern. 5 Eier. Ernährt sich von Insekten, Spinnen, Würmern, Schnecken und Beeren. Bei uns nur Sommergast in Garten und Park. Überwintert im Süden.

Gartenrotschwanz (*Phoenicurus phoenicurus*)
14 cm großer Singvogel mit rostrotem Bürzel und Schwanz. Männchen oberseits hellgrau, unterseits rostrot, mit weißer Stirn und schwarzem Gesicht. Weibchen und Jungvögel bräunlichgrau mit gelblicher Bauchseite. Höhlenbrüter in Astlöchern, Mauerspalten, alten Spechthöhlen, Steinhaufen, Briefkästen und halboffenen Nistkästen. 6–7 Eier. Ernährt sich von Insekten, Beeren und Früchten. Bei uns nur Sommergast in Laubwäldern, Obstgärten, Parks und Gärten.

Gelbspötter (*Hippolais icterina*)
14 cm großer, kräftiger Spötter mit gelber Unterseite und schwarzgelber Oberseite. Kann seine Scheitelfedern sträuben. Nistet in Büschen, Astgabeln oder direkt in Stammnähe. 5 Eier. Ernährt sich von Insekten, Beeren und Obst. Bewohnt Parks, Obstwiesen und Gärten. Bei uns nur Sommergast, überwintert im Süden.

Mönchsgrasmücke (*Sylvia atricapilla*)
14 cm großer Singvogel. Unterseite weißlichgrau, Oberseite graubraun. Männchen mit schwarzem, Weibchen und Jungvögel mit rötlichbraunem Scheitel. Nistet in Büschen und Hecken. 5–6 Eier. Ernährt sich von Insekten und Spinnen, die sie von Blättern und Zweigen absucht, Würmern und Schnecken, Wildfrüchten und Obst. Lebt in lichten Wäldern, Parkanlagen mit vielen Büschen, Gärten mit Hecken und Sträuchern. Überwintert im Süden. Einer unserer bestsingenden Vögel. Wurde früher ihres Gesanges wegen oft in Käfigen gehalten. Geschützt.

Fitis (*Phylloscopus trochilus*)
11 cm großer Singvogel, der sehr stark dem Zilpzalp ähnelt. Oberseite grünlichbraun, unterseits gelblichweiß, mit gelbem Augenstreif und hellbraunen Beinen. Nistet am Boden und baut sich hier ein überdachtes Nest mit kleinem, seitlichem Einschlupf. 3–9 Eier. Ernährt sich in der Hauptsache von Insekten, im Herbst auch von Beeren. Bei uns nur Sommergast. Lebt dann in Gelände mit niedrigem Baumbestand und vielen Sträuchern, in Gärten und Parks.

Der sehr ähnlich aussehende Zilpzalp (*Ph. collybita*) kann von weitem nur durch seinen Gesang unterschieden werden: Der Fitis läßt eine langsam abfallende, zarte, wohltuende Tonreihe erklingen, der Zilpzalp wiederholt mehr oder weniger monoton seinen Namen: „zilp-zalp, zilp-zalp...".

Hausrotschwanz

Gelbspötter

Gartenrotschwanz

Mönchsgrasmücken

♂

♀

Fitis

Distelfinken

Dompfaff

Hänfling

Vögel, die in der Hauptsache von Sämereien und Beeren leben, sind eher an ein Leben in Stadtparks, auf Friedhöfen und in Gärten angepaßt, als Vögel, die fast ausschließlich von tierischer Nahrung leben, zumal heutzutage leider immer noch viel zu viel Gift in Anlagen und Gärten verspritzt wird, so daß die tierische Nahrung der Vögel oft nicht mehr oder nur noch unzureichend vorhanden ist.

Die **Finken** z. B. gehören zu den körnerfressenden Singvögeln, die recht häufig in Gärten und Parkanlagen zu treffen sind:

Stieglitz, Distelfink (*Carduelis carduelis*)
12 cm großer, auffällig bunter Singvogel. Kopf rot-weiß-schwarz, Flügel gelbschwarz, Schwanz schwarzweiß, Rücken und Unterseite hellbraun. Jungvögel noch ohne bunte Kopfzeichnung. Nistet gut versteckt in den äußeren Zweigen von Bäumen. 5–6 Eier. Ernährt sich von Samen der Korbblütengewächse, von Knöterichsamen, Erlen-, Birken- und Fichtensamen. Fliegt in kleinen Trupps zur Nahrungssuche auf Ödlandflächen, Wegraine, Schuttplätze und Bahndämme. Liebt offenes Gelände mit reichem Besatz an Korbblütlern, wie Disteln, Löwenzahn und Kletten.

Gimpel, Dompfaff (*Pyrrhula pyrrhula*)
14–16 cm großer Singvogel mit kurzem, dickem Schnabel, schwarzer Kappe, blaugrauer Oberseite, schwarzem Schwanz und schwarzen Flügeln mit weißer Binde. Männchen unterseits prächtig rosarot, Weibchen rötlichbraun. Nistet meist in immergrünen Sträuchern und Bäumen. 5 Eier. Ernährt sich von Sämereien, Körnern, Knospen und Beeren. Häufiger Wintergast an Futterhäuschen.

Hänfling (*Acanthis cannabina*)

13 cm großer, schlanker Singvogel. Oberseite zimtbraun, Unterseite heller. Männchen zur Brutzeit mit rotbraunem Gefieder, roter Stirn und Brust und weißen Schwanz- und Schwingsäumen. Weibchen ganz ohne rotes Gefieder, ähnelt einem Sperling. Nistet in Hecken. 4–6 Eier. Ernährt sich von Sämereien. Kommt in busch- und heckenreichem Gelände, auf Friedhöfen und in Gärten vor. Wird in südlichen Ländern oft als Käfigvogel gehalten.

Birkenzeisig (*Acanthis flammea*)

12–14 cm großer Singvogel, dessen Gefiederfärbung je nach Verbreitungsgebiet variiert. Gleicht in der Färbung dem Hänfling. Altvögel stets mit rotem Scheitelfleck und schwarzem Kinn. Brütet in lockeren Kolonien am oder kurz über dem Boden. 4–6 Eier. Ernährt sich hauptsächlich von Birken-, Erlen- und Lärchensamen. Lebt in Birken-, Erlen- und Nadelwäldern. Bei uns meist nur Wintergast.

Girlitz (*Serinus serinus*)

12 cm großer Finkenvogel mit kurzem, dickem Schnabel und grünlichgelbem Gefieder mit dunklen Streifen. Bürzel gelb. Männchen mit kräftig gelber Stirn, Kehle und Brust. Nistet in Bäumen. 4 Eier. Ernährt sich von Unkrautsamen, aber auch kleineren Insekten. Lebt in Gärten, Parks, Friedhöfen und Alleen, sofern immergrüne Bäume und Sträucher und Unkräuter vorhanden sind. Wird in südlichen Ländern als Käfigvogel gehalten.

Haussperling, Spatz (*Passer domesticus*)
Ca. 14 cm großer, äußerst häufiger Vogel in Stadt und Land, dem man oft gar keine Beachtung mehr schenkt. Männchen mit dunkelgrauem Scheitel, rotbraunem Nacken, grauweißen Wangen und schwarzer Kehle. Oberseite rötlichbraun mit dunklen Streifen, Unterseite grau. Weibchen und Jungvögel graubraun mit dunklen Streifen. Nistet in Städten und Dörfern in kleinen, lockeren Kolonien in Nischen oder in Höhlungen, unter Dächern und Balken, unter Dachziegeln, in Mauerlöchern, Nistkästen oder in Efeuberankungen. 5–6 Eier, gewöhnlich 3 Jahresbruten. Ernährt sich von tierischer und pflanzlicher Kost. Frißt Sämereien, Getreidekörner, zartes Grün (kann daher im Gemüsegarten, vor allem am Salat, beträchtliche Schäden anrichten!), Knospen, Beeren, Obst und Speiseabfälle. Häufiger Gast an Futterhäuschen, an Straßencafés und Biergärten. Typischer Kulturfolger!

Feldsperling (*Passer montanus*)
14 cm großer Sperling. Geschlechter gleich gefärbt. Unterscheiden sich vom männlichen Haussperling nur durch ihren schokoladenbraunen Scheitel und die hellen Wangen, die einen dunklen Fleck tragen. Brütet vorwiegend in Baumhöhlen und Nistkästen. 5–7 Eier, 2–3 Bruten im Jahr. Ernährt sich mehr von Körnern und Wildsämereien als der Haussperling. Lebt in abwechslungsreichem Gelände mit Baumbestand in der Nähe menschlicher Siedlungen und kommt zusammen mit dem Haussperling vor. Kann bei Massenauftreten größere Schäden in Getreidefeldern anrichten.

Grünfink, Grünling (*Carduelis chloris*)
15 cm großer, olivgrüner Finkenvogel mit dickem Kopf und kräftigem, kegelförmigem Schnabel. Männchen mit gelbgrünem Bürzel und leuchtendgelben Abzeichen auf den blaugrauen Flügeln. Weibchen matter und eher graugrün gefärbt. Nistet in kleinen Bäumen und Sträuchern, Gebüsch und Efeuberankung. 4–6 Eier, 2–3 Bruten jährlich. Ernährt sich von Sämereien und Früchten. Lebt gesellig in lichten Wäldern, Parkanlagen, Friedhöfen und Gärten. Wird gerne als Käfigvogel zur Einkreuzung für Finkenmischlinge gehalten. Häufiger Wintergast an Futterhäuschen.

Buchfink (*Fringilla coelebs*)
15 cm großer, schlanker Finkenvogel. Männchen mit aschblauem Scheitel und kastanienbraunem Nacken, weinroter Brust, grünlichem Bürzel und zwei breiten, weißen Flügelbinden. Ränder der Schwungfedern gelblich. Weibchen und Jungvögel ähneln den Weibchen vom Haussperling, unterscheiden sich von diesen jedoch durch die weißen Flügelbinden. Nistet in Astgabeln oder auf waagrecht abstehenden Ästen. 5 Eier, 2 Bruten jährlich. Ernährt sich in der Hauptsache von Sämereien, zur Brutzeit aber auch von Insekten und Spinnen. Bewohnt Wälder, Friedhöfe, Gärten und Parkanlagen.

Haussperling

Feldsperling

Grünfink

Buchfinken

Gebirgsstelze (*Motacilla cinerea*)
18 cm große Stelze mit langem, schmalem, schwarzem Schwanz mit weißen Kanten, hellgrauem Rücken und gelber Unterseite. Flügel dunkelgrau bis schwarz. Beim Männchen sind zur Brutzeit Kehle und Kinn schwarz gefärbt. Brütet immer nahe am Wasser in Mauerlöchern, unter Brücken, im Wurzelwerk von Bäumen oder an altem Gemäuer. 5–6 Eier. Ernährt sich von kleinen Insekten, Weichtieren, Krebstieren und kleinen Fischen. Fängt vom Ufer aus ihre Beute. Lebt bei uns als Sommergast vorwiegend an schnellfließenden, klaren Gewässern, Mühlgräben und Schleusen. Überwintert im Süden. Geschützt.

Bachstelze (*Motacilla alba*)
18 cm große, schlanke, hochbeinige Stelze mit langem, schmalem, schwarzem Schwanz mit weißen Kanten. Gefieder hellgrau, Kopf weiß mit schwarzer Kappe, Kehle und Brust. Läuft schnell und wippt dabei mit dem Schwanz. Brütet am Boden oder in Bodennähe an dunklen, geschützten Stellen in Mauerlöchern, Steinhaufen, Holzstößen, auf Balken, in Nistkästen (nur mit großen, rechteckigen Öffnungen). 5–6 Eier. Die schlüpfenden Jungen bleiben etwa 14 Tage im Nest und sind nach weiteren 8 Tagen selbständig.
Lebt von Insekten, die in schnellem Lauf im Gras und am Ufer von Gewässern aufgepickt werden. Kommt in offenem Gelände am liebsten in Gewässernähe vor. Überwintert im Süden. Geschützt.

(Die Zeichnung zeigt die britische Rasse *M. alba yarrellii* mit dunkelgrauem Gefieder).

Star (*Sturnus vulgaris*)

21 cm großer, kurzschwänziger Singvogel, der oft mit der Amsel verwechselt wird. Kann von dieser aber schon durch seine Bewegungsweise unterschieden werden: Der Star schreitet ruckartig, die Amsel hüpft in kurzen Sprüngen. Gefieder schwarzglänzend mit weißer Sprenkelung. Männchen im Brutkleid grünviolett schillernd mit gelbem Schnabel. Jungvögel mattbraun gefärbt. Stare singen sehr gut und ahmen auch gerne andere Vogelstimmen nach. Nistet in Höhlen aller Art und nimmt auch gerne Nistkästen an. 5–6 Eier. Lebt von Insekten, die er meist am Boden aufpickt, Larven und Würmern, frißt aber auch gerne Obst und Trauben und kann daher in Weinbergen erhebliche Schäden anrichten, so daß er hier auch mit allen Mitteln verjagt oder vom „Traubenstehlen" abgehalten wird (Netze, Vogelscheuchen, Schüsse). Bildet im Herbst und Winter große Schwärme und fliegt auch abends in Schwärmen in seine Schlafplätze ein. Lebt auf Feldern, Wiesen und Weiden, in Weinbergen, Obstanlagen und Parks.

Haubenlerche (*Galerida cristata*)

17 cm großer Singvogel mit langer, spitzer Kopfhaube. Schwanz kurz, rötlichbraun. Oberseite bräunlich mit hell-dunkler Strichelung. Unterseite beige, im Brustbereich dunkel gestrichelt. Singt am Boden, in niedrigem Flug oder von einer erhöhten Warte aus – nicht wie die Feldlerche in emporsteigendem Flug. Nistet am Boden. 3–4 Eier. Ernährt sich von Sämereien und frischem Grün, zur Brutzeit von Heuschrecken, Käfern, Motten und Spinnen. Bevorzugt offenes, sandiges Gelände mit niederen Büschen, kommt häufig in Eisenbahn- und Fabrikanlagen, auf Baustellen und an Straßengräben vor. Geschützt.

Säugetiere

Wildlebende Säugetiere bekommt man im städtischen Bereich – mit Ausnahme halbzahmer Eichhörnchen oder überfahrener Igel – sehr selten zu sehen, aber auch auf dem Lande müßte man sich in der Dämmerung oder gar nachts auf die Lauer legen, denn fast alle Säugetiere sind nachts aktiv und verraten ihre Anwesenheit nur durch Spuren, die sie hinterlassen.

Fuchs, Rotfuchs (*Vulpes vulpes*)
65–70 cm großes, hundeartiges Raubtier mit 35–45 cm langem, buschigem Schwanz. Fell gelblichrot bis bräunlich, manchmal mit weißer Schwanzspitze und heller Unterseite. Sommerfell im ganzen heller als Winterfell. Beide Geschlechter sehen gleich aus. Riecht sehr „streng". Nachtaktiv. Lebt einzeln oder im Familienverband in Wäldern, Unterholz und Feldrainen in unterirdischen Bauten. 3–8 Junge pro Jahr. Nützlicher Vertilger von Mäusen, Aas, Insekten, Würmern und Schnecken – leider in vielen Teilen Deutschlands als Überträger der Tollwut bekannt und berüchtigt geworden. Hinterläßt deutliche, vierzehige Pfotenabdrücke und wurstförmige, zugespitzte, dunkle Losungen, die in sich schraubenförmig gedreht sind.

Dachs (*Meles meles*)
60–90 cm großer, grauschwarzer, gedrungener Marder mit schwarzweiß gestreiftem Kopf und ca. 15 cm langem, hellgrauem, relativ dünnem Schwanz. Vorwiegend dämmerungs- und nachtaktiv. Gräbt weitverzweigte lange Höhlen mit mehreren Eingängen, in denen er tagsüber ruht und auch seine 3–5 Jungen großzieht. Hier hält er auch seinen Winterschlaf. Allesfresser. Bewohnt Laub- und Mischwälder und erscheint in manchen Gegenden auch in Parkanlagen, die am Stadtrand liegen. Hinterläßt fünfzehige Pfotenabdrücke, wurstförmige, dunkle Losungen mit zugespitztem Ende und an niederen Stacheldrahtzäunen auch hin und wieder schwarzweiße Haarbüschel.

Igel (*Erinaceus europaeus*)
20–30 cm großer, wohlbekannter Insektenfresser mit graubraunem Stachelkleid. Stacheln 2–3 cm lang. Bauchseite braun behaart. Mit langer, spitzer, schwarzer Schnauze, großen, dunklen Augen und kurzen Beinen. Rollt sich bei Gefahr ein und stellt die Stacheln auf – was ihm leider gegen Autos überhaupt nichts nützt, so daß man auf Straßen und an Straßenrändern immer wieder überfahrene Igel sehen kann. Nachtaktiv mit gutem Geruchs- und Gehörsinn. Einzelgänger. 2–7 Junge, die in einem Nest unter Komposthäufen, Sträuchern, Baumwurzeln, Laub oder Steinhäufen großgezogen werden. Hält in diesen Unterschlüpfen auch Winterschlaf. Lebt von Insekten, Würmern, Schnecken, jungen Mäusen und Fallobst. Hinterläßt fünfzehige Pfotenspuren und dunkle, abgerundete, zylindrische Losungen und kann abends oft „schnaufen" gehört werden.

Maulwurf (*Talpa europaea*)
11–16 cm langer Insektenfresser mit kurzem, glänzendem, schwarzbraunem Fell. Vorderfüße in Grabschaufeln umgebildet. Schwanz kurz und dünn, Schnauze schnabelartig ausgezogen. Einzelgänger, der fast ausschließlich unterirdisch lebt. Gräbt ein weitverzweigtes, unterirdisches Gangsystem mit Vorrats- und Nestkammern. 2 Junge jährlich. Ernährt sich von Insekten, Würmern und Schnecken. Lebt in Wiesen, Weiden und Feldern, an Waldrändern und oft auch in Gärten. Hinterläßt kleine fünfzehige Pfotenabdrücke und die allgemein bekannten Maulwurfshügel. Bei Gartenbesitzer ob dieser Hügel nicht sehr beliebt, obwohl der Maulwurf ein guter Insekten- und Würmervertilger ist.

Fuchs

Dachs

Igel

Maulwurf

Eichhörnchen (*Sciurus vulgaris*)
Mittelgroßes (18–28 cm Körperlänge), tagaktives Nagetier mit bis zu 20 cm langem, buschigem Schwanz. Fellfärbung entweder fuchsrot oder braunschwarz. Bauchseits stets heller. Im Winter mit Haarbüscheln an den Ohren. Meist Einzelgänger. Hält keinen Winterschlaf und sammelt daher im Herbst eifrig Vorräte, die es in der Erde oder in Baumlöchern versteckt. Hält sich in Wäldern, Friedhöfen und Parkanlagen auf und lebt hier in hohen Bäumen. Hier legt es kugelförmige Nester (Kobel) an, in denen es lebt und 2mal jährlich 3–7 Junge zur Welt bringt. Ernährt sich von Nüssen, Eicheln, Fichtensamen, Knospen, Trieben und Vogeleiern. Wird in Parkanlagen und Friedhöfen oft handzahm, kann jedoch auch kräftig zubeißen! Hinterläßt verstreut dunkle rundliche Kotpillen.

Grauhörnchen (*Sciurus carolinensis*)
Bis zu 30 cm langes, graues bis rotbraunes Nagetier mit langem (ca. 25 cm) buschigem Schwanz. Stets ohne Haarbüschel an den Ohren. Wird häufig und leicht mit dem kleineren Eichhörnchen verwechselt, hält sich im Gegensatz zu diesem jedoch häufiger am Boden auf. Das Grauhörnchen stammt ursprünglich aus Nordamerika, wurde 1876 jedoch nach England gebracht und hat sich seitdem sehr stark vermehrt und das Eichhörnchen praktisch verdrängt. Hinterläßt verstreut dunkle, rundliche Kotpillen.

Wildkaninchen (*Oryctolagus cuniculus*)
Bis 40 cm langes, hell- bis dunkelbraunes Hasentier mit kurzem (4–8 cm), buschigem, oben dunklem, unten hellem Stummelschwanz (Blume) und langen, abgerundeten Ohren (Löffel). Wird häufig mit dem Feldhasen verwechselt, der jedoch größer ist und schwarzgerandete Ohren besitzt. Kaninchen leben bevorzugt auf trockenen, sandigen Böden, in denen sie weitverzweigte, unterirdische Tunnelsysteme anlegen. Hier leben sie oft in großen Kolonien zusammen und bringen ca. 5mal jährlich 4–6 Junge zur Welt. Kaninchenjunge sind Nesthocker, d. h. sie kommen blind und nackt zur Welt und sind in den ersten Wochen vollkommen auf den Schutz und die Versorgung ihrer Mutter angewiesen. Kaninchen sind Pflanzenfresser, die sich von Gräsern, Kräutern, Wurzeln und Rinde ernähren. Dämmerungsaktiv. Sie leben auf Äckern und Wiesen und können gelegentlich auch in Parks und Gärten vorkommen. Hinterläßt Häufchen aus braunen Kotpillen.

Erdmaus (*Microtus agrestis*)
Kleines, graubraunes Nagetier (Körper ca. 9–13 cm lang) aus der Gruppe der Wühlmäuse, mit stumpfer Schnauze, kleinen Ohren und Augen und kurzem Schwanz (2,5–4,5 cm). Leicht mit der Feldmaus zu verwechseln. Fell jedoch borstiger und dunkler. Lebt gesellig in ausgedehnten Laufgängen und Tunnels im Pflanzenwuchs, Fallaub und Erdboden. Bringt 3–7 mal 4–6 Junge zur Welt. Pflanzenfresser, der hauptsächlich in feuchten Biotopen vorkommt.

Waldmaus (*Apodemus sylvaticus*)
8–11 cm langes, graubraunes Nagetier aus der Familie der Langschwanzmäuse (Schwanz ca. 11 cm lang). Unterseite silbriggrau mit langgestrecktem, gelbem Kehlfleck, großen, dunklen Augen und großen Ohren. Vorwiegend dämmerungs- und nachtaktiv, einzeln oder in Gruppen am Boden lebend (kann jedoch auch gut klettern). Gräbt Tunnelsysteme, deren Aus- und Eingänge meist unter Baumwurzeln liegen. Bringt 2–4 mal jährlich 2–9 Junge zur Welt. Ernährt sich hauptsächlich von Sämereien, Beeren, Nüssen, Insekten, Schnecken und Würmern an Waldrändern, in Hainen, auf Friedhöfen, in Parks und Gärten.

Eichhörnchen

Grauhörnchen

Wildkaninchen

Waldmaus

Erdmaus

Hausmaus (*Mus musculus*)
Kleines, ca. 10 cm langes, schiefergraues bis braungraues Nagetier mit langem (ca. 10 cm), schwach behaartem Schwanz. Typischer Kulturfolger! Freilebende Tiere sind in der Regel meist geselliger und sind tag- und nachtaktiv. Die freilebenden Hausmäuse legen verzweigte Baue mit oberirdischen Laufgängen an, im Haus lebende Mäuse leben in Mauerlöchern, unter Kartons und Kisten, hinter Wandverkleidungen, in Kellern und auf Dachböden. Mäuse-Weibchen können bis zu 12mal jährlich 8–11 Junge zur Welt bringen. Hausmäuse leben von Getreidekörnern, Unkraut- und Grassamen und Abfällen. Sie hinterlassen Ansammlungen von kleinen, länglichen, abgerundeten Kotpillen, meist zusammen mit Urin und Schmutz und Fett, sowie Nester aus zernagtem Holz und Papier, Fellresten und Haaren. Hausmäuse können Krankheitserreger verbreiten, sammeln Schmutz und Unrat an, ziehen Ungeziefer an und können zudem noch sehr gefährlich werden, weil sie auch elektrische Leitungen annagen.

Hausratte, Dachratte (*Rattus rattus*)
20–25 cm langes, grauschwarzes Nagetier mit ca. 25 cm langem, unbehaartem Schwanz und großen, fast nackten Ohren. Nachtaktiv und gesellig. Gräbt im Freien Gänge, lebt in Gebäuden in Kellern und auf Dachböden. Klettert und schwimmt sehr gut. Die Weibchen bringen 3–6mal jährlich 5–15 Junge zur Welt. Bevorzugt pflanzliche Nahrung, frißt aber auch Abfälle aller Art. Hinterläßt Häufchen aus ca. 2 cm langen, an den Enden zugespitzten dunklen Kotpillen. Verbreitet Schmutz und Krankheitserreger, zieht Ungeziefer an.

Wanderratte (*Rattus norvegicus*)
20–28 cm langes, relativ plumpes Nagetier mit ca. 23 cm langem, spärlich behaartem Schwanz, braungelbem bis dunkelbraunem Fell und kurzen, behaarten Ohren. Vorwiegend nachtaktiv und oft in großen Familienverbänden lebend. Gräbt im Freien unterirdische Gänge mit Nest- und Vorratskammern, lebt bevorzugt in Gebäuden am Wasser, in der Kanalisation, in Kellern, Ställen und Lagerräumen. Bringt 3–6 mal jährlich 6–10 Junge zur Welt. Ausgezeichneter Schwimmer und Springer. Allesfresser. Lästiger Schädling. Hinterläßt Häufchen aus 1,5–2 cm langen, an den Enden zugespitzten Kotpillen. Überträgt Krankheitserreger.

Hauskatze (*Felis silvestris* f. *catus*)
Katzenartiges, allgemein bekanntes Raubtier, das in vielen Rassen in ganz Europa verbreitet ist und vor allem als Haustier gehalten wird. Verwildert jedoch sehr leicht!

Katze

Hausmaus

Hausratte

Wanderratte

Fledermäuse sind die einzigen Säugetiere, die in der Lage sind, aktiv zu fliegen. Dazu sind ihre Vordergliedmaßen stark verlängert und zwischen ihnen, dem Rumpf und der Schwanzwirbelsäule liegt eine elastische Flughaut. Fledermäuse hängen tagsüber mit dem Kopf nach unten in altem Gemäuer, Baumhöhlen, Felsspalten und auf Dachböden, in der Dämmerung und nachts gehen sie auf Nahrungssuche. Sie leben von Fluginsekten, die sie im Flug fangen und fressen. Sie besitzen sehr gute Geruchs- und Gehörorgane und orientieren sich durch ein sogenanntes „Echopeilsystem", d. h. sie stoßen Ultraschalltöne aus, deren Echo ihnen kleinste Hindernisse anzeigt. Alle Fledermäuse stehen unter Naturschutz, da ihr Bestand aufgrund fehlender Nist- und Schlafmöglichkeiten sowie mangelnder Nahrung immer mehr zurückgeht!
Zum Schutz von Fledermäusen können wir zumindest versuchen, ihnen Nist-, Schlaf- und Überwinterungsmöglichkeiten anzubieten, d. h. alte, hohle Bäume nicht zu fällen, im Dach Einstiegs- bzw. Einflugsmöglichkeiten offen zu halten und alte Gemäuer nicht ein- bzw. abzureißen.

Zwergfledermaus (*Pipistrellus pipistrellus*)
Kleine, 33–45 mm lange, fast einheitlich braune Fledermaus aus der Familie der Glattnasen. Flügelspannweite 19–25 cm. Mit kleinen, rundlichen Ohren. Kleinste europäische Fledermaus, die fast überall verbreitet ist und nur in ganz offenem Gelände, ohne Deckungsmöglichkeiten fehlt. Kommt im Sommer in großen Kolonien vor. Nistet, schläft und überwintert in hohlen Bäumen, Mauerlöchern und -ritzen und auf Dachböden. Die Weibchen bringen pro Wurf 1–2 Junge zur Welt. Lebt von kleinen Fluginsekten, die sie nachts im Flug fängt.

Abendsegler (*Nyctalus noctula*)
Relativ große, schlanke Glattnasen-Fledermaus (Körperlänge 60–80 mm) mit seidig goldbraunem Fell, langen, schlanken Flügeln (Flügelspannweite 32–39 cm) und kurzen, runden Ohren. Nistet, schläft und überwintert in hohlen Bäumen und Hohlräumen in Gebäuden. Das Weibchen bringt pro Wurf 1–2 Junge zur Welt. Fliegt oft schon in der Dämmerung aus und macht oft zusammen mit Schwalben Jagd auf größere Fluginsekten.

Braunes Langohr (*Plecotus auritus*)
40–50 mm große, graubraune Glattnasen-Fledermaus (Flügelspannweite 23–28 cm) mit außergewöhnlich großen (bis 4 cm) Ohren, die im Schlaf nach innen geklappt werden. Ruht, nistet und überwintert auf Dachböden und in Baumhöhlen. Das Weibchen bringt pro Wurf 1 Junges zur Welt. Fliegt abends und nachts in langsam flatterndem Flug an Waldrändern, in Parkanlagen und Gärten, jagt bevorzugt um Baumkronen. Ernährt sich von Nachtschmetterlingen, kleinen Käfern, Fliegen und Schnaken.

Kleinabendsegler (*Nyctalus leisleri*)
60–65 mm große, braune bis rötlichbraune Glattnasen-Fledermaus mit kurzen, rundlichen Ohren. Lebt gesellig in Baumhöhlen, Mauerlöchern und auf Dachböden. Das Weibchen bringt pro Wurf 1–2 Junge zur Welt. Fliegt oft schon vor Sonnenuntergang aus und fliegt schnell und hoch. Kommt vor allem im Wald und in Parkanlagen mit altem Baumbestand (Nisthöhlen!) vor. Ernährt sich von kleineren und größeren Fluginsekten.

Zwergfledermaus

Abendsegler

Braunes Langohr

Kleinabendsegler

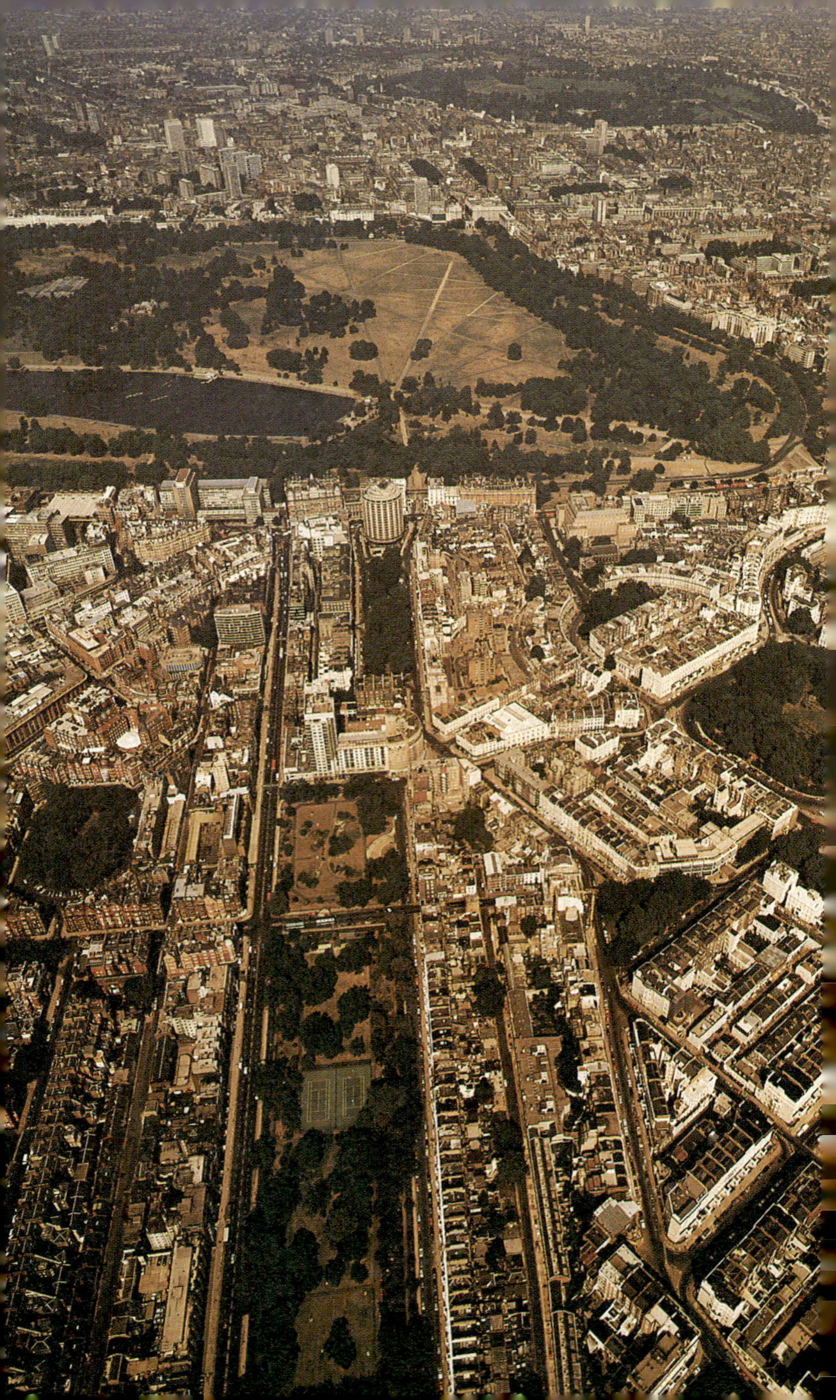

An alle Natur- und Umweltschützer

Für all diejenigen, die sich nicht damit begnügen wollen, Natur nur zu beobachten, sondern die aktiv etwas für den Schutz unserer heimischen Tiere und Pflanzen tun wollen, führen wir im folgenden die Adressen von Behörden und Institutionen auf, die sich mit Natur- und Umweltschutz befassen:

Landesbehörden für Naturschutz

Baden-Württemberg	Landesanstalt für Umweltschutz Bannwaldallee 32 7500 Karlsruhe 21
Bayern	Bayerisches Landesamt für Umweltschutz Rosenkavalierplatz 2 8000 München 81
Berlin	Landesbeauftragter für Naturschutz und Landschaftspflege Württembergische Straße 6–10 1000 Berlin 31
Bremen	Senator für Gesundheit und Umwelt Birkenstraße 34 2800 Bremen 1
Hamburg	Naturschutzamt – Vogelschutzwarte Steindamm 14a–22 2000 Hamburg 1
Hessen	Hessische Landesanstalt für Umwelt Aarstraße 1 6200 Wiesbaden 1
Niedersachsen	Niedersächsisches Landesverwaltungsamt Naturschutz, Landschaftspflege, Vogelschutz Richard-Wagner-Straße 22 3000 Hannover 1
Nordrhein-Westfalen	Landesanstalt für Ökologie Castroper Straße 312–314 4350 Recklinghausen
Rheinland-Pfalz	Landesamt für Umweltschutz Amtsgerichtsplatz 1 6504 Oppenheim

Saarland   Landesamt für Umweltschutz
                  Hellwigstraße 14
                  6600 Saarbrücken

Schleswig-Holstein Landesamt für Naturschutz und
                    Landschaftspflege
                    Hansaring 1
                    2300 Kiel 14

Adressen wichtiger Naturschutzorganisationen

Aktion „Rettet die
Meeresschildkröten"
Brigitte und Günter Peter
Römerstraße 2
7015 Korntal-Münchingen

Aktion
„Saubere Landschaft e.V."
Reuterstraße 241
5300 Bonn

Aktionsgemeinschaft
„Nordseewatten"
Postfach 5005
2300 Kiel

BUND Bund für
Umwelt- und Naturschutz
Deutschland e.V.
In der Raste 2
5300 Bonn 1

Büro der Jugendorganisation
Bund Naturschutz in
Bayern e.V.
Mainzer Straße 22
8000 München 40

DBV Deutscher Bund
für Vogelschutz e.V.
Bundesgeschäftsstelle
Achalmstraße 33a
7014 Kornwestheim

Deutscher Jugendbund
für Naturbeobachtungen

Buchenstraße 18
2000 Hamburg 60

Greenpeace Deutschland
Hohe Brücke/Deichstraße
2000 Hamburg 11

Landesverband
für Vogelschutz
in Bayern e.V.
Johann-Friedrich-Straße 12
8543 Hilpoltstein

Naturschutzzentrum Hessen
Friedensstraße 28
6330 Wetzlar

Schutzgemeinschaft
„Deutscher Wald" e.V.
Büsgenweg 5
3400 Göttingen

Schutzstation
„Wattenmeer" e.V.
Königstraße 11
2370 Rendsburg

Umweltstiftung WWF –
Deutschland
Sophienstraße 44
6000 Frankfurt 90

Zoologische Gesellschaft
von 1858 e.V.
Alfred-Brehm-Platz
6000 Frankfurt

Sind die Auen noch zu retten?
Mit Ihrer Hilfe schon.

Solche Auwälder sind Lebensraum für bedrohte Tier- und Pflanzenarten.

Es gibt noch urwaldartige Landschaften in Deutschland. Mit einer üppigen Tier- und Pflanzenwelt: die Auwälder. Aber die wenigen noch intakten Auen entlang großer Flüsse werden durch Kanalisierung, Rodung, Kiesabbau und den Bau von Staustufen dezimiert. Unzählige Tiere und Pflanzen sind von der Ausrottung bedroht.

Helfen Sie uns, diese einmalige Naturlandschaft zu retten. Jede Spende wird ausschließlich für konkrete Naturschutzarbeit eingesetzt. Helfen Sie jetzt.

Ja, ich will helfen, daß die letzten natürlichen Feuchtgebiete in Deutschland erhalten bleiben. Bitte geben Sie mir Informationen, wie ich den WWF bei seiner Arbeit unterstützen kann.

Name

Straße

PLZ/Ort

Diese Anzeige wurde von Ogilvy & Mather, Frankfurt, ohne Honorar gestaltet.
Sie ist nicht aus Spendenmitteln finanziert.

WWF

WWF 8/85 a

Umweltstiftung WWF-Deutschland
Sophienstraße 44, 6000 Frankfurt 90
Telefon 069/77 06 77
Spendenkonto 2000,
Commerzbank Frankfurt

Unsere Umwelt könnte so schön sein!

Unsere Umwelt könnte so schön sein. Nur müßte jeder das Seine tun, um der Natur wieder auf die Beine zu helfen. Das gilt gleichermaßen für den Normalbürger, den Kommunalpolitiker, den Planer, den Unternehmer wie für jeden Grundstücksbesitzer.

Viele sind durchaus bereit, an ihrem Haus, im Garten oder in ihrer Gemeinde etwas zu tun. Oft fehlen nur die entsprechenden Anregungen und Informationen. Daneben gibt es leider immer noch eine große Zahl von Leuten, die noch nicht begriffen haben, daß wir uns an Natur- und Umweltschutzproblemen nicht länger vorbeimogeln dürfen.

Der Bund für Umwelt und Naturschutz Deutschland e.V. (BUND) hat deshalb eine große Naturschutzkampagne ins Leben gerufen, um für mehr Natur in Dorf und Stadt zu werben.

Unter dem Motto "Naturschutz in der Gemeinde"
— weist der BUND in den Medien mit Nachdruck darauf hin, daß in den Gemeinden mehr für den Schutz von Natur und Umwelt getan werden muß.
— leisten mehr als tausend BUND-Gruppen praktische Naturschutzarbeit vor Ort.
— zeigt der BUND in zahlreichen Publikationen auf, wie jeder von uns der Natur helfen kann.

Eine unserer wichtigsten Veröffentlichungen zu diesem Thema ist das Buch "Naturschutz in der Gemeinde". Verfaßt von vier erfahrenen Praktikern, vermittelt es das nötige Wissen, was wo wann und wie sinnvoll für die Natur getan werden kann.

Wenn Sie das Buch (36,- DM) erwerben oder mehr über den BUND und seine Arbeitsweise, seine Informationsmaterialien wissen wollen, schreiben Sie bitte an das BUND-Naturschutzzentrum, Lerchenstr. 22, 2300 Kiel 1.

Bund für Umwelt und Naturschutz Deutschland e.V. (BUND)

Mehr Grün in unsere Städte

Wie Sie Tieren und Pflanzen wieder Lebensmöglichkeiten in unseren tristen und verarmten Siedlungsbereichen schaffen können, sagen wir Ihnen gerne.
Sie erhalten bei uns Informationen über Fassadenbegrünung, Teichanlagen, heimische Heckenpflanzen, Öko-Dächer und anderes mehr.

Informationen beim Bund der aktiven Naturschützer!

Deutscher Bund für Vogelschutz,
Deutscher Naturschutzverband e. V.
Achalmstr. 33, 7014 Kornwestheim

Weiterführende Literatur

Bücher zum praktischen Natur- und Umweltschutz

ANDRITZKY, M., SPITZER, K.: Grün in der Stadt. Rowohlt Verlag, Reinbek 1981

ANGEL/WOLSELEY: Kosmos-Familienbuch Lebensraum Wasser. Kosmos-Verlag, Stuttgart 1983

BLAB, J.: Grundlagen für ein Fledermaus-Hilfsprogramm. Kilda-Verlag, Greven 1980

BLAB, J. UND MITARBEITER: Rote Liste der gefährdeten Tiere und Pflanzen in der Bundesrepublik Deutschland. Kilda-Verlag, Greven 1977

BUND (HRSG.): Praktischer Naturschutz. Bund-Verlagsgesellschaft, Freiburg 1979

BUND NATURSCHUTZ: Ökologischer Garten. Fischer TB, Frankfurt 1981

CHINERY, M.: Kosmos-Familienbuch der Natur. Kosmos-Verlag, Stuttgart 1985

VAN DER DONK/VAN GERWEN: Das Kosmosbuch der Insekten. Kosmos-Verlag, Stuttgart 1985

FRITZSCHE, H.: Tiere im Garten. Kosmos-Verlag, Stuttgart 1983

GRZIMEK, B., WEINZIERL, H.: Die grüne Stadt. Naturschutz in der Großstadt. BN-Verlag, München

GUTTMANN, R.: Hausbegrünung. Kosmos-Verlag, Stuttgart 1985

HEIMANN, M.: Naturgemäßer Pflanzenschutz im Nutzgarten. Kosmos-Verlag, Stuttgart 1982

HEIMANN, M.: Naturgemäßer Pflanzenschutz im Ziergarten. Kosmos-Verlag, Stuttgart 1984

JANTZEN, F.: Unser Hausgarten – biologisch richtig gepflegt. Kosmos-Verlag, Stuttgart 1981

JOREK, N.: Leben im Naturgarten. Falken-Verlag, Niedernhausen 1982

KLEMP, H.: Mehr Natur in Dorf und Stadt. Klemp Verlag, Damendorf 1984

KREUTER, M. L.: Der biologische Garten. Heyne Verlag, München 1977

LEIPACHER, B.: Unser Garten – naturnah gestaltet. Kosmos-Verlag, Stuttgart 1983

LOHMANN, M.: Darum brauchen wir den Wald. BLV Verlag, München 1985

LÖHRL, H.: Nisthöhlen, Kunstnester und ihre Bewohner. DBV Verlag, Stuttgart 1979

LÖHRL, H.: Vögel am Futterplatz. Kosmos-Verlag, Stuttgart 1982

LÖHRL, H.: So leben unsere Vögel. Kosmos-Verlag, Stuttgart 1985

PFEIFER, S.: Taschenbuch für Vogelschutz. DBV Verlag, Stuttgart 1973

SCHÜTT, P. UND MITARBEITER: So stirbt der Wald. BLV Verlag, München 1985

SCHWARZ, U.: Der Naturgarten. W. Krüger Verlag, Frankfurt 1980

STERN, H. UND MITARBEITER: Rettet die Wildtiere. Pro Natur Verlag, Stuttgart 1980

STERN, H. UND MITARBEITER: Rettet die Vögel. Herbig Verlagsbuchhandlung, München, Berlin 1978

THIELCKE, G. UND MITARBEITER: Rettet die Frösche. Pro Natur Verlag, Stuttgart 1983

WEINZIERL, H. UND MITARBEITER: Lebensraum Teich. Ökomarkt- und Verlags GmbH, München 1979

ZIMMERLI, E.: Freilandlabor Natur. WWF, Zürich 1975

Bestimmungsbücher

AICHELE, D.: Was blüht denn da? Kosmos-Verlag, Stuttgart 1984

AICHELE/SCHWEGLER: Blumen am Wegesrand. Kosmos-Verlag, Stuttgart 1985

AICHELE/SCHWEGLER: Unsere Gräser. Kosmos-Verlag, Stuttgart 1984

AICHELE/SCHWEGLER: Unsere Moos- und Farnpflanzen. Kosmos-Verlag, Stuttgart 1984

AICHELE/SCHWEGLER: Welcher Baum ist das? Kosmos-Verlag, Stuttgart 1985

ARNHEM, R.: Die Vögel Europas. Kosmos-Verlag, Stuttgart 1985

BOUCHNER, M.: Der Kosmos-Spurenführer. Kosmos-Verlag, Stuttgart 1982

BROWN/LAWRENCE/POPE: Welches Tier ist das? Kosmos-Verlag, Stuttgart 1985

BRUUN/SINGER/KÖNIG: Der Kosmos-Vogelführer. Kosmos-Verlag, Stuttgart 1982

CERNY/DRCHAL: Welcher Vogel ist das? Kosmos-Verlag, Stuttgart 1984

ENGELHARDT, W.: Was lebt in Tümpel, Bach und Weiher? Kosmos-Verlag, Stuttgart 1985

FEIGE/KREMER: Flechten – Doppelwesen aus Pilz und Alge. Kosmos-Verlag, Stuttgart 1979

FELIX/TOMAN/HISEK: Der Große Naturführer. Kosmos-Verlag, Stuttgart 1984

FRIELING, H.: Was fliegt denn da? Kosmos-Verlag, Stuttgart 1985

HAMMOND/EVERETT: Das Kosmosbuch der Vögel. Kosmos-Verlag, Stuttgart 1984

HARDE/SEVERA: Der Kosmos-Käferführer. Kosmos-Verlag, Stuttgart 1984

HEINZEL, H.: Vögel. Kosmos-Verlag, Stuttgart 1985

DE HERDER/VAN VEEN: Unsere Bäume im Winter. Kosmos-Verlag, Stuttgart 1984

HUMPHRIES/PRESS/SUTTON: Der Kosmos-Baumführer. Kosmos-Verlag, Stuttgart 1985

JONES, D.: Der Kosmos-Spinnenführer. Kosmos-Verlag, Stuttgart 1984

JONSSON, L.: Vögel in Wald, Park und Garten. Kosmos-Verlag, Stuttgart 1977

JURZITZA, G.: Unsere Libellen. Kosmos-Verlag, Stuttgart 1978

LAUX, H.: Wildbeeren und Wildfrüchte. Kosmos-Verlag, Stuttgart 1982

MAITLAND, P.: Der Kosmos-Fischführer. Kosmos-Verlag, Stuttgart 1983

MATZ/WEBER: Amphibien und Reptilien. BLV Verlag, München 1983

MEBS, TH.: Eulen und Käuze. Kosmos-Verlag, Stuttgart 1980

MORRIS, P.: Was lebt in Feld, Wald und Wasser? Kosmos-Verlag, Stuttgart 1983

NOVAK/SEVERA: Der Kosmos-Schmetterlingsführer, Kosmos-Verlag, Stuttgart 1983

PFLETSCHINGER, H.: Bunte Welt der Insekten. Kosmos-Verlag, Stuttgart 1970

PFLETSCHINGER, H.: Einheimische Spinnen. Kosmos-Verlag, Stuttgart 1983

PHILLIPS, R.: Das Kosmosbuch der Bäume. Kosmos-Verlag, Stuttgart 1984

PHILLIPS, R.: Das Kosmosbuch der Gräser, Moose, Farne, Flechten. Kosmos-Verlag, Stuttgart 1985

PHILLIPS, R.: Das Kosmosbuch der Wildpflanzen. Kosmos-Verlag, Stuttgart 1981

PHILLIPS/CARTER: Das Kosmosbuch der Schmetterlinge. Kosmos-Verlag, Stuttgart 1983

WITT, R.: Wildsträucher in Natur und Garten. Kosmos-Verlag, Stuttgart 1984

ZAHRADNIK, J.: Bienen, Wespen, Ameisen. Kosmos-Verlag, Stuttgart 1984

ZAHRADNIK, J.: Der Kosmos-Insektenführer. Kosmos-Verlag, Stuttgart 1984

ZAHRADNIK, J.: Der Kosmos-Tierführer. Kosmos-Verlag, Stuttgart 1978

Register

Aal 164
Abendsegler 29, 202
Abraxas grossulariata 140
Acanthis cannabina 191
Acanthis flammea 191
Acer pseudoplatanus 82
Achateule 138
Acheta domestica 42
Achillea millefolium 100
Ackergauchheil 102
Ackerhummel 148
Ackerschachtelhalm, Wiesen- 126
Ackerschnecke 160
Ackerunkräuter 102
Ackerwinde 118
Acker-Kratzdistel 112
Acker-Schachtelhalm 126
Acorus calamus 36
Adalia bipunctata 58
Adlerfarn 126
Admiral 130
Aegopodium podagraria 104
Aesculus hippocastanum 82
Aeshna cyanea 152
Ästiges Glaskraut 124
Aglais urticae 130
Agropyron repens 96
Agrotis exclamationis 136
Ahorneule 136
Ahorn, Berg- 82
Ailanthus altissima 88
Allophyes oxyacanthae 58
Amaurobius fenestralis 156
Amerikanische Platane 82
Amerikanische Schabe 39, 41
Ampfer, Krauser 110
Ampfer, Stumpfblättriger 110
Amsel 5, 19, 102, 182
Anagallis arvensis 102
Anas platyrhynchos 170
Androniscus dentiger 158
Anguilla anguilla 164
Anguis fragilis 166
Anobium punctatum 50, 144
Anthrenus verbasci 47, 144
Anthriscus sylvestris 106
Apanteles glomeratus 132
Apatele aceris 136
Apatele psi 136
Aphidina 146
Apis mellifera 148

Apocheima pilosaria 56
Apodemus sylvaticus 198
Apus apus 178
Araneus diadematus 154
Araniella cucurbitina 154
Arctia caja 136
Arctium minus 112
Arctosa perita 58
Ardea cinerea 168
Arion hortensis 160
Arion rufus 160
Armadillidium vulgare 158
Aronstab, Gefleckter 106
Arrhenatherum elatius 6
Artemisia vulgaris 112
Arum maculatum 106
Asellus aquaticus 162
Asplenium ruta-muralis 126
Asseln 158
Atlas-Zeder 94
Atriplex patula 110
Attagenus pellio 47, 144
Aulacorthum circumflexum 43
Autographa gamma 136
Aythya fuligula 170
Azolla filiculoides 37

Bachflohkrebs 162
Bachröhrenwurm 162
Bachstelze 194
Bärenklau 98
Bärenklau, Riesen- 122
Bär, Brauner 136
Baldachinspinne 154
Ballota nigra 114
Bandfüßer 158
Bartflechte 61
Bastard-Schwarzpappel 85
Beifuß, Gemeiner 112
Bellis perennis 35, 100
Berg-Ahorn 82
Berg-Ulme 84
Berg-Weidenröschen 114
Berufkraut, Kanadisches 114
Betula pendula 92
Bienen 80
Biene, Blattschneider- 148
Birkenspanner 52, 55, 56, 138
Birkenzeisig 191
Birke, Hänge- 92
Birke, Weiß- 92

Birnmoos, Haar- 128
Birnmoos, Silber- 128
Biston betularia 52, 55, 56, 138
Bittersüßer Nachtschatten 118
Blatta orientalis 39, 144
Blattella germanica 39
Blattlaus 42, 43, 146
Blattschneider-Biene 148
Blattspanner, Gemeiner 140
Blaugrüne Mosaikjungfer 152
Blaumeise 186
Bleßhuhn 169
Blindschleiche 166
Blütenlose Pflanzen 126
Blütenpflanzen 98
Blutbär 136
Blutbuche 82
Blutfingergras 34
Blutpflaume 86
Bombus agrorum 148
Bombus terrestris 148
Bombycilla garrulus 176
Borstenhirse 34
Bräunliche Kuchenflechte 129
Branta canadensis 170
Braunbindiger Spinnerspanner 140
Braune Hausmotte 47, 142
Braunelle, Kleine 100
Brauner Bär 136
Brauner Grashüpfer 146
Brauner Steinläufer 158
Braunes Langohr 202
Breitblättrige Platterbse 118
Breit-Wegerich 116
Brennessel, Große 110
Brennessel, Kleine 104
Brombeere 92
Bromus sterilis 96
Bryum capillare 128
Buchfink 192
Buddleja davidii 92
Bufo bufo 166
Buntspecht 176

Cacoccimorpha pronuba 44
Calliphora vicina 150
Callitriche stagnalis 121
Calystegia sepium 118
Camelina sativa 34
Cannabis sativa 34
Capsella bursa-pastoris 102
Carabus violaceus 146
Cardamine pratensis 98
Carduelis carduelis 190
Carduelis chloris 192
Catalpa bignonioides 88

Catocala nupta 138
Cedrus atlantica 94
Celastrina argiolus 132
Centaurea nigra 98
Centranthus ruber 124
Ceratophyllum demersum 121
Certhia familiaris 186
Cerura vinula 134
Chamaecyparis lawsoniana 95
Cheiranthus cheiri 124
Chenopodium album 110
Chilenische Raubmilbe 44
Chorthippus brunneus 146
Chrysopa carnea 150
Circaea lutetiana 106
Cirsium arvense 112
Cirsium vulgare 112
Coccinella septempunctata 146
Columba livia 174
Columba oenas 174
Columba palumbus 174
Convolvulus arvensis 118
Conyza canadensis 114
Corvus corone cornix 180
Corvus corone corone 180
Corvus frugilegus 180
Corvus monedula 180
Corydalis lutea 125
Cotoneaster x watereri 90
Ctenocephalides canis 144
Ctenocephalides felis 144
Cygnus olor 170
Cymbalaria muralis 125
Cyprinus carpio 164
C-Falter 130

Dachratte 200
Dachs 24, 196
Dactylis glomerata 96
Datura stramonium 110
Deilephila elpenor 134
Delichon urbica 178
Dendrocopos major 176
Deroceras reticulatum 160
Deutsche Schabe 39
Deutsches Weidelgras 96
Diarsia mendica 58
Diebskäfer 49
Digitalis purpurea 106
Digitaria sanguinalis 34
Diplotaxis muralis 108
Diplotaxis tenuiformis 108
Discus rotundatus 160
Diskusschnecke, Gefleckte 160
Distelfalter 130
Distelfink 190

Dohle 180
Dompfaff 190
Doppelzahnspanner 58
Drehzahnmoos, Mauer- 129
Dreissena polymorpha 162
Dreistacheliger Stichling 164
Dreizehenmöwe 172
Drosseln 182
Drüsiges Springkraut 122
Dryopteris filix-mas 126
Dunkelbrauner Hundertfüßer 158
Dysdera crocata 154
Dysticus marginalis 152

Eberesche 86
Echinochloa colonum 34
Echinochloa crus-galli 34
Echte Hirse 34
Ectobius lapponicus 38
Efeu 125
Efeublättriger Ehrenpreis 104
Egelschnecke, Gelbe 160
Ehrenpreis 35
Ehrenpreis, Efeublättriger 104
Ehrenpreis, Faden- 100
Ehrenpreis, Persischer 104
Eibe, Gemeine 95
Eichelhäher 180
Eiche, Stein- 89
Eiche, Zerr- 89
Eichhörnchen 26, 198
Eiförmige Schlammschnecke 162
Einjähriges Mastkraut 116
Einjähriges Rispengras 96
Elodea canadensis 36, 121
Elster 180
Encarsia formosa 44
Endrosis sarcitrella 47, 142
Englische Ulme 84
Englisches Raygras 96
Enten 170
Entengrütze 120
Ephestia kuehniella 49
Epilobium angustifolium 114
Epilobium hirsutum 114
Epilobium montanum 114
Epistrophe balteata 150
Equisetum arvensis 126
Equisetum telmateia 126
Erdhummel 148
Erdkröte 166
Erdläufer 158
Erdmaus 198
Erdwespe 44
Erinaceus europaeus 196
Eristalis tenax 150

Erithacus rubecula 184
Eulenfalter 58
Euonymus japonicus 90
Euphorbia peplus 102
Eurrhypara hortulata 142
Euscorpius flavicaudis 154
Exotische Bäume 88
Exotische Sträucher 88

Faden-Ehrenpreis 100
Fächertanne 95
Fagus sylvatica purpurea 82
Falco tinnunculus 176
Fannia canicularis 150
Farnblattlaus 43
Farne 126
Faulbaumbläuling 132
Feldsperling 192
Feld-Ulme 84
Felis silvestris f. catus 200
Felsentaube 174
Fensterspinne 156
Festuca 34
Fetthenne, Zier- 78
Fettspinne 156
Feuerdorn 90
Ficedula hypoleuca 182
Fingerhut, Roter 106
Finken 20, 190
Fische 164
Fitis 188
Flache Tellerschnecke 162
Flechten 59, 128
Fledermaus 29, 202
Fledermausnistkasten 76
Fleischfliege, Graue 150
Fliederspanner 138
Fliege, Weiße 40, 41
Flockenblume, Schwarze 98
Flöhe 46
Florfliege 150
Flußampfer 122
Flußbarsch 164
Föhre 94
Forficula auricularia 146
Fringilla coelebs 192
Frostspanner, Kleiner 140
Fuchs 6, 23, 196
Fuchs, Kleiner 130
Fulica atra 169

Gabelschwanz, Großer 134
Gänse 170
Gänseblümchen 35, 100
Gänsedistel, Kohl- 14
Gänsefuß, Weißer 110

Galerida cristata 195
Gallinula chloropus 169
Gammaeule 136
Gammarus pulex 162
Garrulus glandarius 180
Gartenassel, Kleine 158
Garteneule, Schwarze 136
Garteninsekten 146
Gartenkreuzspinne 154
Gartenrotschwanz 188
Gartenteich 80
Gartenunkräuter 102
Gartenwolfsmilch 102
Garten-Wegschnecke 160
Gasterosteus aculeatus 164
Gebirgsstelze 194
Gefleckte Diskusschnecke 160
Gefleckter Aronstab 106
Geißfuß 104
Gelbe Egelschnecke 160
Gelber Lerchensporn 125
Gelbflechte 129
Gelbrandkäfer 152
Gelbspötter 188
Gemeine Eibe 95
Gemeine Graseule 136
Gemeine Kratzdistel 112
Gemeine Küchenschabe 144
Gemeine Melde 110
Gemeine Nachtkerze 114
Gemeine Wespe 148
Gemeiner Beifuß 112
Gemeiner Blattspanner 140
Gemeiner Goldregen 86
Gemeiner Liguster 90
Gemeiner Ohrwurm 146
Gemeiner Wasserläufer 152
Gemeiner Wolfstrapp 122
Gemeines Knäuelgras 96
Gemeines Kreuzkraut 102
Geophilus longicornis 158
Gerris lacustris 152
Geruchlose Kamille 112
Gestreifte Laubschnecke 160
Gewächshausblattlaus 43
Gewächshausschrecke,
 Japanische 43
Gewächshaustausendfuß 43
Gewächshauswickler 44
Gewöhnliche Platane 82
Gewöhnliches Helmkraut 122
Giersch 104
Giftbeere 34
Gimpel 190
Ginkgo 95
Ginkgo biloba 95

Girlitz 191
Glanzschnecke, Große 160
Glaskraut, Ästiges 124
Glatthafer 96
Glechoma hederacea 106
Götterbaum 88
Goldlack 124
Goldleiste 146
Goldregen, Gemeiner 86
Goldrute 36, 114
Gonodontis bidentata 58
Gräser 96
Graseule, Gemeine 136
Grasfrosch 166
Grashüpfer, Brauner 146
Graue Fleischfliege 150
Graue Kuchenflechte 129
Grauer Wollrückenspanner 58
Grauhörnchen 28, 198
Graureiher 168
Grauschnäpper 184
Grille 42
Grimmia pulvinata 128
Große Brennessel 110
Große Glanzschnecke 160
Große Heidelibelle 152
Große Pechlibelle 152
Große Schlammschnecke 162
Große Stubenfliege 150
Große Wegschnecke 160
Großer Gabelschwanz 134
Großer Kohlweißling 132
Großes Hexenkraut 106
Grünfink 192
Grünliche Kuchenflechte 129
Grünling 192
Guizotia abyssinica 34
Gundelrebe 106
Gundermann 106
Gyrinus natator 152

Haar-Birnmoos 128
Hänfling 191
Hänge-Birke 92
Hahnenfuß, Kriechender 100
Halbhöhlenbrüter 74
Hanf 34
Harlekin 140
Haubenlerche 195
Haubentaucher 168
Hauhechelbläuling 132
Hausgrille 42
Hauskatze 200
Hausmaus 27, 200
Hausmotte, Braune 47, 142
Hausmotte, Weißschultrige 142

217

Hausmutter 138
Hausratte 200
Hausrotschwanz 188
Hausschabe 39
Haussperling 192
Hausspinne 156
Haus-Moschusente 170
Heckenbraunelle 184
Hedera helix 125
Heidelibelle, Große 152
Heimchen 43
Helix pomatia 160
Helmkraut, Gewöhnliches 122
Hemrophila abruptaria 138
Heracleum mantegazzianum 122
Heracleum sphondylium 98
Heringsmöwe 172
Hexenkraut, Großes 106
Hippolais icterina 188
Hirschzunge 126
Hirtentäschelkraut 102
Hirundo rustica 178
Höckerschwan 170
Höhlenbrüter 74
Hofmannophila pseudosprettella 47, 142
Hohltaube 174
Holcus lanatus 96
Holländische Linde 82
Holunderspanner 140
Holunder, Schwarzer 92
Holzwurm 50, 144
Holzwurmkäfer 50
Honigbiene 148
Honiggras, Wolliges 96
Hordeum murinum 96
Hornblatt, Rauhes 121
Hornklee 100
Hühnerhirse 34
Hüpfspinne, Mauer- 58, 156
Huflattich 112
Hundefloh 144
Hundertfüßer 158
Hundertfüßer, Dunkelbrauner 158
Hypnum cupressiforme 128

Idiopterus nephrelepidius 43
Igel 28, 196
Impatiens 36
Impatiens glandulifera 122
Impatiens parviflora 106
Inachis io 130
Indisches Springkraut 37
Insekten 130
Iris pseudacorus 122

Ischnura elegans 152
Italienische Pyramidenpappel 85

Jakobskrautbär 136
Jakobs-Kreuzkraut 112
Japanische Gewächshausschrecke 43
Japanische Kirsche 86
Japanischer Staudenknöterich 110

Kabinettkäfer 144
Kaisergoldfliege 150
Kakerlake 144
Kalmus 36
Kamille, Geruchlose 112
Kamille, Strahlenlose 116
Kammolch 166
Kamm-Laichkraut 120
Kanadagans 170
Kanadisches Berufkraut 114
Kanariengras 34
Kaninchen 31
Karpfen 164
Katzenfloh 144
Kellerassel 158
Kiefer, Wald- 94
Kirsche, Japanische 86
Kleiber 186
Kleidermotte 46, 142
Kleinabendsegler 202
Kleine Braunelle 100
Kleine Brennessel 104
Kleine Gartenassel 158
Kleine Klette 112
Kleine Stubenfliege 150
Kleine Wasserlinse 120
Kleiner Frostspanner 140
Kleiner Fuchs 130
Kleiner Kohlweißling 132
Kleines Springkraut 106
Kleinschmetterlinge 142
Klette, Kleine 112
Knäuelgras, Gemeines 96
Knöterich, Schling- 118
Knöterich, Vogel- 116
Knöterich, Winden- 118
Kohlmeise 186
Kohlschnake 150
Kohlweißling 77
Kohlweißling, Großer 132
Kohlweißling, Kleiner 132
Kohl-Gänsedistel 104
Kolbenhirse 34
Koniferen 94
Kornkäfer 48
Krähen 180

Kratzdistel, Acker- 112
Kratzdistel, Gemeine 112
Krauser Ampfer 110
Krauses Laichkraut 121
Kreuzkraut, Gemeines 102
Kreuzkraut, Jakobs- 112
Kreuzkraut, Oxford- 112
Kriechende Quecke 96
Kriechender Hahnenfuß 100
Kriechtiere 166
Kuchenflechte 61
Kuchenflechte, Bräunliche 129
Kuchenflechte, Graue 129
Kuchenflechte, Grünliche 129
Küchenschabe, Gemeine 144
Kürbisspinne 154

Laburnum anagyroides 86
Lacerta muralis 166
Lacerta vivipara 166
Lachmöwe 172
Laichkraut, Kamm- 120
Laichkraut, Krauses 121
Lamium album 102
Lamium purpureum 102
Langohr, Braunes 202
Laothoe populi 134
Lapsana communis 106
Larus argentatus 172
Larus canus 172
Larus fuscus 172
Larus ridibundus 172
Lasiommata megera 130
Lasius niger 148
Lathyrus latifolius 118
Lattich, Wurm- 114
Laubbäume 82
Laubschnecke, Gestreifte 160
Lawsons Scheinzypresse 95
Lecanora conizaeoides 61, 129
Lecanora dispersa 129
Lecanora muralis 129
Leindotter 34
Lemna minor 120
Lepisma saccharina 144
Lerchensporn, Gelber 125
Leucanthemum vulgare 98
Liegendes Mastkraut 116
Liguster 90
Liguster, Gemeiner 90
Ligustrum ovalifolium 90
Ligustrum vulgare 90
Limax flavus 160
Linde, Holländische 82
Linyphia triangularis 154
Lithobius forficatus 158

Löwenzahn 104
Lolium 34
Lolium perenne 96
Lolium temulentum 34
Lotus corniculatus 100
Lucilia caesar 150
Lurche 166
Lycia hirtaria 140
Lycopus europaeus 122
Lymnaea peregra 162
Lymnaea stagnalis 162

Mäusebussard 21
Mäusegerste 96
Maikäfer 146
Malacosoma neustria 134
Malus × purpurea 86
Malva sylvestris 108
Malve, Wilde 108
Mamestra persicariae 136
Marder 24
Margerite 98
Marienkäfer, Siebenpunkt- 146
Marienkäfer, Zweipunkt- 58
Mastkraut, Einjähriges 116
Mastkraut, Liegendes 116
Matricaria matricarioides 116
Mauerassel 158
Mauereidechse 166
Mauerfuchs 130
Mauerpflanzen 124
Mauerraute 126
Mauersegler 178
Mauersenf 108
Mauer-Drehzahnmoos 129
Mauer-Hüpfspinne 58, 156
Maulwurf 31, 196
Maus 25
Mausohr 30
Megachile centuncularis 148
Mehlbeere, Schwedische 86
Mehlkäfer 47
Mehlmotte 49
Mehlschwalbe 178
Mehlwurm 47
Mehlzünsler 142
Meise 20, 73, 186
Melde, Gemeine 110
Meles meles 196
Melolontha melolontha 146
Menschenfloh 144
Microtus agrestis 198
Milvus migrans 176
Misteldrossel 182
Mittelmeerskorpion 154
Mittlerer Weinschwärmer 134

219

Moderkurzflügler 146
Mönchsgrasmücke 188
Möwen 172
Mondvogel 134
Monomorium pharaonis 144
Moose 128
Mosaikjungfer, Blaugrüne 152
Moschusente, Haus- 170
Motacilla alba 194
Motacilla alba yarrellii 194
Motacilla cinerea 194
Motten 46, 49, 142
Mottenschildlaus 40
Mus musculus 200
Musca domestica 150
Muscheln 160
Muscicapa striata 182
Mutterkraut 112

Nachtfalter 134
Nachtkerze, Gemeine 114
Nachtkerze, Stachelige 114
Nachtschatten, Bittersüßer 118
Nachtschatten, Schwarzer 104
Nachtschwalbenschwanz 140
Nadelbäume 94
Nadelgehölze 94
Nebelkrähe 180
Nicandra physaloides 34
Nistkästen 75
Noctua pronuba 138
Notonecta glauca 152
Nyctalus leisleri 202
Nyctalus noctula 202
Nymphaea alba 120

Ocypus oleus 146
Oenothera biennis 114
Oenothera parviflora 114
Offenbrüter 74
Ohrwurm, Gemeiner 146
Oniscus asellus 158
Operophtera brumata 140
Optisthograptis luteolata 140
Ordensband, Rotes 138
Oregon-Zeder 95
Orgyia antiqua 134
Orientalische Platane 82
Orientalische Rauke 108
Orientalische Schabe 39
Oryctolagus cuniculus 198
Ourapteryx sambucaria 140
Oxelbeere 86
Oxford-Kreuzkraut 33, 112
Oxidus gracilis 43
Oxychilus cellarius 160

Panicum milaceum 34
Pappelschwärmer 134
Paravespula vulgaris 148
Parietaria punctata 124
Parmelia 60
Parus ater 186
Parus caeruleus 186
Parus major 186
Passer domesticus 192
Passer montanus 192
Pechlibelle, Große 152
Pelzkäfer 47, 144
Pelzmotte 46
Perca fluviatilis 164
Periplaneta americana 39
Persischer Ehrenpreis 104
Pfaffenhütchen 90
Pfeileule 136
Phalangium opilio 154
Phalaris canariensis 34
Phalaris minor 34
Phalera bucephala 134
Pharaoameise 40, 144
Phlogophora meticulosa 138
Phoenicurus ochruros 188
Pholcus phalangioides 156
Phyllitis scolopendrium 126
Phylloscopus collybita 188
Phylloscopus trochilus 188
Phystoseiulus persimilis 44
Pica pica 180
Pieris brassicae 132
Pieris echioides 114
Pieris napi 132
Pieris rapae 132
Pinus nigra 94
Pinus sylvestris 94
Pionierpflanzen 92
Pipistrellus pipistrellus 202
Planoccocus citri 40
Planorbis planorbis 162
Plantago lanceolata 98
Plantago major 116
Platane, Amerikanische 82
Platane, Gewöhnliche 82
Platane, Orientalische 82
Platanus occidentalis 82
Platanus orientalis 82
Platanus × *hybrida* 82
Platterbse, Breitblättrige 118
Plecotus auritus 202
Plötze 164
Poa annua 96
Pochkäfer 50
Podiceps, cristatus 168
Polsterkissenmoos 128

Polydesmus complanatus 158
Polygonia c-album 130
Polygonum baldschuanicum 118
Polygonum convolvulus 118
Polyommatus icarus 132
Populus nigra 85
Populus nigra var. *italica* 85
Populus × *canadensis* 85
Porcellio scaber 158
Potamogeton crispus 121
Potamogeton pectinatus 120
Prunella modularis 184
Prunella vulgaris 100
Prunus cerasifera nigra 86
Prunus serrulata 86
Pteridium aquilinum 126
Ptinus tectus 49
Pulex irritans 144
Pyracantha coccinea 90
Pyralis farinalis 142
Pyramidenpappel, Italienische 85
Pyrrhula pyrrhula 190

Quecke, Kriechende 96
Quercus cerris 89
Quercus ilex 89

Raben 180
Rabenkrähe 180
Rainkohl 106
Ramtillkraut 34
Rana temporaria 166
Ranunculus repens 100
Rapsweißling 132
Ratte 25
Rattus norvegicus 200
Rattus rattus 200
Raubmilbe, Chilenische 44
Rauchschwalbe 178
Rauhes Hornblatt 121
Raukensenf 108
Rauke, Orientalische 108
Raygras 34
Raygras, Englisches 96
Regenbogenforelle 164
Regulus regulus 186
Reiherente 170
Reynoutria japonica 110
Rhododendron 90
Rhododendron spp. 90
Riesenholzwespe 148
Riesen-Bärenklau 122
Ringelspinner 134
Ringeltaube 174
Riparia riparia 178
Rispengras, Einjähriges 96

Rissa tridactyla 172
Robinia pseudoacacia 88
Robinie 88
Rollassel 158
Roßkastanie 82
Rotauge 164
Rotdrossel 182
Rote Spinne 43
Rote Spornblume 124
Rote Taubnessel 102
Roter Fingerhut 106
Roter Wiesenklee 98
Rotes Ordensband 138
Rotfuchs 196
Rotkehlchen 21, 184
Rubus fruticosus 92
Ruderalpflanzen 108
Rückenschwimmer 152
Rumex acetosa 98
Rumex crispus 110
Rumex hydrolapathum 122
Rumex obtusifolius 110
Rutilus rutilus 164

Saatkrähe 180
Säugetiere 196
Sagina apetala 116
Sagina procumbens 116
Salix caprea 92
Salix × *chrysocoma* 89
Salmo gairdneri 164
Salticus scenicus 58, 156
Sal-Weide 92
Sambucus nigra 92
Samenmotte 47, 142
Sarcophaga carnaria 150
Sauerampfer 98
Schaben 38
Schabe, Deutsche 39
Schabe, Amerikanische 39, 40
Schabe, Orientalische 39
Schachtelhalme 126
Schachtelhalm, Acker- 126
Schafgarbe 100
Schattenliebende Pflanzen 106
Scheinakazie 88
Scheinzypresse, Lawsons 95
Schildlaus 40
Schlafmoos, Zypressen- 128
Schlammfliege 150
Schlammschnecke, Eiförmige 162
Schlammschnecke, Große 162
Schleheneule 136
Schlehenspinner 134
Schling-Knöterich 118
Schlupfwespe 132

221

Schmeißfliege 150
Schmetterlingspflanzen 77
Schmetterlingsstrauch 92
Schmierlaus 4
Schmierlaus, Zitrus- 40
Schnecken 160
Schneebeere 90
Schuttpflanzen 108
Schwarzdrossel 182
Schwarze Flockenblume 98
Schwarze Garteneule 136
Schwarze Wegameise 149
Schwarzer Holunder 92
Schwarzer Nachtschatten 104
Schwarzkiefer 94
Schwarzmilan 176
Schwarznessel 114
Schwarzpappel 85
Schwarzpappel, Bastard- 85
Schwebfliege 150
Schwedische Mehlbeere 86
Schwertlilie, Wasser- 122
Schwingel 34
Sciurus carolinensis 198
Sciurus vulgaris 198
Scutellaria galericulata 122
Scutigera coleoptrata 158
Scytodes thoracica 156
Sechsauge 154, 156
Sedum spectabile 76
Seerose, Weiße 120
Segestria senoculata 156
Seidenschwanz 176
Sektorenspinne 154
Senecio jacobaea 112
Senecio squalidus 112
Senecio vulgaris 102
Serinus serinus 191
Setaria glauca 34
Setaria italica 34
Setaria viridis 34
Siebenpunkt-Marienkäfer 146
Silberfischchen 5, 47, 144
Silbermöwe 172
Silber-Birnmoos 128
Singdrossel 182
Sisymbrium officinale 108
Sisymbrium orientale 108
Sitophilus granarius 48
Sitta europaea 186
Skorpione 154
Solanum dulcamara 118
Solanum nigrum 104
Solidago canadensis 36, 114
Sommerflieder 33, 92
Sommerlinde 82

Sonchus oleraceus 104
Sorbus aucuparia 86
Sorbus intermedia 86
Spatz 6, 18, 68, 192
Speispinne 156
Spindelstrauch 90
Spinnen 154
Spinnentiere 154
Spinnerspanner, Braunbindiger 140
Spinne, Rote 43
Spinnmilbe 43
Spitzmaus 31
Spitzwegerich 98
Spornblume, Rote 124
Springkraut 36
Springkraut, Drüsiges 122
Springkraut, Kleines 106
Stabheuschrecke 42
Stachelbeerspanner 140
Stachelige Nachtkerze 114
Star 68, 195
Staudenknöterich, Japanischer 110
Steatoda bipunctata 156
Stechapfel 110
Steinläufer, Brauner 158
Stein-Eiche 89
Stellaria media 102
Stichling, Dreistacheliger 164
Stieglitz 190
Stinkrauke 108
Stockente 170
Strahlenlose Kamille 116
Streptopelia decaocto 174
Strix aluco 176
Stubenfliege, Große 150
Stubenfliege, Kleine 150
Stumpfblättriger Ampfer 110
Sturmmöwe 172
Sturnus vulgaris 195
Süßwasserbewohnende Wirbellose 162
Sumpfbewohnende Insekten 152
Sumpfpflanzen 122
Sylvia atricapilla 188
Sympetrum striolatum 152
Symphoricarpos rivularis 90
Syrphus ribesii 150

Tachybaptus ruficollis 169
Tachycines asynamorus 43
Tagfalter 130
Tagpfauenauge 130
Talpa europaea 196
Tanacetum parthenium 112

Tannenmeise 186
Tapetenmotte 142
Taraxacum officinale 104
Taube 6, 17, 18, 68, 174
Taube Trespe 96
Taubnessel, Rote 102
Taubnessel, Weiße 102
Taumelkäfer 152
Taumelloch 34
Tausendfüßer 158
Taxus baccata 95
Tegenaria atrica 156
Teichhuhn 169
Teichmolch 166
Teich-Wasserstern 121
Tellerschnecke, Flache 162
Tenebrio molitor 47
Tetranychus urticae 43
Thyria jacobaea 136
Tilia cordata 82
Tilia platyphyllos 82
Tilia vulgaris 82
Tinea pellionella 46
Tineola bisselliella 46, 142
Tipula oleracea 150
Tortula muralis 129
Totenuhr 51, 144
Trauerschnäpper 182
Trauer-Weide 89
Trespe, Taube 96
Trichia striolata 160
Trichophaga tapetzella 142
Trifolium pratense 98
Trifolium repens 100
Tripleurospermum inodorum 112
Trittrasenpflanzen 116
Triturus cristatus 166
Triturus vulgaris 166
Troglodytes troglodytes 184
Trompetenbaum 88
Tubifex tubifex 162
Türkentaube 20, 174
Turdus iliacus 182
Turdus merula 182
Turdus philomelos 182
Turdus pilaris 182
Turdus viscivorus 182
Turmfalke 21, 176
Tussilago farfara 112

Uferpflanzen 122
Uferschwalbe 178
Ulme, Berg- 84
Ulme, Englische 84
Ulme, Feld- 84
Ulmus carpinifolia 84

Ulmus glabra 84
Ulmus procera 84
Ungebetene Gäste 144
Unkräuter 98
Upupa epops 178
Urocerus gigas 148
Urtica dioica 110
Urtica urens 104
Usnea 60
Usnea articulata 61

Vanessa atalanta 130
Vanessa cardui 130
Veronica 35
Veronica filiformis 100
Veronica hederifolia 104
Veronica persica 104
Vögel 168
Vogelbeere 86
Vogelfutterplatz 71
Vogelmiere 102
Vogelpudding 73
Vogel-Knöterich 116
Vorratsschädling 7
Vulpes vulpes 196

Wacholderdrossel 182
Waldbaumläufer 186
Waldeidechse 166
Waldkauz 21, 176
Waldmaus 198
Waldschabe 38
Waldweidenröschen 33, 114
Wald-Kiefer 94
Wandermuschel 162
Wanderratte 27, 200
Wasserassel 162
Wasserbewohnende Insekten 152
Wasserfarn 37
Wasserläufer, Gemeiner 152
Wasserlinse, Kleine 120
Wasserpest 36, 121
Wasserpflanzen 120
Wasserstern, Teich- 121
Wasservögel 168
Wasser-Schwertlilie 122
Watereri-Zwergmispel 90
Weberknecht 154
Wegameise, Schwarze 148
Wegerich, Breit- 116
Wegrandpflanzen 108
Wegrauke 108
Wegschnecke, Garten- 160
Wegschnecke, Große 160
Weichtiere 160
Weidelgras, Deutsches 96

Weidenröschen, Berg- 114
Weidenröschen, Wald- 114
Weidenröschen, Zottiges 114
Weide, Sal- 92
Weide, Trauer- 89
Weinbergschnecke 160
Weinschwärmer, Mittlerer 134
Weißdorn-Plumpeule 58
Weiße Fliege 4, 41
Weiße Seerose 120
Weiße Taubnessel 102
Weißer Gänsefuß 110
Weißklee 100
Weißschultrige Hausmotte 142
Weiß-Birke 92
Wespen 80
Wespe, Gemeine 148
Wiedehopf 178
Wiesenkerbel 106
Wiesenklee, Roter 98
Wiesenschaumkraut 98
Wiesen-Schachtelhalm 126
Wilde Malve 108
Wildkaninchen 198
Windengewächse 118
Winden-Knöterich 118
Winterfütterung 70
Wintergoldhähnchen 186
Winterlinde 82
Wolfsspinne 58
Wolfstrapp, Gemeiner 122
Wollaus 40, 42
Wolliges Honiggras 96
Wollkrautblütenkäfer 47, 144

Wollrückenspanner, Grauer 58
Wurmfarn 126
Wurm-Lattich 114

Xanthorhoe fluctuata 140
Xanthoria 63
Xanthoria parietina 129
Xestobium rufovillosum 51

Zaunkönig 184
Zaunwinde 118
Zebraspinne 39, 58
Zeder, Atlas- 94
Zeder, Oregon- 95
Zerr-Eiche 89
Zierapfel 86
Ziergehölze 86
Zier-Fetthenne 76
Zilpzalp 188
Zitronenspanner 140
Zitrus-Schmierlaus 40
Zitterspinne 156
Zottiges Weidenröschen 114
Zuckergast 144
Zünsler 142
Zugvögel 178
Zweiflügelige Insekten 150
Zweipunkt-Marienkäfer 58
Zwergfledermaus 30, 202
Zwergmispel, Watereri- 90
Zwergtaucher 169
Zygiella x-notata 154
Zymbelkraut 125
Zypressen-Schlafmoos 128